教义学民事诉讼法之展开

严仁群 ◎著

The Development of Dogmatic
CIVIL PROCEDURE
LAW

北京大学出版社
PEKING UNIVERSITY PRESS

图书在版编目(CIP)数据

教义学民事诉讼法之展开/严仁群著. —北京:北京大学出版社,2021.6
ISBN 978-7-301-32274-1

Ⅰ.①教… Ⅱ.①严… Ⅲ.①民事诉讼法—研究—中国 Ⅳ.①D925.104

中国版本图书馆 CIP 数据核字(2021)第 118307 号

书　　　名	教义学民事诉讼法之展开
	JIAOYIXUE MINSHI SUSONGFA ZHI ZHANKAI
著作责任者	严仁群 著
责 任 编 辑	徐 音
标 准 书 号	ISBN 978-7-301-32274-1
出 版 发 行	北京大学出版社
地　　　址	北京市海淀区成府路 205 号　100871
网　　　址	http://www.pup.cn　新浪微博:@北京大学出版社
电 子 信 箱	sdyy_2005@126.com
电　　　话	邮购部 010-62752015　发行部 010-62750672　编辑部 021-62071998
印 刷 者	北京圣夫亚美印刷有限公司
经 销 者	新华书店
	730 毫米×1020 毫米　16 开本　18.25 印张　299 千字
	2021 年 6 月第 1 版　2021 年 6 月第 1 次印刷
定　　　价	73.00 元

未经许可,不得以任何方式复制或抄袭本书之部分或全部内容。
版权所有,侵权必究
举报电话: 010-62752024　电子信箱: fd@pup.pku.edu.cn
图书如有印装质量问题,请与出版部联系,电话: 010-62756370

序

什么样的民诉法学才能称为一门学问,如何深入推进民诉法学的研究,以使它避免流于浅显或空谈,是多年来一直萦绕在我脑际的问题。

如今,这个困扰已经开始消散。答案似乎也比较简单:做本应做的事情。

那么,何谓"做本应做的事情"?

既然要研究民事诉讼法,首先就应把这个部门法本身的研究(大致)做好。在有余力时,可再去侧重作所谓"法外"(经济学、社会学,甚至人类学等)视角的研究。[①]

由此又须问,何谓或如何做好民诉法本身的研究?

在这方面,法教义学几乎就是各部门法的代名词。对民诉法而言,也是如此。对民诉法本身的研究就是民诉法教义学的研究。

文本、概念、体系与裁判,应该是(民诉法)教义学的研究对象。法教义学将现行法(整体上)当作教义(但并不排斥对它的某些部分的批判),研究它是(言说了)什么,它隐含的关系、体系是什么,它在实践中是如何被适用的,实践中有哪些重要问题应予回应。如果对于现行法的阐述以及对争议问题所提供的解决方案是合理的,是被高质量的法律共同体多数成员接受的,则这些阐述或解决方案也将成为教义的一部分,并通常应在实践和研究中得到遵从。

就当下的状况而言,特别应当强调的是对司法裁判的研究。即便认为裁判不是教义学研究的对象,也应将其作为特别的研究对象列入研究范围。因为,长期以来,国内民诉法学的研究轻视或忽略了这个维度,这部分是因为盲目的理论自信。然而,这种理论的"自信",已经(一再)被疑难案件击得粉碎。在遭

[①] 当然,在作"本身"的研究时"偶尔"也会用到其他学科的知识,或从其他学科去作个别论题的研究。

遇疑难案件时,我们往往茫然无措,或者盲从某一种观点。这种惨痛的教训一再证明"理论与实践有很大距离"之"古训"。有时,我们自以为掌握了理论,但其实我们可能并不知道它们意味着什么,我们不知它们如何与实践发生关联乃至互补。疑难案件既是检验理论研究的工具,也是理论研究的素材。疑难案件中往往"充满"理论难题。理论可因对裁判的关注而变得"丰满",并更具有实在性和相关性。

从以往的(也包括"法外"视角)民诉法研究情况来看,至少还应特别注意(强调)的是提高(加大)研究(思维)的深度和精度。如果一个部门法在这方面有严重的欠缺,大概就很难成为社会科学中令人尊敬的成员。在这方面,至少以下三点可能是重要的:其一,不在简单问题上投入较多研究资源,也不(在无争议问题上)作重复研究;其二,努力对复杂的论题作精细化的分析、论证,不作"大而化之"式的泛论,论证要尽量做到有理有据;其三,不人云亦云,不盲从,努力作审慎、独立的判断。

如果我们都对民诉法教义学抱持敬畏态度,就可能真正沉静下来,做朴素的"本应做"的事,这样就可能真正推动民诉法研究的发展。

本书是笔者十多年来在民诉法教义学研究方面的一些心得,希望它能对这个学科的健康发展起到一些推动作用。

本书的内容分为两个部分。前一部分(前九个论题)可谓是"本体论",主要是从教义学角度讨论若干重要概念、规范和个案。后一部分则主要涉及"方法论",即对民诉法教义学的基本问题(思维路径等)作"一般性"说明,又结合若干实例说明教义学研究中应注意的(广义)方法论的问题。

祝愿本土民诉法教义学的研究取得"质"的进展。

【目录】 CONTENTS

第一部分 Part 1

回到抽象的诉权说 / 003

诉讼标的之本土路径 / 034

既判力客观范围之教义学分析 / 060

释明的法理逻辑 / 089

部分请求之本土路径 / 113

实体法对程序法之僭越
　　——以《民法典》第 186 条为例 / 135

"吴梅案"之教义学分析 / 152

"劝烟猝死案"之教义学分析
　　——禁止不利变更原则之视角 / 171

第三人撤销诉讼
　　——思维误区与认知不足 / 195

第二部分 Part 2

民诉法教义学的路径与方法 / 219

"吴梅案"后论
　　——肯定论的若干问题 / 244

民诉法的通说当如何形成 / 263

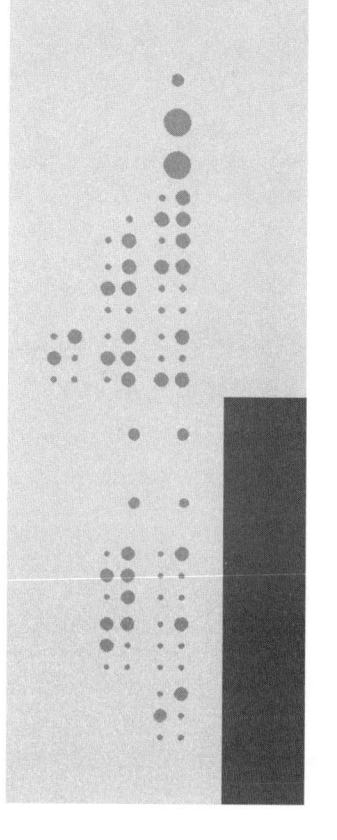

第一部分

回到抽象的诉权说[*]

诉权理论在学界向来有着受尊崇的地位,至少在国内是如此。诉权虽非《中华人民共和国民事诉讼法》(以下简称《民事诉讼法》)上的用语,但在裁判文书及国内著作中却是一个高频出现的词。权利人需借助诉权才能获得司法救济,所以诉权的重要性不言而喻。然而,诉权"这一术语,不论法律界对其如何熟悉,却仍然是一个性质与特点都会引起激烈争论的概念"[①]。国内对于诉权理论的研究长期陷入僵局。每一种参与竞争的诉权学说都被指有缺陷,[②]似乎没有明显占优的胜出者。[③]

学者们在为某一种诉权学说辩护时,大多会对其他诸学说逐一展开具体(而非空泛)的批判,即采用各个击破的批判方式。但本书将采用一种新的分类方法:根据是否为诉权附加构成要件,是否认为必须具备一定的条件才能拥有诉权,将既有的诉权学说划分为附条件诉权说和无条件诉权说。这种新的归类方法可使我们清楚看到,某些差异似乎很大的学说同属于附条件诉权说这一阵营,而且都具有重大、致命的缺陷,而以往我们孤立观察它们时却未曾察知这些缺陷。这些新的发现促使我们重新审视在国内从无支持者的无条件诉权说,重

---

[*] 本文是在以下这篇文章的基础上修改而成。严仁群:《回到抽象的诉权说》,载《法学研究》2011年第1期。

[①] 〔法〕让·文森、塞尔日·金沙尔:《法国民事诉讼法要义》,罗结珍译,中国法制出版社2001年版,第115页。

本书的注释采简略的形式。在每篇文章中,如果再次引用某作者的作品,或只提及作者姓名及作品名称(如果本书引用了该作者多件作品),或仅提及作者姓名(如果仅引用了其一件作品)。

[②] 参见江伟主编:《民事诉讼法》(第3版),高等教育出版社2007年版,第49页。

[③] 尽管如此,国内仍有较多研究者倾向于源自苏联的二元诉权说,也有人认同具体诉权说。但大致形成共识的是诉权否定论不能成立。

新检视以往对它们的批评。我们会发现,不为诉权附加构成要件的背后是有深刻考量的,而对无条件诉权说的批评多数是不能成立的,个别曾经有攻击力的批评也已被它们化解。因此,对附条件诉权说的集体性批判和对无条件诉权说的重新评估,有助于打破理论僵局,有助于真正击破各种新、旧附条件诉权说,同时又能从根本上证成无条件诉权说,或实质性地提升其说服力。考虑到论证的完整性,本文还将对诉权否定论进行批判。尽管有日本学者称"诉权否定说的支持者或许是感到其主张太过分了而放弃了该说"[①],但其他国家或地区的诉权否定论者未必也放弃了其观点,更何况国内对诉权否定论的批判并不充分。在无条件诉权说内部,对抽象诉权说之内在合理性及实际意义应予充分肯定,其瑕疵已被另一种抽象的诉权说——司法行为请求权说(或司法请求权说、司法保障请求权说)消解。后者更为合理,也有更多的实践意义。[②]

需要说明的是,由于民诉法学界对于诉权的讨论最早也最为充分,所以本书虽会顾及其他学科学者所提出的观点,但主要的分析对象仍然是民事诉权论中的诸学说。

一、附条件诉权说的重大缺陷

(一) 附条件诉权说的成员

到目前为止,关于民事诉权最主要的学说有六种,即私法诉权说、具体诉权说、本案判决请求权说、二元诉权说、抽象诉权说和司法行为请求权说。此处先分析前四种学说。

私法诉权说认为,诉权是私权因遭受侵害而产生的派生物,属于私权的一

---

① 〔日〕谷口安平:《口述民事诉讼法》,成文堂1987年版,第74页。转引自江伟、邵明、陈刚:《民事诉权研究》,法律出版社2002年版,第33页。
② 在德国,虽然瓦哈、赫尔维格等具体诉权说的倡导者、支持者极力为该说辩护,但经过论战和学术积淀,司法行为请求权说已在德国居通说地位。这从国内翻译引进的三本德国民事诉讼法教科书看都是如此。参见〔德〕罗森贝克、施瓦布、戈特瓦尔德:《德国民事诉讼法》,李大雪译,中国法制出版社2007年版,第17页;〔德〕奥特马·尧厄尼希:《民事诉讼法》,周翠译,法律出版社2003年版,第196页;〔德〕汉斯-约阿希姆·穆泽拉克:《德国民事诉讼法基础教程》,周翠译,中国政法大学出版社2005年版,第351页。前两本书还专节批判了具体诉权说。

种属性。① 这一学说将诉权紧紧附着于实体权利。换言之,在该说的主张者看来,没有实体权利就没有诉权,拥有诉权是以具有实体权利为条件的。

具体诉权说认为诉权是要求获得胜诉判决的权利,是要求通过判决保护实体权利的权利。这种学说同私法诉权说一样,也为诉权的拥有设置了条件:一是实体权利保护要件,即原告主张的私法权利应当存在;二是诉讼权利保护要件,即有诉的利益、当事人适格。具体诉权说在所有的诉权学说中似乎是内涵最丰富的,曾经一度在德国居于主导地位。

本案判决请求权说认为诉权是请求法院作出本案判决的权利。它同样认为享有诉权应该具备一定的条件,但仅要求有诉的利益和当事人适格。

二元诉权说认为诉权包含程序意义上的诉权和实体意义上的诉权。前者指原告向法院提起诉讼的权利和被告针对原告请求的事实和法律根据进行答辩的权利。后者指原告可以通过法院向被告提出实体主张的权利和被告可以通过法院反驳原告的实体请求或提出反诉的权利,"通常称为胜诉权和反驳原告提出的实体请求的权利"②。"当事人适格的,即有程序意义上的诉权。"③因此,当事人适格是程序意义诉权之要件。原告、被告若要享有实体意义上的诉权,也需具备条件,即其所主张或否认的实体权利的存在或不存在。④

可见,这四种诉权学说都为诉权附加了一定的条件,从这个角度看,可以将它们归入同一阵营:附条件诉权说。

其他一些学者对诉权所作的界定大致也可归为附条件诉权说。例如,有学者称"诉权的产生和存在,离不开'权益受到侵害'这一前提条件"⑤。如果将诉讼权等同于诉权,那么以下表述也属于这一阵营:"诉讼权所关注的主要问题是公民如何启动和参加司法程序,又可称为'接受审判权'。……是指任何人在其权利受到侵害时请求法院予以公正审判的权利。"⑥

值得注意的是,一些论者认同诉权是一种人权,但遗憾的是,他们在高举人

---

① 参见〔日〕新堂幸司:《新民事诉讼法》,林剑锋译,法律出版社 2008 年版,第 176 页以下。
② 前引江伟主编书,第 47 页。
③ 张卫平:《民事诉讼:关键词展开》,中国人民大学出版社 2005 年版,第 124 页。
④ 参见常怡主编:《新中国民事诉讼法学研究综述(1949—1989)》,长春出版社 1991 年版,第 182 页。
⑤ 徐静村、谢佑平:《刑事诉讼中的诉权初探》,载《现代法学》1992 年第 1 期。
⑥ 张翔:《基本权利的受益权功能与国家的给付义务》,载《中国法学》2006 年第 1 期。

权旗帜的同时,仍然为诉权附加了要件。如有人称:"诉权作为一项制度性基本人权,必须得到充分的保障。除……几种情况应由法律明确予以排除的以外,其他案件一经起诉到法院,法院都应当予以受理。"①这种观点认为有无诉权是因案而异的,即也认为诉权是有条件的。

《法国民事诉讼法典》第31条所界定的诉权也是附条件的。该条规定:"对某项诉讼请求之胜诉或败诉有正当利益的人均享有诉权,但法律仅赋予经其认定的有资格提出或攻击某项诉讼请求或者有资格保护某种特定利益的人以诉讼权利的情形,不在此限。"②

(二) 诉权概念之名不副实与无意义

设若某一案件经历了两个审级的管辖异议程序、关于原告是否适格的(一审)庭审程序③、证据交换程序以及(一审的)实体性庭审程序,双方当事人进行了充分陈述和辩驳,一审法院最终认定原告主张的实体权利不存在,判决驳回其诉讼请求。如果将附条件诉权说放到这一诉讼过程中考察,就可以发现它们的第一个共性问题。

按照私法诉权说所设定的诉权要件,由于一审法院在实体庭审后才能认定原告没有实体权利,因而直到此时才能认定原告没有该说所谓的诉权。但回望一下程序就能发现,原告在没有诉权的情况下经历了一审程序的全过程,就程序和实体问题进行了充分辩论。也就是说,私法诉权说下的诉权既不决定程序的开启,又与诉讼的推进无关。既如此,为什么还要将其称为"诉"权?为什么要使用这一概念?④ 使用这个概念的意义或必要性何在?即便对前例作反向假设,假设原告胜诉,情况也大致如此。因为在原告胜诉前,他是否有诉权是待确定的,而在这种状态下,程序依然可以开启和深入推进,他仍然可以进行所有

---

① 喜子:《反思与重构:完善行政诉讼受案范围的诉权视角》,载《中国法学》2004年第1期。

② 法国传统理论认为,享有诉权应当具备三个条件:利益、能力与资格。参见《法国新民事诉讼法典》,罗结珍译,法律出版社2008年版,第71页。

③ 例如,在高淳县民政局诉王昌胜、吕芳、天安保险江苏分公司交通事故人身损害赔偿纠纷案(以下简称"高淳流浪汉案")中,一审法院曾就原告是否适格两次开庭审理。参见《最高人民法院公报》2007年第6期。

④ 或许有人认为这样的诉权概念可以用作事后的评价工具。但这里所谓的有无诉权不过是胜诉、败诉的同义语,也是一个多余的表述。

的诉讼活动。

在具体诉权说下,原告被认定没有诉权的时间与私法诉权说一致,因为一审法院认为诉的利益、当事人适格这两项要件都具备(否则不会作实体判决),只是不具备实体权利保护要件。原告同样是在尚未确定有诉权的情况下,完整地走完了一审程序。

如果采本案判决请求权说,那么直到关于原告是否适格的程序性审理结束,[1]并且认为原告有诉的利益,一审法院才能确认原告有诉权。而此前他是否有诉权是待确定的,但同样是在这种状态下,原告经历了全部的程序性审理过程。

就二元诉权说而言,原告之具有程序意义上的诉权是在程序性庭审结束后才得以确认的,他也是在有无程序意义上的诉权并不确定的情况下经历了程序性的审理过程。原告之不具有实体意义上的诉权,则是在实体审理结束后才得到认定的。原告在并不拥有实体诉权的情况下经历了全部的实体审理过程。

如果采其他附条件诉权说也会有同样的发现。简言之,各种附条件诉权说下的诉权概念是名不副实和无意义的。而且,在许多人看来是自然之理的"无诉权便无当事人""无诉权便无诉""无诉权便无民事诉讼"[2],在附条件诉权说下显然不能成立。

(三) 于裁判形成之无意义

通过考察在国内有较多拥护者的二元诉权说的两个实例,可以发现附条件诉权说的第二个问题。

案1:某受诉法院在判决驳回诉讼请求时声称,权利人应从知道或者应当知道权利被侵害之日起的两年内向法院请求保护自己的民事权利,权利人未在法律规定的期间内主张权利,即丧失了实体意义上的诉权。[3]

在该案中,既然认定诉讼时效已过,那么根据实体法已可得出原告诉讼请

---

[1] 在国内,实务界和学界的主流观点都认为当事人适格是一个程序性问题,但是否确实如此,尚可推敲。本文忽略此一潜在的争议。

[2] 李龙:《民事诉权论纲》,载《现代法学》2003年第2期。还有人认为"无诉权便无民事诉讼"和"无诉权便无法官"是法律格言。参见徐昕:《诉权的经济分析》,载《云南大学学报(法学版)》2007年第4期。

[3] 参见浙江省金华市中级人民法院(1999)金中民初字第84号民事判决书。

求不能成立的结论,但裁判者却基于二元诉权说的立场,从诉权角度进行了论证。或许可将此诉权论证视为加强性论证,但问题是,实体诉权已丧失的结论仍是依据实体法得来的。也就是说,这是一种叠床架屋式的论证。

同理,在该案中,如果裁判者基于私法诉权说、具体诉权说的立场进行论证,同样是无意义的。因为这两种诉权学说都为诉权附加了实体要件,没有诉权的结论也仍然是依据实体法得出的。

案2:被告主张原告不适格,对此受诉法院声称,原告在形式上符合民事诉讼法所规定的"原告是与本案有直接利害关系的公民、法人或者其他组织"的起诉条件。"因此,三上公司的原告主体资格是适格的。至于其诉因是否成立、请求能否得到支持,则并不影响三上公司作为原告所享有的程序意义上的诉权。"①

在该案中,既然认定符合起诉条件,认定原告适格,若无其他程序上的障碍,按照民事诉讼法,原告自然可以继续诉讼,法院也应进行实体审理。但法院仍然基于二元诉权说的立场,从诉权角度论证原告可以继续进行诉讼。而之所以认定原告具有程序意义上的诉权,仍然是根据现行法认定原告适格。所以,这种诉权论证也是无意义的。

如果该案采用本案判决请求权说进行论证,同样也是无意义的,因为该说也认为当事人适格是诉权的要件。

(四) 隐含悖论

一般认为,诉权理论讨论的主要是"为什么可以起诉"这一问题。确实,四种附条件诉权说都在试图回答这个问题。例如,持私法诉权说的温德沙伊德认为,在法庭起诉的权利或诉权只是请求权的结果,而非原因。② 即他对于前述问题的回答是:因为有实体请求权,所以才可以向法庭起诉被告。而具体诉权说则似乎给出了最全面、厚重的解答:当事人适格、有诉的利益,且有实体权利,才可以起诉。因此,附条件诉权说实际上有一个共同的表达式:具备 X,才可以起诉。③

---

① 江苏省南通市中级人民法院(2004)通中民三初字第 0060 号民事判决书。
② 参见金可可:《论温德沙伊德的请求权概念》,载《比较法研究》2005 年第 3 期。
③ 附条件诉权说所附加的要件是充分必要条件,因为它们主张具备这些要件就有诉权,不具备这些要件则没有诉权。

若要将此表达式适用于具体的诉讼程序,若要据此决定是否准许当事人起诉,首先应审查前提条件是否具备,例如审查当事人是否适格、原告利益是否受到侵害。要做到这一点就必须进行一定程度的审理,甚至是完整的实体审理。而既然已经进行审理,说明已进入程序,已实际接受(受理)起诉。换言之,根据这一表达式,一方面满足条件才可以起诉,另一方面此条件的认定又需经过诉讼和审理。这就是一个悖论。这是附条件诉权说的第三个缺陷。

附条件诉权说的以上三项缺陷显然都是很严重的,尤其第一、三项可谓是致命的。[1] 如果一个学说是自相矛盾的,其核心概念又是无意义的,那么该学说就应该被舍弃。附条件诉权说的这些缺陷已足以迫使其退出诉权学说之竞争,更何况尚有其他至少并不存在如此重大缺陷的学说——无条件诉权说(参见下文)可供选择。

二、对诉权否定论之否定

抽象诉权说的对立面,除了同属诉权肯定论的附条件诉权说外,还包括诉权否定论。

一种诉权否定论认为:诉权观念是"19 世纪权利意识过剩的产物",属于一种"基于夸张的权利意识所产生的幻想",国民与诉讼制度之间的关系,"既不是严格意义上的权利义务关系,也不是恩惠关系,只不过是如下事实的反映,即国家从其所关心的视角出发运营诉讼制度,而国民服从国家裁判权"。"诉权不过是诉讼制度目的的主观投影,并将这种认识作为诉权理论的核心,如此一来,就产生自觉否定诉权之结果。"[2]

这种否定论存在以下问题:

其一,即便恰如否定论者所述,19 世纪是一个权利意识过剩的年代,也无法证明诉权观念确是"19 世纪权利意识过剩的产物"。所谓诉权是"基于夸张的权利意识所产生的幻想",是主观色彩极强的一种评价,无法加以验证。"幻想"之说有主观擅断之嫌。

---

[1] 此前对四种主要的附条件诉权说已有较多批评,但都未能指出其根本性缺陷。例如,对私法诉权的常见批评是它不能解释消极确认之诉。实际上,这充其量只能够说明该学说不够周延。

[2] 转引自前引新堂幸司书,第 177 页以下。

其二,自从公法诉权说出现以来,人们讨论诉权时所论及的关系,不是国民与诉讼制度的关系,而是国民与国家的关系。国家可以成为某些法律关系的主体,而诉讼制度则不能。所以,诉权否定论者的说法实际偏离了主题,或是偷换了概念。我们在论及"权利义务关系"时往往是就两个或多个主体而言的(此关系是主体之间的关系),而对国民与某项制度,他们之间是否有权利义务关系则无从谈起。若是说某项制度对国民负有义务,在句法上就不通。讨论国民与某制度之间的关系,往往论及的是另外一些问题,例如国民可否利用该制度、怎样利用、利用的效果如何等。

其三,所谓"国家从其所关心的视角出发运营诉讼制度,而国民服从国家裁判权",可能并非"事实"。在一个法治状况很差的国家,尽管可能有诉讼制度,但对许多国民来说,所谓"国民服从国家裁判权"可能只是妄言。然而正是在这样的国家,诉权显得尤为重要。

其四,"诉权不过是诉讼制度目的的主观投影"之说难谓属实。这一带有文学意味说法的大意应该是,有了诉讼制度之后,人们才有了诉权的观念。就某些年代而言,确实是诉讼制度出现在先,诉权观念出现在后。然而这并不意味着诉讼制度是"因",诉权是"果"。时间上的先后并不表明因果关系的存在。① 相反,另一种情况是可能存在的:某种合理的诉权学说的出现,导致立法者不断检视法院应承担的义务,不断修正和完善诉讼制度。

另一种诉权否定论认为:"诉权存在与否的标准应该取决于另一个因素,即诉权的权利人对于侵犯其诉权的人有无制裁可以援用……诉权应与损害赔偿请求权密切结合;在大多数国家,损害赔偿权并不存在或很难实现,所以诉权的存在也就没有多大的实际意义。"②

这种诉权否定论的问题在于:其一,此说若成立,只能证明诉权的相关制度不完善或未确立,并不能就此证明诉权不存在或不必要。其二,如果诉权确实存在,且很少有对诉权的损害发生,那么赔偿请求权是否存在倒也无关紧要。其三,权利受到损害时,救济途径并非只有赔偿一种。如果侵犯诉权的行为得到了纠正,诉权得到了维护,那也不失为对诉权的一种救济。其四,即便诉权目

---

① 这方面休谟早已有说明。参见〔英〕休谟:《人类理解研究》,关文运译,商务印书馆1957年版,第58页。

② 沈达明编著:《比较民事诉讼法初论》,中国法制出版社2002年版,第213页以下。

前不存在,也并不代表它不应存在。不能将实然误作应然。

诉权否定论者还有另外一种表述:"何时可以使用诉讼制度,提起诉讼,有所谓诉讼要件论,有关诉讼要件之理论现在已经很发达,何人何时可以请求法院裁判,均根据诉讼要件之理论予以解决即可。……根据诉讼要件理论,谁可以使用国家之法院,谁不可以,已经一清二楚,何必再搬出诉权此一概念。"[1]

这种否定论有两方面的问题:其一,诉讼要件论并不讨论何时可以提起诉讼,它只讨论在哪些情况下不能作实体性判决。诉讼要件包括诉的利益、当事人能力、当事人适格、诉讼能力、依法起诉(诉状满足法定要求)、法院对纠纷有审判权、[2]受诉法院对案件有管辖权、(对该案)无已发生既判力的裁判等,它们是法院作出实体判决的前提条件,是决定诉是否合法(而非是否有理由)的要件。其二,这种否定论即便能够成立,也只能驳斥本案判决请求权说、具体诉权说、二元诉权说,而不能驳斥其他诉权学说(私法诉权说和无条件诉权说),因为只有这三种学说将某种诉讼要件列为诉权的条件。

三、抽象诉权说的可采性与瑕疵

最早作为附条件诉权说对立面的是抽象诉权说,它认为诉权是指当事人能够向法院提起诉讼,并获得与诉相对应的某种裁判的权利。该学说未为诉权附加任何条件,认为任何人都可以无条件地提起诉讼。

(一) 为什么诉权应是无条件的

为诉权附加某种要件,导致附条件诉权说具有若干重大、致命缺陷。这就反向证明了抽象诉权说的合理性。但仅认识这一点尚嫌不够,还应当深入(正面)理解为什么诉权应是无条件的。

权利人在权利遭受侵害时应该获得司法救济,这通常是毋庸置疑的。但我们不能因此就认为拥有实体权利是享有诉权的条件。因为就具体个案而言,在原告刚刚提交起诉状时,法院对案件的真相是什么、原告是否真的是权利人,通常一无所知。在程序之初,法院面对的是"无知之幕"。此时不存在任何给定的

---

[1] 邱联恭:《口述民事诉讼法讲义》(二),2006年自版,第113页。
[2] 我国民事诉讼法上的主管概念大致与之相当,但它不限于民事纠纷审判权。

实体权利(就程序而言),甚至有些权利还是有待司法生成或创设的。法院要正当地揭开这"无知之幕",就只能无条件地接受当事人的起诉,然后通过程序的推进,在给予双方程序保障的情况下审理和确认原告有无实体权利。只有进入程序的审查才是正当的审查。而法院必须无条件地接受起诉并加以裁判,实际就意味着当事人拥有无条件的诉权。应当重温 19 世纪一位英国法官说的话:"任何人都能提起诉讼,即使他根本没有权利。"①

同样,固然可以说当事人必须适格,必须有诉的利益,才能要求获得实体判决,但也不能因此将它们设定为诉权的要件。② 因为对于任何个案来说,当事人是否适格、是否有诉的利益,也不是给定的。法院在刚刚面对当事人时,在这方面也同样处于"无知"状态。"司法裁判争议,有很大一部分都是围绕着'讨论实体问题'的周边来进行的,而且这一部分讨论在实践上具有很大的意义。"③这些周边问题往往还很复杂。在"高淳流浪汉案"中,原告是否适格这一争点就耗费了法院和当事人很多时间和精力。在美国 EOS 工程公司诉新绛发电公司等侵权纠纷案(以下简称"EOS 案")中,当事人围绕是否存在重复起诉的问题也进行了两个审级的诉讼。④ 要正当地揭开关于这些周边问题的"无知之幕",要正当地就这些外围问题得出结论,也必须无条件接受当事人的起诉,然后依据正当程序进行审理。如果法院先行对这些问题进行审查和认定,然后才决定受理或不受理(立案或不立案),那么作出决定之前的审查过程就是程序外的"程序",是不正当的。

另外,一般认为对某些事项或纠纷,例如纯粹的学术争议或政治问题,法院是没有审判权或裁判权的。西方国家也是如此。例如,在尼克森诉美国案中,这位前联邦法官质疑参议院审理其弹劾案的程序,对此,美国联邦最高法院认为该案所涉纠纷是法院无权裁判的政治问题,从而驳回起诉。⑤ 尽管如此,也不能将法院对纠纷有审判权列为诉权的要件。因为在具体的个案中,原告所请

---

① Attorney General v. Sudeley, 1 Q. B. 354, 359 (1896).
② 有学者认为,诉权是"公民在认为自己的合法权益受到侵犯或有纠纷需要解决时,享有的诉诸公正、理性的司法权求得救济和纠纷解决的权利"。左卫民等:《诉讼权研究》,法律出版社 2003 年版,第 2 页。此表述将"存在纠纷"设定为诉权要件,实际也就是将诉的利益设定为诉权要件。因为如果当事人之间实际没有纠纷,原告就没有诉的利益。
③ 前引让·文森、塞尔日·金沙尔书,第 120 页以下。
④ 参见最高人民法院(2003)民四终字第 2 号民事裁定书。
⑤ See Nixon v. United States, 506 U. S. 224 (1993).

求裁判的事项是否确属学术争议或其他司法机构无权裁判的事项,未见得是很清晰的,未见得是没有争议的。① 对此,法院也应当在接受起诉后,依据正当程序进行审查,必要时应当召集当事人进行言辞辩论(尼克森案就是如此)。

再者,如果我们认为诉权是可以放弃的,且当事人可能已经实际放弃了诉权,对于当事人的起诉仍然是要受理的。因为,在"遭遇"起诉时,对于双方当事人之间是否有有效的诉权放弃合同,我们也同样没有"上帝之眼"。原告通常不会在起诉时声明有放弃诉权的约定,即便告知有此契约也会同时主张此契约是无效的或应撤销的,而此主张是应予认真审查的,而且至少应当保障当事人的听审请求权(在否定其主张前),因为放弃诉权显然事关重大。如果在受理起诉后,被告主张存在诉权放弃契约,则法院同样应当审查到底是否存在此契约、此契约是否合法。此一审查过程仍然应当在程序内进行(而且往往不是在短短7天内能完成的),即便最终以存在有效的放弃诉权契约为由驳回起诉,也应当在此之前遵循正当程序,保障当事人的辩论权、听审请求权。这类似于若当事人之间关于某一方有无当事人能力发生争议,法院在就该争议进行审查时,仍然应当视其有当事人能力,保障其辩论权、上诉权等重要权利的行使。此种诉权合同是否有效,国内学界和实务界并非没有争议(实务界甚至有人认为上诉权也是不可放弃的),在此情况下,更应该将此问题"放置"在程序内认真进行审查。国外同样可能存在放弃诉权的合同,德、日、美等国的法院不可能不受理,只是可能在受理并基于正当程序进行审查后,以起诉不合法等理由驳回起诉。法院在接受诉状时不会审查双方是否存在放弃诉权的合同。

采抽象诉权说并不意味着不承认诉权放弃契约,恰如德国主流观点在采抽象诉权说的修正版(司法行为请求权说)的同时,也是承认此种契约的(但未必无任何限制)。抽象诉权说所主张的只是,法院应无条件受理起诉,并且公正地予以审理。在它看来,法院在审理后认定诉权放弃契约合法有效,自然应驳回起诉。但法院在作出此种认定前,不能简单、武断行事。在此意义上,接受(实际已经有效放弃诉权的)原告的起诉仍可谓是无奈之举。无条件诉权说下的诉权仍是可处分的,笔者从未主张只要是写入宪法的权利或被视为人权的权利就是不可处分的。在美国法下,要求陪审团审判的权利也是宪法上的权利,但它

---

① 例如,曾有原告诉称被告出版的字典有很多错误,这是学术争议还是产品质量争议?参见上海市第二中级人民法院(2006)沪二中民一(民)终字第1747号判决书。

是可放弃的(至少民事案件是如此)。

由此可见,无论我们认为当事人应当基于何种正当理由进行诉讼,无论我们认为应当具备何种诉讼要件当事人才可以要求实体审理和实体裁判,都不能将该种理由或诉讼要件设定为诉权的要件,因为在具体个案中,是否存在这种理由或具备这种诉讼要件,可能本身就是需要诉讼和审理的。不为诉权附设要件的背后,实际是立法者和司法者的无奈。就任何个案而言,他们都没有"上帝之眼",都不能在当事人刚走进法院之时就确知案件的情况。但是,他们又相信至少有部分原告是真实的权利人,是应当获得救济的,或者至少有部分案件是应给予实体裁判的,所以他们不得不向所有起诉者敞开程序之门。

程序伊始之"无知之幕",以及该帷幕只有在程序内才能正当地渐次拉开,决定了程序法和实体法之间的根本差异。遗憾的是,我们常常忽视这种差别,仍会不自觉地混同实体与程序。私法诉权说之从谈论实体权利转而谈论诉权,就包含有这种混同(同样以实体权利为诉权要件的具体诉权说、二元诉权说相当程度上也是在走私法诉权说的老路)。这种话题的过渡包含着不可忽略的思维"缝隙"。伴随着该话题转换的,是时空、场景的急剧转换。转换之前的是实体(法)的时空,在这个场景里我们通常不为探知案件真相所苦,通常能"确知"我们论及的主体拥有某种权利。转换之后则是程序(法)的时空,在这里,一切都是待探究和确认的。只有到了程序之门行将关闭时,才可能与实体时空一致或近似。如果权利人因为举证不能或诉讼策略失误,最终未能证明其权利,而法院又未依职权调取证据,对方当事人又未自认或(及)承认诉讼请求,则程序之终局状态与实体之应然状态实际是完全背离的。(仅仅)在实体法的空间里"坐论"司法救济,往往是不切实际的。我们必须有程序思维,必须深切认识程序固有的特点,必须清醒认识到在程序之初,一切都处于"零状态"。

(二) 抽象诉权说的实益

1. 真正凸显现行立案程序的缺陷

现行民事诉讼法规定了起诉的积极条件和消极条件,符合积极条件且不具备消极条件的,法院才予以受理。显然,这种立案程序有违抽象诉权说(立案登记制并未删减起诉条件)。按照抽象诉权说,诉权的享有是无条件的,只要有起诉,法院就必须受理,对于起诉的受理不能附条件。"对于外观上具备诉之行为,法院必须开始诉讼程序,并在该程序内对诉讼要件存在与否展开调查。"①

有相似性的是普鲁士的审判程序。按照该程序,任何原告,在法官办理控告前,都应当使法官深信他是有诉权的,否则法官就会简单地以决定的方式驳回。马克思对此的评价是:"不承认私人在他个人的私事方面有起诉权的法律,也就是对市民社会最起码的根本法还认识不清。起诉权由独立的私人的理所当然的权利变成了国家通过它的司法官员所赋予的特权。……法官首先作为官吏来作出决定,以便随后作为法官来判决。"②

部分学者对于现行立案程序持排斥态度。但其实,若坚持附条件诉权说,则未必应该有此态度。例如,按照具体诉权说或本案判决请求权说,法院在接到起诉后,应首先逐一审查诉权要件是否具备,一旦发现没有诉的利益、当事人不适格,就可以认定没有诉权,就可以裁定不予受理。由此,对附条件诉权说而言,民事诉讼法规定积极、消极起诉条件是无可非议的。"原告应与本案有直接利害关系"这一起诉条件,正契合具体诉权说、本案判决请求权说和二元诉权说为诉权所附加的当事人适格这一要件。

另外,有学者主张将起诉条件改称为受理条件,③但这种主张没有实质意义。因为,在现行法下,符合起诉条件的才可以受理,所以,起诉条件实际就是受理条件。当然,"起诉条件"这一表述确有问题,任何人只要想起诉,就能起诉,他向法院递交诉状的行为就是一个起诉行为。是否实际起诉是由原告自行决定的,他不能决定的是司法者如何对待他的起诉。所以,现行法下的这个"起诉条件"应改为"起诉合法的条件"。不符合此条件的,应予驳回。另外,认为受理起诉应有条件,这仍是附条件诉权说的观点。

目前大陆法系和普通法系的代表国家对起诉的受理是无条件的(从法国的前述条文看,它是例外),④有些国家(日本、希腊等)的宪法"明确地毫无限制地规定了保证进入法院的权利。在其他许多国家虽然不存在明确的规定,但是自

---

① 前引新堂幸司书,第171页。
② 《马克思恩格斯全集》第19卷,人民出版社2006年版,第359页。
③ 参见张卫平:《起诉条件与实体判决要件》,载《法学研究》2004年第6期。
④ "起诉状到达收发室后,收发人员盖章即发生诉讼系属的效力,如时效中断等。继之法官必须加以审理。"前引邱联恭书,第34页。

由进入法院也被赋予了基本的效力"①。它们只是在如何使用诉权这个概念上有分歧。即便在法国,"法院备有登记簿,将向法院提出的所有案件逐一登记其上。案件在庭期表上进行登记即告法院受理了案件"。② 也不能因为看到美国学者似乎有这样的表述——"被告提出的不予受理的提议不予支持"③,就以为美国有与我国相似的受理制度。实际上,"不予受理"只是对 dismiss 的误译,后者是驳回起诉(不继续进行审理)之意。④

2. 为设置诉权救济途径提供理论支持

我国现行《民事诉讼法》未规定法院在不履行受理、裁判义务时所应承担的法律责任。⑤ 如果采抽象诉权说,则应当在法律中明确就无条件诉权作出规定,并规定拒绝受理、拒绝裁判的法律责任。域外较少有拒绝受理、裁判行为的发生,但仍有国家(例如法国)规定了拒绝裁判罪。⑥ 这种罪的责任主体通常应该是具体负责受理、裁判案件的法官,但如果实际是某法院拒绝裁判,则责任主体应该是该法院院长。

或许有人认为,附条件诉权说也能为前述救济途径之设立提供理论支持。但实际上,附条件诉权说不但不能提供支持,相反还能为拒绝受理、裁判的行为提供辩护。因为拒绝受理、裁判的法院或法官可以声称,由于诉权的某一要件不具备,所以原告没有诉权,不能起诉,法院自然可以不予受理、裁判。⑦

---

① 〔德〕卡尔·海因茨·施瓦布、埃朗根彼得·戈特瓦特、雷根斯堡:《宪法与民事诉讼》,载〔德〕米夏埃尔·施蒂尔纳编:《德国民事诉讼法学文萃》,赵秀举译,中国政法大学出版社 2005 年版,第 152 页。

② 法国的"诉讼不受理"这一术语确实存在问题。明明早已受理了案件,如何其后(甚至在实体辩论后)又说"不予受理"? 这一问题的根源应该在于其传统诉权理论和《法国民事诉讼法典》第 31 条都属于附条件诉权说。

③ 〔美〕玛蒂尔德·柯恩:《作为理由之治的法治》,杨贝译,载《中外法学》2010 年第 3 期。

④ See *Black's Law Dictionary*, 9th ed, Thomson West, 2009, p.537.

⑤ 在狭义的法律层面没有这方面的规定。《人民法院审判纪律处分办法(试行)》第 22 条规定对"违反法律规定,擅自对应当受理的案件不予受理"的人员可给予记过处分。《最高人民法院关于人民法院登记立案若干问题的规定》虽有所提及,但仍很简略,不够明确。

⑥ 参见《法国刑法典》第 434-7-1 条。《法国新刑法典》,罗结珍译,中国法制出版社 2003 年版,第 163 页。

⑦ 尽管拒绝裁判者的这种辩解不无漏洞,但附条件诉权说客观上为其提供了理论武器。

（三）不合理的指责

在诉权论争中，抽象诉权说遭受了多种批评，但多数是不能成立的。

第一种批评是："如果诉权是这么抽象的权利，那么如同是否具有起诉之自由一样，无须将诉权作为特别的权利予以构成。"[1]国内有人直接指其"空洞无物"[2]。但这种批评是有问题的。其一，抽象诉权说下的诉权或许较为"单薄"，但仍是有明确内容的，即任何人都可以无条件地起诉，法院必须予以受理，必须作出与诉对应的某种裁判。如果我们想到国内还有不少人认为起诉必须符合一定条件才可以被受理，就应该知道抽象诉权说并不空洞，它是有实质性内容的，而且它的实际意义在本土尤为明显。其二，一个概念的内涵并不是越丰富越好，不能为了追求内涵的丰富而将其无法承载的内容强加给它，那样会扭曲概念。诉权是不能附加要件的，这在客观上造成了诉权之"抽象"。但这种抽象是必要的。其三，批评者的这种表述表明他们是区分"自由"和"权利"的，既如此，它们所说的权利应该是指严格意义上的权利。因为自由和权力（能力）[3]、豁免一样都可能被指称为（广义）权利。[4] 按照霍菲尔德的观点，严格意义上的权利是指有权请求他人做某事或不做某事，而自由则是自己有权决定做或不做某事。严格意义上的权利是与义务相对应的，但是自由则并非如此，与之相对的是无权利。而从抽象诉权的内容看，它显然是一种请求权，是有对应的义务主体的。所以，该诉权不是自由，而是严格意义上的权利。[5] 批评者是用错了概念。

第二种批评是："仅仅停留在任何人都可以起诉这一点，而没有对诉权的要

---

[1] 前引新堂幸司书，第 176 页。
[2] 前引江伟主编书，第 150 页。
[3] 国内通常将 power 译为权力，但也有人译为能力。例如，〔英〕雷蒙德·瓦克斯：《法哲学》，谭宇生译，译林出版社 2009 年版，第 53 页；前引休谟书，第 57 页。译为"能力"更合乎霍菲尔德使用这个词的原意。
[4] 参见〔英〕H. L. A. 哈特：《法理学中的定义与理论》，载其著《法理学与哲学论文集》，支振锋译，法律出版社 2005 年版，第 40 页。
[5] 如果法律上明确规定了诉权，我们甚至可以将它界定为 power（能力）。因为就具体的当事人而言，一旦其实际行使诉权，向某法院提起了诉讼，那么他就与该法院形成了法律关系，这种法律关系之形成不取决于受诉法院的意志。

件作进一步的说明,因此没有多大的价值。"①这个批评的问题在于它有一个预设,即诉权必须是附要件的,而这并非不证自明(批评者事实上未给出证明)。实际上,如前所述,这个预设是错误的,诉权恰恰是不能附加要件的。

第三种批评是:"过分强调诉讼法的独立性,而忽略了诉讼法与实体法之间的合理关系。"②这种批评的问题在于:其一,没有证据表明,抽象诉权说的论者是要刻意强调诉讼法的独立性。至于它是否在客观上凸显了诉讼法的独立性,则另当别论。而这种"凸显"又未必是错误的。其二,即便是"强调",也未见得过分。未曾为诉权附加(实体)要件,就是过分强调诉讼法的独立性?难道程序法须"片刻"不离实体法?"寸步不离"实体法的程序法还有独立性可言吗?如前文所述,私法诉权说、具体诉权说和二元诉权说都将诉权紧紧维系于实体法(都含有实体要件),正是这种维系,导致其隐含了重大缺陷;这种维系还包含了对实体与程序的混同。

如果抽象诉权说的价值被重估,该说在国内还可能受到这样的指责:鼓励诉讼,甚至鼓励恶意诉讼。但这样的批评也是不客观的。其一,国家普惠制地确认诉权,并不等于鼓励民众动辄兴讼,正如部分国家确认罢工自由并不是为了鼓励罢工。其二,滥用诉权的行为在西方法治国家和我国都存在,很难说在"有诉必理"的西方国家滥用诉权的情况比我国要严重,也很难证明滥用诉权的现象系因采某种诉权学说而造成,或与之有紧密关联。其三,我国法律虽然规定了若干受理条件,实务者也多信奉二元诉权说,但并未有效地杜绝滥用诉权的现象。其四,和其他权利一样,诉权当然也不能滥用。抽象诉权说并不否认应当制裁滥用诉权者。国家可以在规定诉权的条文之后,紧接着规定不得滥用诉权(甚或将"不得滥用诉权"列为诉讼要件),并规定滥用诉权者的法律责任。但受理起诉仍然是无条件的,对滥用诉权的认定也只能在程序内进行,滥用诉权的判断未见得是简单或没有争议的。

可能面临的另一种指责是:加重司法负担,使法院不堪重负。对此,笔者认为,在讨论应采何种诉权观念时,在可能的情况下,尽量首先相对纯粹地讨论在应然层面应采何种诉权学说,然后再考虑采此诉权理论之后可能会出现什么实

---

① 〔日〕兼子一等编:《条解民事诉讼法》,弘文堂1986年版,第758页。转引自前引江伟主编书,第47页。

② 前引江伟主编书,第14页。

际后果或状况,并在必要时调整"应然"的诉权理论,甚至完全推翻它,另作选择。即便从"后果考量"的角度看,抽象诉权说(或司法行为请求权说)并不会不合理地加重法院的负担,它不过是要求法院将对所有起诉的审查、处理都置于正当程序中。① 即便在实际采用这种学说后,法院实际受理(而非"遭遇")的案件数量会加大,那也是法院原本应当承受的。此种后果不应成为指责抽象诉权说的理由。② 此外,我们在担心有更多案件进入法院的同时,更应该担心粗略的受理审查程序可能使若干正当案件不能进入法院。前一种担心关乎的是负担、成本,而后者则关乎正义。孰轻孰重,通常应该是很清楚的。

(四) 无法应对的指责

对于抽象诉权说还存在另一种批评:如果法院作出了驳回起诉的裁定,原告的诉权也得到了满足吗?

法院裁定驳回起诉,可能有两种情况。一是原告的起诉不合乎程序法的规定,此时驳回起诉是理所当然的。但这时诉权仍可谓已经实现。因为原告的起诉已经得到了法院的正确回应,没有得到满足的是原告的胜诉希望,而这原本就是不应予以满足的。所以在这种情况下,前述批评并不恰当。另一种情况是原告的起诉本不该被驳回,法院却驳回了起诉。此时,按照抽象诉权说,原告的诉权确已实现,原告应该接受这样的裁判结果。但这与现实显然不太可能一致,原告通常不会满足于这样的错误裁判。因此,就这种情况而言,前述批评对抽象诉权说是有攻击力的。抽象诉权说大概很难合理地应对这样的指责。③

四、另一种抽象的诉权说

作为附条件诉权说和诉权否定论对立面的还有另一种学说,即司法行为请

---

① 新实行的立案登记制在这方面有进步,《最高人民法院关于人民法院登记立案若干问题的规定》第 8 条规定在法定期间内不能判定起诉是否合法的,应当先行立案。

② 关于这方面的详细论述,参见严仁群:《民事立案制度之模式选择——兼析"赵薇瞪眼案"》,载《法治现代化研究》2018 年第 3 期。

③ 抽象诉权说能作的回应或许是:抽象诉权仅指当事人可以无条件起诉,法院必须无条件受理和裁判。至于裁判之对错,完全可以通过其他概念另行考量。但这样的回应似乎较为勉强。

求权说。该说认为"任何人都可以向法院求助并寻求法院裁判,他具有要求恰当处理他的申请的权利"①。"双方当事人不仅享有获得正确裁判的希望,而且还享有要求国家作出正确裁判的真正公法权利。"②"诉权是当事人对应于诉讼具体状况与阶段,可以要求法院作出所有法律上必要行为之权利。"③该说同样没有为诉权附加条件,因此,批评者指其"具有复活抽象诉权说之性质","又回到了抽象诉权说的起点"④,倒也并非妄言。它确实也是一种抽象的诉权学说。

(一) 对抽象诉权说缺陷之弥补

在司法行为请求权说下,诉权或司法行为请求权包括两层含义:其一,无条件诉诸法院的权利;其二,要求法院公正审理和裁判的权利。⑤ 相应的,法院的裁判义务也表现在两个方面。其一,必须通过裁判对起诉作出终局性的回应。裁判有两种,一是程序性裁判(裁定或诉讼判决)。终局性的程序裁判(例如驳回起诉的裁定)通常是因认定某些诉讼要件不具备而作出的,它导致案件未经实体判决而结束。二是实体性裁判(本案判决)。⑥ 其二,必须依据正当程序进行审理,依据实体法作出公正裁判。

由此可见,司法行为请求权说在内容上要比抽象诉权说要丰富,是修正型的抽象诉权说,更为合理。提起诉讼的当事人通常不是超然的起诉者,不可能只是要求法院给一个裁判。要求公正的裁判应该是绝大多数起诉者的愿望,而且是正当的愿望。所以,司法行为请求权说对于抽象诉权说的修正,是将抽象诉权说下超脱的当事人变成普通人,是一种"常人化"的改进。

由于司法行为请求权说完全涵盖了抽象诉权说的内容,而且也曾"遭到与抽象诉权说一样的批判"⑦,所以,前文为抽象诉权说所作的辩护同样适用于司法行为请求权说。不但如此,司法行为请求权说对抽象诉权说的"常人化"改造

---

① 前引奥特马·尧厄尼希书,第196页。
② 前引罗森贝克等书,第17页。
③ 前引新堂幸司书,第177页。
④ 常怡主编:《比较民事诉讼法》,中国政法大学出版社2002年版,第147页。
⑤ 当然,这种表述是有一定的模糊性的,因为司法者有时会遇到实体正义和程序正义相冲突的情况。此时就很难说当事人有权要求程序正义和实体正义之兼得。
⑥ 诉讼判决和本案判决都是大陆法系部分国家或地区的用语,前者是仅对诉讼问题的终局裁判,后者则是针对实体问题的裁判。
⑦ 前引新堂幸司书,第177页。

还弥补了抽象诉权说的漏洞。

(二) 更多的实益

司法行为请求权说比抽象诉权说有更多的实益。主要表现在,它能够敦促立法者和司法者强化审理过程和结果的公正性。其中一个重要方面是,法院在受理起诉后,对于程序性问题的处理也应尽量符合正当程序的要求。例如,在处理较复杂的管辖争议时,应当开庭审理,以确保双方当事人充分行使关于程序问题的辩论权。在"EOS 案"中,最高人民法院对于诉讼标的的界定不同于国内法院的传统观点,因此,裁判前应当适当开示心证,给当事人充分的发表意见的机会,否则有突袭裁判之嫌。在德、日等国,"原则上应对诉讼要件的存在进行言辞辩论"①。我们尚缺少这方面的意识。

基于同样的道理,司法行为请求权说能进一步凸显目前立案程序的缺陷。现行立法中不予受理的裁定,不但在短短 7 天内作出,而且原告在起诉时可能根本未曾料及法院会裁定不予受理,更可能无法(准确)预测法院不受理的理由,因此其提交的起诉状可能未能有针对性地进行论述。在此期间,只有裁判权的存在,当事人(尤其原告)的权利处于空白状态,他完全是被动的裁判接受者,辩论权没有获得保障。从司法行为请求权说的角度看,这是不正当的。即便此类裁定所判断的事项很简单,也应该给当事人说明和辩驳的机会(哪怕给很短的时间)。更何况,实际上这些事项的审查未必简单。

(三) 司法行为请求权的开放性

尽管司法行为请求权是民事诉权论争的产物,但也存在将它的适用范围扩展到其他领域的可能。② 事实上,近年来其他学科的学者试图将诉权引入行政诉讼法、刑事诉讼法领域。③ 但他们对民事诉权的"移植"或推广大多是在没有辨明应当采用哪一种民事诉权学说的基础上进行的。

---

① 前引奥特马·尧厄尼希书,第 178 页。
② 当然,附条件诉权说也可以作这种拓展。但由于它们都附加了要件,这些要件可能又是因部门法而异的,所以在拓展时需要考虑行政诉讼、刑事诉讼各自的特点,相应地予以调整。故其拓展不如无条件诉权说方便。
③ 例如,前引徐静村、谢佑平文;赵正群:《行政之诉与诉权》,载《法学研究》1995 年第 6 期。

首先，可以将司法行为请求权（说）扩展到行政、刑事领域。扩展到行政领域可能没有什么障碍，扩展到刑事领域则会受质疑。一种可能的质疑是，大多数刑事案件只能由检察院提起公诉，如何能说任何人都可以请求法院裁判？其实，这种质疑的背后仍然是附条件诉权说的思维在起作用。按照附条件诉权说（私法诉权说除外），只有检察院才有（公）诉权，因为只有它是公诉案件的适格"原告"。实际上，将司法行为请求权用于刑事领域并不存在困难。假如有一个自然人诉诸法院要求法院宣告被告犯有渎职罪并判处其刑罚，法院仍然应当受理这样的起诉（只是一个行政性的登记手续），但可以很快裁定驳回起诉。更何况，这种起诉出现的可能性很低。此外，如果考虑到少数案件既可以自诉又可以公诉，以及个别案件到底应是公诉还是自诉可能还存在争议，①我们就更能理解司法行为请求权说的合理性。它要求法院一概受理公民的起诉，然后在程序内公正地审理和裁判，而不是置之不理或者武断地告知是公诉案件或自诉案件。另外，司法行为请求权还可以为批判自诉案件起诉难的现象提供新的工具。

由此，司法行为请求权就可能成为一般性的诉权，进而为诉权入宪提供了可能性。国内已有不少人主张诉权入宪。② 本文虽不讨论诉权应否入宪，但仍需说明的是，诉权入宪的关键问题是如何入宪或何种诉权入宪。如果宪法文本上的诉权只是某种附条件诉权说的翻版，那么这种入宪不但没有意义，而且还扩张了附条件诉权说的重大、致命缺陷，将这种缺陷"推广"进了宪法。遗憾的是，国内学者主张入宪的诉权多是附要件的诉权。例如，有人称诉权"是一项宪法性的公法权利……只有在司法不能和司法解决无效率由法律明确予以排除的少数案件，法院才可以不受理"③。

五、诉权的周边概念

有一些容易与诉权混淆的概念，对它们的不恰当理解间接损害了诉权概念

---

① 例如，实务上对于轻伤害到底是自诉还是公诉案件有争议，各法院的做法也未尽一致。

② 例如有人称"作为权利保障书的宪法理应规定诉权"。周永坤：《诉权法理研究论纲》，载《中国法学》2004 年第 5 期。

③ 前引喜子文。

的准确性，客观上也造成了混乱。基于抽象的诉权说的立场，可以厘清它们与诉权的关系。

(一) 可诉性及诉讼要件

习惯上，人们有时会说，纯粹的道德、学术、宗教、政治问题等是不可诉的。但这实际上是指某些问题不宜或不应由司法机关处理，即认为法院对某些纠纷或事项没有(实质的)裁判权。如前文所述，法院对纠纷有审判权只是一项诉讼要件，不能把它作为诉权的要件。所以，因原告提出了一个不可诉的事项就说其没有诉权，是不恰当的。另外，"可诉性"这个词确实容易使人将其与诉权混同。所以，如需述及某一事项不可诉，可以直接表述为法院对该事项没有审判权。

明确区分可诉性与诉权，并不是否认可诉性问题的重要性。事实上，列明哪些事项不可诉或法院对哪些事项没有审判权是非常重要的，[1]但是它的重要性需另作专题探讨。

人们也可能将当事人适格等其他诸多诉讼要件与诉权概念混同，从而有使诉权成为一个"变色龙似的词汇"的危险。[2] 这种混淆的实例很常见。例如，最高人民法院有裁判称："金利公司主体不适格，不享有提起本纠纷之诉权，对其起诉应予驳回。"[3]同样，设若某业主委员会起诉物业公司，被告就原告能否作为当事人提出异议(称其不是法人，也不是"其他组织")；设若某原告针对被告已拥有一份可强制执行的债权公证文书，但他仍然就该债权向法院起诉。后两例涉及的诉讼要件分别是当事人能力和诉的利益，法官在处理案件时也很可能动用诉权概念。

人们之所以可能将诉权与诉讼要件相混淆，根源仍在于一些附条件诉权说将诉讼要件设置成诉权要件。由于不能将它们作为诉权要件，因此就不能在诉讼要件不具备时称当事人没有诉权。诉权与诉讼要件是两个不同层次的概念。当事人行使诉权能引发诉讼程序。针对原告的起诉，法院可能以程序裁判或实

---

[1] 但不可诉的事项越多，公民获得司法救济的范围也越窄。如果以本土特殊情况为由将明显应属于审判权范围内的纠纷列为不可诉事项，则是不合理的。

[2] 参见〔美〕W. N. 赫菲尔德：《司法推理中应用的基本法律概念》(上)，陈端洪译，载《环球法律评论》2007年第3期。

[3] 最高人民法院(2005)民一终字第95号民事裁定书。

体裁判作为回应。但若法院认定不具备诉讼要件,则只能作出程序性裁判,终结诉讼。假设某一法律文本开篇的两个条文分别是关于诉权和诉讼要件的,那么对它们的表述大致应该是:"第一条 当事人可以起诉,要求法院公正审理。第二条 在下列各情形下,法院应以程序性裁判驳回起诉:(一)对申请裁判的事项,法院没有裁判权;(二)没有诉的利益;(三)当事人不适格;(四)滥用诉权……"

(二) 诉讼权利

诉讼权利与诉权在字面上很相似,对它们之间的关系可以从两个角度进行分析。

首先,正是由于诉权的实际行使才可能导致程序的启动,才使当事人进入程序,才使当事人实际享有诉讼法所规定的(与程序依法推进到的阶段相对应的)诉讼权利,否则诉讼权利仅仅是纸面上的。通俗来讲,第一层含义的诉权(司法行为请求权)首先是叩开司法之门的权利,而诉讼权利则是入门后的权利。

其次,由于诉权或司法行为请求权的第二层含义强调的是法院应公正审理(处理当事人的申请),据此,法院应当确保当事人拥有充分、必要的诉讼权利。由此,可以认为诉权是指向甚至涵盖诉讼权利的。现行法所规定的部分诉讼权利可看成是对诉权的要求的具体化。[①] 但是,这种具体化往往是不完善的,所以还不能将两者完全等同。这里所谓的"涵盖"只是抽象意义上的,并不是说它已经事实上明确给出了诉讼权利的清单,只能说它要求充分赋予当事人诉讼权利。诉讼权利的具体清单上到底有哪些项目,需要立法者、司法者作合理规定和解释,这是一个多角度考量的过程,不是诉权理论所能单独决定的。

对于诉权与诉讼权利的关系,我们不必耗费过多精力去研究。应该做的是一方面研究诉权应有的内涵,另一方面基于程序保障等理念和恰当的经验总结,尽可能周到地规定和保障当事人的诉讼权利。如果能做到这一点,即使搁置这个话题,应该也无大碍。

---

① 诉权是当事人对法院的权利,而有些诉讼权利则是针对对方当事人的。有些诉讼权利不是起诉人拥有的,而是被起诉人甚或证人、鉴定人等拥有的。

(三) 英美法上的"诉权"

容易造成困扰的英美法上的相关概念是"诉权"(right of action)。从字面上看，它当然是(有)诉权之意。但按照权威英文法律词典的解释，它有两种含义：一是指可通过诉讼强制实现的权利；二是指将某一特定案件提交法院的权利。[①] 前者是实体性权利，这种意义的"诉权"是我们未曾想到的。后者则似乎就是诉权，但是否确实如此，仍需斟酌。通过检索可以发现，虽然英美学界经常讨论"诉权"的第二种含义，但多是就某一特定实体权利或事项而论的，或是关于如何判断制定法是否暗含了关于某事项的私人"诉权"。他们常常讨论这种判断的标准，以及曾确立此种标准的 Cort v. Ash 案。[②] 因此，英美法系的法律人在使用该概念时，指涉的实际只是某一事项或权利的"可诉性"，或针对该事项的法院审判权。而"法院有审判权"仅是一项诉讼要件。无论在英美还是在大陆法系，即便不具备此"诉权"，法院也必须对诉作出裁判，但仅是程序性裁判。

值得注意的是，英美法系的这一"诉权"概念完全不同于英国古老的令状制度(概念)，虽然它们似乎都涉及是否可诉的问题。在当今的美国和英国，只要当事人提起诉讼，无论其是否有"诉权"，法院都会给予裁判。而在爱德华一世1285年颁布《威斯敏斯特条例》之前，"尽管当事人的案件符合人们承认的基本法律原则，但是既有的令状里没有适合他们案件的令状，因此，当事人只能在没有得到起诉令状的情况下垂头丧气地离开文秘署"[③]。简言之，没有令状是不能启动程序的，更不要说裁判了。我国也曾有与英国古老的令状制度相似的制度。在《民事案件案由规定(试行)》实施前，对于原告的起诉，立案庭如果不能在《民事案件案由规定(试行)》中找到一个对应的案由，常常会不予受理。《民事案件案由规定(试行)》列出的几百个案由实际相当于英国早期的各种令状。

[①] See *Black's Law Dictionary*, 9th ed., Thomson West, 2009, p.1438. 为叙述方便，笔者将两种含义的顺序颠倒了。英国法律词典的解释与之相似。参见〔英〕L. B. 科尔森:《朗文法律词典》，法律出版社2003年版，第372页。

[②] Cort v. Ash, 422 U. S. 66 (1975). 例如以下两篇文章：Tamar Frankel, Implied Rights of Action, *Virginia Law Review*, Vol. 67, 1981, p.560; Donald H. Zeigler, Rights, Rights of Action, and Remedies: An Integrated Approach, *Washington Law Review*, Vol. 76, 2001, p.85.

[③] 〔英〕梅特兰:《普通法的诉讼形式》，王云霞等译，商务印书馆2009年版，第99页。

（四）裁判请求权

国内对于裁判请求权的研究主要是从比较法角度展开的，没有论及它与诉权的关系，似乎它们是全然没有关联的。但是，裁判请求权常被认为包含了诉诸法院的权利和公正审判请求权。单就诉诸法院的权利而言，它们是很相似的。所以，在不与诉权作比较的情况下就直接引入裁判请求权的概念，不免显得有些突兀。

从内容上看，如果认为裁判请求权的两项权利（能）是未附加条件的，那么可以认为它就是司法行为请求权（但如果如德国的主流观点那样认为司法行为请求权可以延伸到强制执行领域，包括申请强制执行的权利，则又有差别。笔者不认同这种延伸，至少不认同"全面"的延伸）。但事实上，国内学者是为裁判请求权附加了要件的。按照他们的解释，裁判请求权是指任何人在其权利受到侵害或与他人发生争执时享有请求独立的司法机关予以公正审判的权利。显然，是否具备"权利受到侵害"这个要件，一般要等到审理完毕或审理较为深入时才能确定。所以，它类似于私法诉权说、具体诉权说和二元诉权说下的诉权。[①]

六、诉权人权说：诉权研究的新进展？

如前所述，关于诉权的讨论多是围绕什么是诉权或为什么可以起诉而进行的。但稍晚有一篇论文——《论诉权的人权属性——以历史演进为视角》[②]（以下简称《诉权人权》），基本回避了这方面的讨论，转而倾力论证诉权是一种人权（诉权人权说）。然而，这样一种讨论不但无助于诉权研究的推进，相反还会产生负面影响。它的主要问题在于重复研究——论证一个无争议的结论，而论证的过程又存在若干严重错误，甚至有若干自相矛盾之处。

[①] 相对于这三种诉权（说）来说，它较为缓和。因为它所附加的另一个或然性要件是"与他人发生争执"。查明这个要件是否具备通常不需要进行深度审理。

[②] 吴英姿：《论诉权的人权属性——以历史演进为视角》，载《中国社会科学》2015年第6期。

(一) 观点之新意何在？

对于不太关注诉权理论的读者而言,宣称诉权是一种人权的观点似乎是颇具新意的。但是如果检索相关文献,就会发现实际情况正相反。因为,以《诉权人权》发表的时间为限,仅就中文期刊而言,已经有约五十篇论文都主张或承认诉权是一种人权。① 以下略举数例：

早在 1992 年就有研究者称："诉权不仅是人权的不可分割的一部分,而且是保护人权中其他权利不受侵犯的基本手段。"②

1994 年,有学者称："人权是诉权的基础,诉权包含在人权之中,它是人权的一个组成部分。"③

1995 年,有学者称："诉权首先是一项基本人权,是现代法治国家中一项公民基本权利……这一基本人权保护与宪法精神还被明确写入了 1948 年《世界人权宣言》和 1990 年《开罗伊斯兰世界人权宣言》……诉权具有不可剥夺性……它是现代法治国家中的基本人权。"④

1998 年,有学者主张应"从人权保障的高度出发,深入探讨诉权与审判权之间的相互关系"⑤。

2000 年,有学者称诉权是"现代法治社会中的第一制度性人权"⑥。另有学者称"行政诉权作为公民的一项重要的基本权利,同时也是人权的重要组成部分"⑦。

2001 年,《诉权人权》作者自己的一篇论文称："本文在深入剖析现存诉权理论的误区的基础上,提出诉权人权论观点……是宪法规定的公民基本权利,

---

① 这仅是同时以"诉权"和"人权"为主题进行检索的结果。若以这两个词作全文检索,则结果可能远超过这个数字。
② 唐进澍:《浅论诉权与人权保护》,载《理论月刊》1992 年第 11 期。
③ 王红岩、严建军:《广义诉权初探》,载《广义人权初探》1994 年第 5 期。
④ 赵正群:《行政之诉与诉权》,载《法学研究》1995 年第 6 期。
⑤ 赵钢:《回顾、反思与展望——对二十世纪下半叶我国民事诉讼法学研究状况之检讨》,载《法学评论》1998 年第 1 期。
⑥ 莫纪宏:《论人权的司法救济》,载《法商研究》2000 年第 5 期。
⑦ 焦玉珍:《对行政诉讼起诉期限有关问题的探讨——兼谈行政诉权之保护》,载《人民司法》2000 年第 8 期。

属于人权范畴。"①

2004年,有学者称:"诉权是一项制度性基本人权,是一项宪法性的公法权利,具有普遍性、平等性、自主性的特点,只有基于对另一项基本人权的保护,才能对诉权作出限制。"②

2006年,有学者称:"诉权是公民的基本权利,是公民人权的重要内容。"③

2008年,有学者称:"诉权是当事人获得司法救济,实现权利的前提和基础,也是当代社会的一项基本人权。"④

2010年,有学者称:"应然层面的诉权,乃是公民针对国家所享有的基本权利,这种诉权具有根本性的人权属性。"⑤

由此可以看出,诉权具有人权属性,是被学者反复提及且认同的观点,而且至少在《诉权人权》发表前,未见有学者否定它,更没有人对其展开批判。⑥ 但遗憾的是,这一观点恰恰就是《诉权人权》的核心观点,它的正文(一共四个部分)的前三部分都是在论证诉权人权说。而我们通常有理由期待在较好的期刊上发表的文章是有一定学术增量的。

《诉权人权》观点陈旧的问题不仅表现在其结论上,它的若干具体论述也有重复"叙述"的问题。例如,其某一部分的标题是"古罗马法中的诉权基因",而其下第一句就是"学界公认诉权概念来自古罗马法上的 actio"。然而,尽管是"公认"的,该文竟然还用了一页多的篇幅作"重述"。

---

① 吴英姿:《诉权理论重构》,载《南京大学法律评论》2001年春季号。它与《诉权人权》都主张诉权是人权,只不过后者认为不应为诉权附加条件,而此观点笔者在四年前就已提出。

② 前引喜子文。

③ 柯阳友、吴英旗:《诉权入宪:构建和谐社会的宪政之道》,载《西南政法大学学报》2006年第1期。

④ 齐树洁:《诉权保障:民事诉讼法的最高目标——代卷首语》,载《司法改革论评》2008年第2期。

⑤ 任瑞兴:《论诉权的属性与价值——一种法理学的视角》,载《河南大学学报(社会科学版)》2010年第4期。笔者早前也曾对诉权是否人权作过表述:"就实体性的争端获得司法裁判是一种基本人权,就程序性的争端获得司法裁判也同样是争端当事人的基本人权。"严仁群:《民事执行权论》,法律出版社2007年版,第111页。

⑥ 由此,也就不能就反对诉权人权说的观点有针对性地进行反驳。事实上,《诉权人权》根本未对任何可能的批评性观点进行(预防性)批驳。

(二) 视角之陈旧

《诉权人权》似乎是注重研究视角及方法创新的,因为它指责既有的研究"视角单一",并称自己的研究方法是"学术史叙述与哲学反思相结合"。学术史的叙述确实在该文中占有很大的篇幅,而且它的副标题就是"以历史演进为视角",它明确声称要"探讨诉权学说发展的历史背景"。然而,它的所谓历史视角的展开至少存在以下问题:无视过往研究的历史视角。

以往民诉法学界在介绍诉权学说时,一般也是按照罗马法(actio)、私法诉权说、公法诉权说的顺序展开的。如傅郁林教授所言,以往对诉权的研究通常"依循历史沿革这一线索来理解不同诉权学说理论"[①]。研究民事诉权的专著是如此,民事诉讼法的教科书也多是如此。[②] 这些既有的著述,在叙述诉权学说时,往往也会提及萨维尼和温德雪德(乃至瓦哈、赫尔维格等)。所以,既有著述在历史视角上的叙述(至少)并不逊于《诉权人权》。

既往的诉权研究并不缺乏历史视角,这一点仅从《诉权人权》所引的文献也能清楚地看出。该文所谓的历史视角分四个阶段展开。而在关于第一阶段的论述中,它引用了早已出版的谷口安平的著作(中译本);[③]在第二个阶段的叙述中,它引用了江伟教授等人关于温德雪德的叙述,[④]还引用了法国两位民诉法学者关于私法诉权说在德国的情况的叙述;[⑤]在第三个阶段的叙述中,它又引用江伟教授等人关于德国在纳粹时期的诉权学说的叙述;[⑥]在第四个阶段的叙述中,它再次引用江伟教授等人关于人权理论与诉权关系的叙述。[⑦]

简言之,在它的这些所谓历史叙述中,我们看到的仍然是"重复",也没有看到任何新文献。

[①] 本刊编辑部:《中国民事诉讼法学发展评价(2010—2011)——基于期刊论文的分析》,载《中外法学》2013 年第 3 期。

[②] 例如,前引江伟主编书,第 15 页;潘剑锋:《民事诉讼原理》,北京大学出版社 2001 年版,第 53 页;王娣等:《民事诉讼法》,高等教育出版社 2013 年版,第 50 页;赵钢、占善刚、刘学在:《民事诉讼法》,武汉大学出版社 2008 年版,第 15 页。

[③] 参见〔日〕谷口安平:《程序的正义与诉讼》,王亚新、刘荣军译,中国政法大学出版社 2002 年版,第 65 页。

[④] 参见前引江伟、邵明、陈刚书,第 8—9 页。

[⑤] 参见前引让·文森、塞尔日·金沙尔书,第 121 页。

[⑥] 参见前引江伟、邵明、陈刚书,第 14 页。

[⑦] 参见前引江伟、邵明、陈刚书,(前言)第 4—5 页。

(三) 学术史把握之误

1. 遗漏了重要学说

《诉权人权》在叙述"诉权概念的嬗变"时,主要是从德国(民诉法学)的角度进行叙述的,提到了具体诉权说、抽象诉权说,并用了较大篇幅介绍前者。奇怪的是,它在叙述公法诉权说时,却只字不提本案判决请求权说和司法行为请求权说。[①] 而前者至少曾经是日本的通说,[②]后者则为德国当今的通说(至少有较大影响)。而这两种学说几乎是国内所有篇幅较大的教科书中不曾遗漏的。也就是说,《诉权人权》所谓的诉权学术史或诉权概念嬗变史是有严重疏漏的。

遗漏司法行为请求权说的原因大概有二:其一,它认为每一个时代都有一种对应的诉权学说,而若指明公法诉权说有三种(甚至更多)学说,它就无法为它们对应上三个(或更多的)不同时代,更无力——为它们指明所谓"时代价值"。其二,司法行为请求权说也是主张人人都有诉权的,而且也要求公正审判。这实际与诉权人权说的主张(诉权的绝对性——人人都有诉权)很相似(甚至相同)。但《诉权人权》是将诉权人权说作为公法诉权说(自然包括司法行为请求权说)的替代者对待的。由此,它就不得不将司法行为请求权说"藏匿"起来。

2. 时间节点叙述之误

关于具体诉权说的产生时间,它声称:"随着二战的结束,人们开始反省抽象诉权说及以维护秩序为中心的民事诉讼目的论……具体诉权说作为对抽象诉权说的修正被提出来。"它在作这样的叙述时,并未交代任何根据,未提供任何文献。而国内既有的德国学者著作的中译本对于具体诉权说的产生时间给出了不同的说法,它们都认为具体诉权说产生于 19 世纪末,是由瓦哈、赫尔维

[①] 宪法诉权说与具体诉权说、司法行为请求权说等传统诉权学说的视角不同。宪法诉权说主张诉权应是一种宪法权利,诉权应当入宪。而传统诉权学说则侧重讨论诉权的内容是什么,或为什么可以起诉。此外,主张诉权入宪(宪法诉权说)者,实际有不同的观点。有的为宪法引入的是无条件诉权,有的引入的则是有条件的诉权,后者在国内更为常见。例如,有人主张"诉权是一项制度性基本人权,是一项宪法性的公法权利……只有在司法不能和司法解决无效率由法律明确予以排除的少数案件,法院才可以不受理。"前引喜子文。由此,不能将宪法诉权说等同于司法行为请求权说或抽象诉权说。

[②] 参见陈荣宗、林庆苗:《民事诉讼法》(修订七版),三民书局 2009 年版,第 85 页。

格等人提出的。① 而且当时就有布洛等人表示反对,"这两种观点的讨论占据了一战前后的时间"②。具体诉权说在1930年左右衰退。③

(四) 无根据的"继替"之说

《诉权人权》按照"actio—私法诉权说—公法诉权说—诉权人权说"的顺序叙述"诉权概念的嬗变",从而将诉权人权说"塑造"成公法诉权说的替代者。但是,学界向来认为司法行为请求权说和本案判决请求权说都是公法诉权说,而且至少司法行为请求权说并不只是在"历史上曾经出现过",它是当今德国的通说(至少是"有力说"),并没有成为"历史"。所以,所谓"继替"之说可谓是无中生有。更"致命"的是,这种无根据的"继替"说会对正确认识诉权人权说与其他诉权学说的关系造成妨碍(参见下文)。

(五) "哲学思考"中的偷换概念与"生拉硬扯"

《诉权人权》声称它运用了所谓"哲学反思"的研究方式,那么它是如何展开"哲学反思"的?

《诉权人权》认为诉权(人权)的绝对性与抽象诉权说不同。它声称:"二者有着根本区别:诉权属于人权,而公法上的权利属于公民权,即以权利人具有公民身份为资格要件。"

这里的"公法上的权利属于公民权"是一个奇怪的表述。照此说法,作为公法的刑法、行政法,其上规定的权利都是公民权。但是当一个外国人在中国成为普通刑事案件的被害人,他行使中国刑事诉讼法所规定的被害人权利也必须以具备公民资格为条件吗?一般认为民事诉讼法也是公法,④那么该法规定的诸多权利也都是公民权了吗?外国人在中国进行民事诉讼就不享有任何诉讼权利吗?

---

① 参见前引奥特马·尧厄尼希书,第196页。
② 前引罗森贝克等书,第17页。
③ 参见前引陈荣宗、林庆苗书,第84页。
④ 参见前引新堂幸司书,第29页。参见杨建华原著、郑杰夫增订:《民事诉讼法要论》,北京大学出版社2013年版,第8页。

"公民权是给予一个共同体的成员的一种地位"[①],是公民拥有的人身、经济等若干方面权利,甚至根据《诉权人权》所引用的马克思的说法,它是政治权利。而所谓"公法上的权利"通常就是指公法规定的权利。

《诉权人权》通过将"公法上的权利"偷换成"公民权",牵强地"拉扯"上人权与公民权的区分,从而给自己提供了援引马克思的表述的机会。由此,它就展开了其所谓的哲学思考:"马克思专门论述过资本主义社会人权与公民权的差异……"[②]

至于《诉权人权》中存在的若干自相矛盾,参见本书之《民诉法的通说当如何形成》。

(六) 未认识到不同学说并存的可能

诉权人权说与抽象诉权说自然是有差别的,它们是从不同角度对同一权利作出的不同表述,但不能由此就将它们对立起来。不同的事物未必就是对立的。实际上,应该考虑到另一种可能性:它们是可以并存(甚至互补)的。这种可能性就是:一方面将诉权界定为人人都有的诉诸司法机构的权利(抽象的诉权或司法请求权),另一方面又认同这种诉权是一种人权。

如果认识到可以从不同角度对诉权作不同的表述,就也应该认识到,即使诉权是人权——这一点是确定的或无争议,界定诉权的任务可能仍未完成。仍然存在着,诸如应采抽象诉权说、本案判决请求权说等学说中的哪一种的问题,除非它们也不再有争议。[③]

对于诉权的研究或许还需继续推进,但我们需要的不是重复叙述,而是有

---

① T. H. Marshall, Citizenship and Social Class, in T. H. Marshall and Tom Bottomore(eds.), *Citizenship and Social Class*, London: Pluto Press, 1992. 转引自孙湛宁:《公民权与阶级关系再思考》,载《社会学研究》2009 年第 3 期。

② 这种"生拉硬扯"在其探讨所谓新自然法学与人权理论的关系时也有表现。这两者或许有一定的关联,但在《诉权人权》中我们看不到。它的相关论证(一个段落)中只有最后一句提到了"人权",而此前的表述都是在述及正义、理性。人的理性与人权是两个不同的话题。但是,《诉权人权》却直接从前一话题跳到了后一话题,称"人们也开始用人权理论重新审视诉权",但这个"也"字从何说起?

③ 《诉权人权》还试图从诉权人权说"轻松"地推演出若干观点。而实际上,且不说人权理论本身就可能有若干争议(例如人权的哲学论证到底应采"利益说"还是"尊严说",人权清单中是否应包括积极性权利),即便它没有争议,它是否能充任解决诸如应如何设定民事诉讼目的等重大、复杂(棘手)问题的唯一根据或主要根据,也是需要审慎斟酌的。

创见的观点以及本着严谨态度而进行的论证。①

七、结　　语

我们曾经在诉权理论上寄予了太多的希望,希望它内容广泛、极具包容性。将实体事项和程序事项都囊括其中的具体诉权说正是其中的典型(赫尔维格等人大致就是将它当作民事诉讼法学体系的起点加以推崇、维护的)。但这一希望是不现实的。诉权的内容是有限的(虽然它很重要),它仅指无条件诉诸法院的权利和要求法院公正处理请求的权利。对哪些事项法院无权裁判、诉讼要件应该如何设置、诉讼权利的完整清单应当是怎样的、既判力的客观范围应当如何,诸如此类的诉讼法上的重大问题远不是诉权理论所能决定或单独决定的(它们之间的关联度甚至并不大),需要对它们另行进行多角度的考量。我们不能过度偏好复杂的理论,简单而实用的理论也应(尤其)是我们所渴求的,简单之下可能隐含着深刻的道理。我们应当克制为诉权附加各种程序或(及)实体构成要件的冲动。不能因为诉权重要,就在构筑诉权理论时,贪求宏大和"包罗万象"。必须为诉权卸下附条件诉权说给它施加的重负,必须回到抽象的诉权说,尤其是司法行为请求权说。

---

① 《诉权人权》还有其他若干错误认识。例如以为随着具体诉权说影响力的减弱,诉的利益的概念已经被各国抛弃,以为正在实施的立案登记制与诉权的绝对性相对应。再如,一方面称诉权是绝对的,另一方面又称对已提起案外人异议之诉的案外人另行提起的确权之诉应不予受理。从它的种种错误判断(甚至是矛盾判断)看,虽然它也"附和"笔者关于无条件诉权说的主张,但它并未真正读懂无条件诉权说,并未明白(主张)此说到底意味着什么。

诉讼标的之本土路径*

一、问题的提起

作为民诉法上最棘手的问题之一,诉讼标的往往会令人望而却步。也正因为如此,国内学界在这方面的投入明显不足,涉足这一问题的学者不多。我国《民事诉讼法》虽经历了数次修改,但都未涉及这一问题。然而,这一问题极为重要,因为它所指涉的问题是:在具体案件中,当事人的诉讼对象和法官的审理对象是什么?诉讼的主题是什么?[①] 显然,诉讼标的不明,则当事人的攻击、防御以及法院的审理都将会失去方向。"只有当标的确定时,有秩序的程序才可想象。"[②]因此,这是一个灵魂性的、贯穿案件始终的问题(即便不论它与既判力等问题的关系)。此问题几乎可以说是(一审)法官们每天都要面对的。此外,关于诉讼标的,还存在诸如侵权之诉败诉后当事人能否再提起合同之诉,这种可能关乎实质正义的问题。

然而,既有的研究不但有量上的不足,而且有质的缺陷。其一,缺少对本土实务状况的关注。[③] 具体的表现是:既有的著述中几乎看不到对本土真实个案

---

* 本文是在以下这篇文章的基础上修改而成。严仁群:《诉讼标的之本土路径》,载《法学研究》2013年第3期。

① 围绕该主题的讨论可能涉及或衍生若干争点,例如某项要件事实是否存在,当事人之间是否存在不同于原告主张的另一法律关系。但不可将主题与争点混同。就此而言,所谓浮动(动态)的诉讼标的论是错误的。参见〔日〕高桥宏志:《重点讲义民事诉讼法》,有斐阁1997年版,第58页。转引自王亚新:《对抗与判定——日本民事诉讼的基本结构》,清华大学出版社2002年版,第97页。

② 〔德〕奥特马·尧厄尼希:《民事诉讼法》,周翠译,法律出版社2003年版,第197页。

③ 只有一篇文章提及最高人民法院早年的一个案件,即《关于幸伟克与张晓杰抚养子女纠纷申请再审案的复函》(以下简称《复函》)所处理的案件。参见段厚省:《民事诉讼标的与民法请求权之关系研究》,载《上海交通大学学报(哲学社会科学版)》2006年第4期。

的分析,也看不到对实务上相关问题之揭示。十多年前我们或许能以缺少公开的裁判文书为由为这一状况辩护,但即便在《最高人民法院关于人民法院在互联网公布裁判文书的规定》实施前,已有一些法院公开了部分案例,一些数据库所能提供的案例的绝对数量已较可观。这时仍停留于对域外学说的转述,或作一些空泛的议论,甚至根据"传闻"声称诉讼标的理论在国内无用,是不合适的。其二,缺乏对本土实际情境之考察,没有考虑本土到底有哪些实际因素对诉讼标的路径之选择有重大影响(这种考虑是在进行比较法考察之后必须要做的,否则可能只是在简单照搬域外规范或学说)。在这种状况下对于诉讼标的问题的讨论,也就很难说是契合于本土的。其三,未能全面了解诉讼标的理论,对已知诸说的把握也不够精准。例如,不了解在大陆法系以外是否存在不同的标的理论或实践,对新说(诉讼法说)和旧说(旧实体法说)的理解不够准确。[1] 这种视野之不开阔以及理解之误差,也会危及本土路径之合理选择。

由此,有必要改变这种现状,寻找适合本土的诉讼标的路径。笔者将通过数个真实案例展示国内实务上诉讼标的之多路径。然后探讨德、日学者所忽略的另一重要的标的路径(美国的"事件说"),并在此基础上重新评价诸说,揭示新、旧说差异之被低估,以及它们被忽略了的共有的缺陷,揭示诉讼标的相对论视角之不"公允",[2] 指出事件说本应是最优选项,尽管它并不完美。最后,通过将本土的情况与实施诸说之条件进行比对,探究哪些实际因素限制了我们的选择,从而表明当下只能选择旧说,但应朝着采新说乃至事件说的方向努力。

需要说明的是,尽管诉讼标的与诉的变更、既判力等制度有一定的关联,但这并不表明在讨论诉讼标的时须全面讨论这些关联问题。为免主题分散,本文不会对这些关联问题过多涉及。事实上,诉讼标的没有能力单独决定这些制度的设计。例如,对于诉的变更,需要从多角度讨论若干因素(基础事实、法律理由或实体权利主张、诉的声明等)的变动是否应在允许之列,或在何种限度内应被准许,而不必也不能严重依赖诉讼标的这一概念,甚至可以避开这一概念。诉讼标的固然通常应在既判力客观范围之内,但是否还有其他事项也应在客观

---

[1] 本书所称的关于诉讼标的的新说均仅指诉讼法说,而不包括新实体法说。虽然从一般的概念分类上,似乎可以让"新说"包括这两者。

[2] 诉讼标的相对论者的观点并不一致。德国的相对论仅囿于新说,在一分肢说和二分肢说之间折中。我国台湾地区的相对论则试图在新说和旧说之间折中。日本主流学者(高桥宏志、新堂幸司等)的著述中已难看见关于相对论的叙述。所以,除特别声明外,本文仅讨论我国台湾地区的那种相对论。

范围之内,则不是诉讼标的所能决定的。诉讼标的不能被当作识别诉的变更、既判力客观范围的试金石,它不能当此重任。在这方面早有不少学者发出过警示(至少在 2003 年国内就已可看到这种"劝诫")。①

二、传统路径及最高人民法院的转向

学界曾经认为我国实务界采用的是旧说,②但实际上,实务上存在多种界定诉讼标的的路径。

(一) 传统路径

由于国内法官遴选或培训机制还有不完善之处,许多法科学生在校期间并未对诉讼标的之学说形成全面认知,所以国内多数法官对诉讼标的学说了解较少(但以下案 2 之主审法官属于"少数法官")。③ 但这并不表明他们未曾对诉讼标的作过界定。事实上,裁判文书中对诉讼标的的界定并不少见,而且都类似于以下表述:"诉讼标的是指当事人之间发生争议,要求法院裁判的民事实体法律关系"④,"诉讼标的是当事人之间发生争议而请求法院予以裁判的对象,

---

① 例如陈荣宗、林庆苗:《民事诉讼法》(修订七版),三民书局 2009 年版,第 296 页;〔日〕高桥宏志:《民事诉讼法——制度与理论的深层分析》,林剑锋译,法律出版社 2003 年版,第 51 页;〔日〕新堂幸司:《新民事诉讼法》,林剑锋译,法律出版社 2008 年版,第 228 页。

② 例如江伟、徐继军:《民事诉讼标的新说在中国的适用及相关制度保障》,载《法律适用》2003 年第 5 期。其观点来自对现行法关于共同诉讼、第三人的条文的解读。但此解读是有问题的,因为即使在新说下,这些条文的表述仍可成立。例如,某案的共同原告针对被告的诉讼请求都是要求向他们返还同一物,而第三人则要求被告向自己交还该物,若采新说,仍可称共同原告的诉讼标的是"共同"的(同一诉的声明),也可称第三人对争议的诉讼标的主张了独立的请求权(对原告的诉的声明有异议,并提出自己的实体主张)。另外,《民事诉讼法》第 119 条第 3 项虽然要求起诉必须"有具体的诉讼请求和事实、理由",而此"理由"可能就是指实体法律依据,但也不能就此认为民诉法采用了旧说。因为,如果原告依据某一实体法条文起诉被驳回诉讼请求后,还能根据另一实体法理由就同一诉讼请求再次起诉,并且法院必须对后诉进行实体审理,这才符合旧标的说之主张。而显然,现行法并没有就如何处理这种可能的后诉作出规定。

③ 在这种情况下,他们也就不太可能对标的理论之争作出反应。法官们了解较少的又何止是诉讼标的理论,他们对于竞合合并等概念或原理同样较陌生。还应注意的是,法官们在对诉讼标的的诸学说缺乏全面认知的情况下,实际上仍是作了"选择"的,多是遵从了"习惯"或早期教科书中就已出现的"国内旧说"。

④ 北京市第一中级人民法院(2009)一中民终字第 11717 号民事裁定书。

或者说争议的实体法律关系或实体请求权"①。这种界定与国内早前权威教科书的表述大致一致。② 不但如此,法院有时还依据这一界定(姑称之为"传统路径")决定是否受理有重复起诉之嫌的后诉。

案1:原告与被告签订协议共同投资经营某洗浴部,后又约定由被告单独经营,被告每年付给原告若干承包金。后来双方约定原告退出合作,洗浴部可由被告单方转让。原告起诉被告要求返还投资款,部分胜诉。后原告再次起诉,要求被告支付6个月的承包金。受诉法院认为前后两个案件的诉讼标的不同,因为"双方基于合作关系终止后所引发的投资款返还纠纷,与双方在合作期间因经营承包关系所产生的承包金缴付义务,系为同一法律事实上的两个不同法律关系"③。

案2:某公司凭一张收条起诉被告(曾是原告的员工)要求其返还借款3万元,因不能证明借款关系而败诉。后又以不当得利为由再诉,要求返还该3万元。法院不但受理了后诉,而且最终判原告胜诉,理由是被告虽然主张这3万元是原告对其营销业绩的奖励,但未能提供证据证明。④

尽管该案的审理法官未明言采用何种学说,但从其认为"诉由"就是"作为请求权基础的法律关系",以及其最终结论来看,法官们实际上是采前述之传统路径的。⑤

案3:P在某中级人民法院起诉,请求责令D支付工程款、偿付社会保障金、支付履约保证金,并主张对所建工程享有优先受偿权。在该案审理过程中,D就同一份合同向某基层人民法院起诉P,请求责令其赔偿损失。该法院认

---

① 上海市宝山区人民法院(2009)宝民二(商)初字第173号民事判决书。
② 该教科书认为诉讼标的是"原告请求法院通过审判加以保护的法律关系和实体权利"。柴发邦、江伟、刘家兴、范明辛:《民事诉讼法通论》,法律出版社1982年版,第192页以下。
③ 上海市第二中级人民法院(2009)沪二中民三(商)终字第59号民事判决书。
④ 上海市第一中级人民法院(2003)沪一中民四(商)终字第446号民事判决书。
⑤ 至少部分法官知道关于诉讼标的是存在争议的。例如,有法官称:"诉讼标的的判断标准,历来有旧诉讼标的论、新诉讼标的论、新实体法说等多种学说之争,在目前尚没有一种学说堪称完美无缺的情况下,审判实践中我们只能从充分保护当事人合法权益的原则出发,依法、合理地把握。"韩朝炜:《准确判断当事人的诉讼是否构成重复起诉——上诉人江苏扬子江船厂有限公司与被上诉人上海悠瑞机电涂装工程设备有限公司等承揽合同纠纷案》,http://www.a-court.gov.cn/platformData/infoplat/pub/no1court_2802/docs/200612/d_463006.html,访问日期:2021年5月8日。

为前案"虽与本案涉及同一建设工程施工合同,但并非同一诉讼标的,法院受理本案不违背'一事不再理'的原则"①。可见该法院并未将建设工程施工合同这一法律关系视为(一个)诉讼标的,而是将该合同下的不同的权利(请求权)视为不同诉讼标的。但从前述传统路径之表述看,它仍是属于该路径的。②

(二) 最高人民法院的两条新路径

在诉讼标的问题上,最高法(不同的审判庭)在不同案件中发出了不同的声音。但最高法(此前)仅在美国 EOS 工程公司诉新绛发电公司等侵权纠纷案(案 4,简称"EOS 案")中对诉讼标的直接作过表述,而且完全背离了传统路径。③ 该案原告(EOS 公司)曾以被告应"返还工程款"为由向山西省高级人民法院起诉(前案),要求被告双倍返还保证定金 100 万美元,在诉讼过程中又将诉由变更为"不当得利"(100 万美元),但一审法院判决驳回了诉讼请求。原告提起上诉后又申请撤回,最高法裁定准许。后来,原告就同一纠纷又以侵权为由向山西省高级人民法院起诉(后案),要求被告返还同一款项。一审法院认为当事人不服生效判决应依法申诉或申请再审,故裁定不予受理。原告上诉称:"以侵权纠纷为由起诉的案件与已审结的返还不当得利案件是两个不同的案件。"但最高法驳回了上诉,理由是:"原告基于同一事实,以相同的当事人为被告,向原审法院先后提起'不当得利'返还之诉和'侵权'损害赔偿之诉。尽管前后的诉讼理由不同,但实质的诉讼标的相同,即 EOS 工程公司是为了解决其于 1995 年向山西省新绛县电厂筹建处汇付 100 万美元产生的纠纷而向人民法院提起诉讼的。EOS 工程公司以'侵权'为由,就同一诉讼标的再次提起诉讼,违反了'一事不再理'的原则。"④

最高法虽然称前、后诉分别是不当得利之诉和侵权之诉,但它认为前案与

---

① 河南省商丘市中级人民法院(2009)商立民终字第 7 号民事裁定书。
② 该案与本文提到的其他案件不同,它涉及的不是在前案判决确定后的再诉,而是在前案尚未终结时当事人就又另行起诉。换言之,它"涉嫌"涉及的是另一种重复起诉(平行的重复起诉)。对此种重复起诉是否应适用更"宽泛"的标准(从而更有利于阻止重复起诉),不在本文讨论范围。本文对该案的讨论尽量限于诉讼标的的主题。
③ 最高人民法院早年(1991 年)所作的《复函》认为原告在其侵权诉讼(侵害监护权)请求被驳回后,还可再以子女抚养纠纷起诉。此态度契合于传统路径。
④ 最高人民法院(2003)民四终字第 2 号民事裁定书。

后案不同的只是诉讼理由,诉讼标的却是相同的。也就是说,它没有将因不当得利和因侵权而分别产生的实体法律关系或请求权作为诉讼标的,而是抛开实体法,将诉讼标的界定为当事人之间的纠纷。

相对于传统路径而言,对诉讼标的的这种界定("纠纷说")是全新的。因为,按照传统路径,原告在前、后案中主张的请求权以及作为其基础的法律关系是不同的,由此应该认为诉讼标的不同。此外,若采纠纷说,不但案 2 中的后诉不应被受理(或应驳回起诉),而且案 1、案 3 中的后诉也不应被受理,除非对于"纠纷"作很窄的界定,例如认为案 1 涉及合作、承包两个纠纷。但这种界定很勉强,因为此界定的标准仍是实体法,而案 4 界定"纠纷"时是抛开了实体法的。

最高人民法院(民四庭)的这一界定已经产生了一定的影响,已有其他法院效仿该案。[1]

但在威海鲲鹏投资有限公司与威海西港房地产开发有限公司、山东省重点建设实业有限公司土地使用权纠纷案(案 5)中,最高人民法院(民一庭)则展示了另一种标的路径,[2]虽然它没有用诉讼标的这一概念加以表述。

原告鲲鹏公司先起诉西港公司,请求确认双方签订的《房地产开发合作合同》有效,并要求被告办理合作项目的开工手续及缴纳相应费用。在该案尚未审结时,它又起诉西港公司和重点实业公司,要求西港公司按照前述合作合同交付土地使用权。最高法认为并不构成重复起诉,因为前、后案的当事人不同,而且前案是给付之诉与确认之诉,而本案仅是给付之诉,两个"给付之诉的内容并不相同……前案的诉讼请求不能涵盖本案的诉讼请求"。

鲲鹏公司在前、后案中对西港公司的请求都是基于因同一份合同而引发的纠纷,若按纠纷说,(至少对该被告而言)后诉应系重复起诉。但最高法却从前、后诉的请求是否同一的角度判断是否属于重复起诉。从诉讼对象的识别来看,它依据的是诉的声明。[3] 照此考量,案 2 中的后诉不应被受理,但案 1、案 3 中

---

[1] 参见浙江省绍兴市越城区人民法院(2009)绍越商初字第 2271 号民事裁定书。
[2] 参见最高人民法院(2005)民一终字第 86 号民事裁定书。
[3] 诉的声明是原告主张的应受判决的事项,通俗而言就是诉的目标。现行法下的诉讼请求是多义的,《民事诉讼法》第 119 条中的"诉讼请求"就是诉的声明,有的诉讼请求则未必。

的后诉应予受理。所以,它部分背离了传统路径。①

(三) 既有路径之归类

传统路径将诉讼标的界定为法律关系或实体权利(请求权),这与旧说的界定一致,因此,可以认为它就是旧标的说。但需说明的是,国内对旧说的理解("国内旧说")往往不区分诉的类型。而大陆法系诉讼标的理论中的旧标的说("传统旧说")将诉讼标的界定为实体法律关系,多是就确认之诉而言的。因为确认之诉并不主张实体请求权,而多是请求确认某种法律关系存否,例如请求确认合同已被合法解除。而确认之诉在民事案件中只占很小的份额,多数民事案件是给付之诉,原告主张的多是实体请求权。厘清这一点对于案3有实际意义,如果笼统地将诉讼标的界定为法律关系,就有可能认为前、后诉的标的是同一个合同关系,而非原告所主张的不同请求权。至于形成之诉,其诉讼标的则是形成(诉)权,而非所要变更或解除的法律关系。例如,离婚之诉的诉讼标的是解除婚姻的权利,而非婚姻关系。在离婚之诉中,婚姻关系是否成立、有效,一般不是诉讼的对象。

至于纠纷说,它在归类上容易引起错觉。由于案4的原告先后主张了不同的法律理由和不同的实体请求权,而且法院否定了这种起诉方式,因此,纠纷说很容易被归为新说。另外,纠纷说也有意避免以实体法的眼光界定诉讼标的,这与新说也是契合的。但问题是,新说向来只是将给付之诉的诉讼标的界定为原告所主张的诉讼上的请求权(应受给付的法地位或受给权),②将形成之诉的诉讼标的界定为要求解除某种法律关系的形成地位,而从未将诉讼标的界定为

---

① 最高人民法院(民三庭)在(2007)民三终字第4号民事裁定书(案6)中,似乎又提出了一种新的路径。它认为"判断是否属于重复诉讼,关键要看是否同一当事人基于同一法律关系、同一法律事实提出的同一诉讼请求"。而原告先后提起的两案"涉及同一法律关系和同一法律事实,原告的诉讼请求也均是要求停止实质内容相同的宣传行为",所以是重复起诉。这种路径可以称之为"四同说"。它与案4、案5都不同,除了通常都要考虑的"事实"要素外,它在客体方面同时考虑了法律关系、诉讼请求这两个要素。它实际更接近于《最高人民法院关于适用〈中华人民共和国民事诉讼法〉的解释》第247条所规定的"三同说"。而对后者,本书的《既判力客观范围之教义学分析》有专门的讨论。

② 在新说下,给付之诉的诉讼标的"不是根据实体法上请求权之单复异同予以判断,而系根据……有几个请求给付之法律上地位作为标准予以判断。所谓请求给付之地位亦称为受给权。"邱联恭:《口述民事诉讼法》(二),2006年自版,第123页。对此术语的使用,另可参见前引新堂幸司书,第220页。

"纠纷"。所以,很难说纠纷说就是新说。更重要的是,既然将某一纠纷作为诉讼标的,这就意味着通常情况下当事人不能再就同一纠纷提起诉讼,即当事人应当将同一纠纷下所有可主张的请求(无论竞合与否)一次性提出。因此,纠纷说与新说有较大差别。

但是,最高法在案 5 中的观点则是近似于新说之一分肢说的,因为它主张(仅就诉讼对象而言)应从前、后案的诉的声明是否相同考察是否重复起诉。

三、第三条道路

从德、日等大陆法系学者的著述来看,诉讼标的似乎只是大陆法系关心的问题,他们从未提及普通法系的做法。由于新实体法说影响力很小(实务上几乎没有响应者),①对新、旧说进行折中的诉讼标的相对论也只是在我国台湾地区较有市场,所以,大陆法系关于诉讼标的的主要学说实际只是新说和旧说而已。然而,如果考察美国法,就会发现在此之外还存在重要的第三条路径,而且我国最高人民法院的纠纷说与之很相似。

(一) 事件说

在普通法系确实很难找到与诉讼标的完全对应的专门术语。但考虑到美国的民事诉讼程序不可能没有确定诉讼对象或审理对象的实际需要,因而可以断定美国学界和实务界也会考虑诉讼标的这一问题。实际上,美国法上是有近似概念的。从历史上看,这个概念是诉因(cause of action),从多数司法区的现代规则看,则是(诉讼上的)请求(claim)。而在大陆法系,诉讼标的往往也被称为诉讼上的请求。②"巧合"的是,美国有学者称"既判事项适用于诉讼的基本

---

① 新实体法说认为:"即便是在实体法上的数个观念性请求权发生竞合之情形中,作为实在的请求权只有一个,而这一个请求权就构成了诉讼标的。"前引高桥宏志:《民事诉讼法》,第 35 页。但各国民法典"一如既往地为各个请求权分别规定了诉讼时效和证明责任,因而加大了用统一的实体请求权解决请求权竞合的想法的难度。"所以,新实体法说至少在当下没有现实的可能性。参见〔德〕罗森贝克、施瓦布、戈特瓦尔德:《德国民事诉讼法》,李大雪译,中国法制出版社 2007 年版,第 673 页。"实体法对时效期间作出的不同规定就表明:反对将请求权概念归纳为统一的(实体的)请求权概念。"〔德〕汉斯-约阿希姆·穆泽拉克:《德国民事诉讼法基础教程》,周翠译,中国政法大学出版社 2005 年版,第 87 页。

② 参见前引新堂幸司书,第 217 页。

单位是诉因或请求"①,而大陆法系学者也常将诉讼标的视为最小的诉讼单位。②

关于请求(claim),美国多数司法区有所谓的合并规则(rule of merger):如果一个生效的对人终局判决对原告有利,则此后原告不能基于原请求(original claim)或它的一部分提起诉讼,尽管他可以该判决为基础提起诉讼(基于确认判决的给付之诉)。这一规则实际上就是对分割(split)请求或分割诉因之禁止。此外,如果被告获得胜诉的对人终局判决,则原告同样不能基于同一请求再诉,③即应遵循所谓的"遮断规则"(rule of bar)。

由此可见,美国法在诉讼对象的选择上对原告提出了明确要求,即通常应当将请求(claim)作为最小的诉讼单位,不能将其分割进行诉讼,若没有将请求(claim)下可提出的所有声明(要求)悉数提出,以后便没有提出的机会,即"要么现在就说,要么永远闭嘴"④。

除了少数州外,多数司法区(包括联邦法院)从事实关系(factual terms)的角度界定请求(claim),使之与"事件"(transactions/occurance)关联,⑤而不考虑实体法理由的数量,或者根据这些理由所能获得的救济形式。"不是不同的法律原理,而是不同的事件或交易,构成了不同的诉讼单位的基础。"⑥"按照联邦规则及其他司法区近似的规则,诉讼单位是请求,而请求又是事件或交易。"⑦"请求的主题(subject matter)是事件或交易。"⑧这"代表了按照实际的事件来明确请求或诉因这一现代趋势"⑨。"事件"是确定诉讼单位(litigative

---

① 〔美〕杰克·H. 弗兰德泰尔等:《民事诉讼法》(第 3 版),夏登峻等译,夏登峻校,中国政法大学出版社 2003 年版,第 622 页。

② 诉讼标的是"在本案判决主文中作出判断的最小基本单位"。前引新堂幸司书,第 216 页。

③ See Restatement (Second) of Judgments 19 (1982).

④ 〔美〕斯蒂文·N. 苏本等:《民事诉讼法——原理、实务与运作环境》,傅郁林等译,中国政法大学出版社 2004 年版,第 762 页。

⑤ 也有人将 transaction 翻译为"交易"。但译为"事件"涵盖范围可能更广,既包括合同纠纷,也涵盖侵权等纠纷。此词除"交易"外,本也有"事务"等含义。

⑥ Atwater v. N. Am. Coal Corp., 111 F. 2d 125, 126 (2d Cir. 1940).

⑦ Douglas D. McFarland, Seeing The Forest for the Trees: The Transaction or Occurrence and the Claim Interlock Civil Procedure, *Florida Coastal Law Review*, Vol. 12, 2011, p. 303.

⑧ Clark v. Taylor, 163 F. 2d 940, 942 (2d Cir. 1947).

⑨ 前引杰克·H. 弗兰德泰尔等书,第 630 页。

unit)或对象(entity)的基准,不可分割。① 基于事实对请求或诉因的界定,会促进"方便、经济和有效的司法行为,在实施实体法规范时面对尽可能少的程序方面的障碍"②。换言之,美国的诉讼上请求是一种以"事件"为视角的请求,包括基于引发诉讼的事件或一系列关联事件(series of connected transactions)的全部权利或救济。而所谓"事件"则是从生活事实的角度,而不是从实体法角度界定的。

至此,我们可以说美国法关于诉讼标的主要采用的是事件说,即原告通常应以引发诉讼的整个事件为诉讼标的,应当提出基于该事件可主张的所有请求(声明)或救济。由此也可看出,事件说不同于新说和旧说,因为新说和旧说从来都不要求原告将同一事件下的所有可能的请求都提出,在新说下诉的声明不同则标的不同,在旧说下实体权利不同则标的不同。

但早期美国法却有与大陆法系相似的一面。在美国的民事程序仍然具有诉讼形式(forms of action)的痕迹的年代,许多美国法院习惯于将诉讼请求与某一救济理由联系,导致原告就同一事件有与实体法理由的数目一样多的请求。因此,原告在其基于某一理由的诉讼败诉后,还可基于不同的实体法理由再诉,即使两个诉讼是基于被告的同一行为或构成一个生活事态(life-situation)的数个关联行为。③

需要注意的是,事件说有重要的配套制度——强制反诉。根据《美国联邦民事诉讼规则》第13条之(a),如果被告有与本诉请求源于同一交易或事件的反诉请求,则必须在本案中提出,否则便再无诉讼的机会。这不仅是基于公平方面的考虑(既然要求原告穷尽主张,对被告也应作同样的要求),而且是因为,如果只要求原告就同一事件穷尽主张,而允许被告就基于同一事件的请求另诉,就不能实现一次性解决纠纷的目的。在采新说或旧说的大陆法系国家或地区,都无强制反诉制度。

---

① See Restatement (Second) of Judgments 24(1982), Comment a.
② Douglas D. McFarland, In Search of the Transaction or Occurrence: Counterclaims, *Creighton Law Review*, 2007, Vol. 40, p. 707; Charles E. Clark, The Code Cause of Action, *The Yale Law Journal*, 1924, Vol. 33, p. 820.
③ See Restatement (Second) of Judgments 24(1982), Comment a.

(二) 纠纷说、纷争型标的与事件说的距离

由于纠纷说也抛开了实体法的视角,并且将诉讼标的界定为"纠纷",这也意味着当事人应当一次性提出同一纠纷下的所有请求,所以,纠纷说与事件说很相似。但考虑到事件说尚有其他配套制度,所以还很难将它们等同。

我国台湾地区似乎也存在与事件说相似的标的路径。我国台湾地区所谓"民事诉讼法"第 428 条、第 436 条之 23 允许简易诉讼程序和小额诉讼程序之原告"于起诉时得仅表明请求之原因事实",而不必如通常诉讼程序(普通程序)那样须表明"诉讼标的及原因事实"。为此,倡导诉讼标的相对论的台湾地区学者认为,现行法已允许以"纷争事实"作为特定诉讼标的之基准,并称这样界定的诉讼标的为纷争单位型诉讼标的,以区别于旧标的说之权利单位型诉讼标的。[①] 但以"纷争事实"作为特定诉讼标的之基准,与事件说是不一致的,因为这种路径下之纷争事实为原因事实。我国台湾地区学界和实务界一般认为原因事实是"补足诉之声明(请求之旨趣),特定审判对象所必要的事实"[②]。由此,倘若原告请求责令被告支付借款本金,只陈述了借款事实,未提及有利息约定的事实,则其所陈述的事实仍足以特定其诉讼请求。即该请求的原因事实并不能覆盖利息事实。所以,倘若原告在该案结束后另行起诉要求支付利息,则该诉的诉讼标的与前诉的标的不同,不能被前判决的既判力覆盖。但显然,在事件说之下,这种就本金和利息分别起诉的做法通常是不可接受的。事件说对于事件或事实的界定是宽泛的,从经验或生活事实的眼光看,利息约定是属于整个借款事实的一个部分,而非独立的事实。

四、重 识 诸 说

既往的标的论尽管对新、旧说作了较多的比较分析,但仍有一些重要问题被遗漏了,这妨碍了对它们的准确把握。事件说也有助于我们发现既往标的论的缺陷。因此,在选择本土的标的路径之前,重新评价诸说很有必要。

[①] 参见许士宦:《民事诉讼法修正后之诉讼标的理论》,载《台大法学论丛》2005 年第 1 期。

[②] 李木贵:《民事诉讼法》,元照出版有限公司 2010 年版,第 4—90 页。

（一）新、旧说之差异被低估

在与新说多年的论争中，旧说的主要缺陷已广为人知，即它可能引发就竞合的实体请求权的多次诉讼和审理，迫使被告多次应诉。关于新说与旧说之间的分歧，一种常见的说法是，"关于诉讼标的的论争，主要是在发生所谓的请求权竞合问题之领域而展开的"①。类似的是，许多著述对旧说之介绍，常常在请求权竞合之语境下进行。例如以下这种表述："实体法上竞合之请求权在同一诉讼程序主张时，其诉讼标的即系复数，有两个以上。数目之计算均根据实体法上权利之个数予以判断。"②这些表述给人的感觉是，如果案件并不涉及请求权竞合，则这两种学说之间并无根本差别。

然而，如果我们将这些表述用于处理以下案件（案 7），就会发现问题。原告起诉被告声称双方有项目转让关系，基于此关系被告应支付其项目转让费，故请求责令对方支付 9000 万元。法院经审理后认为双方之间并无项目转让关系，而是有合作开发关系，在未释明的情况下，法院驳回诉讼请求。原告在其败诉判决确定后，再次起诉，这次主张双方之间实际有合作关系，被告应支付一部分利润，诉讼请求仍然是要求被告支付 9000 万元。在此例中，原告在前后两个诉中所主张的两个请求权之间并无竞合关系。照前段所引的表述，无论采新说还是旧说，在结论上似乎应该没有差异，都应当予以驳回。

但是旧说向来将诉讼标的界定为原告主张的实体权利（请求权）或法律关系，③照此界定（姑称之为"一般表述"），只要原告在前、后案件中主张的权利或法律关系不同，诉讼标的即为不同，法院就不能以后诉不合法为由予以驳回（若其他诉讼要件都具备）。换言之，任何一个案件的当事人在败诉后，都可以再次起诉，他只需要换一个法律理由，主张不同的实体权利或法律关系即可。尽管这样做最终多会败诉，但是法院却不能因此而驳回起诉（不能因此而认为诉不合法），而是必须进行实体审理（除非其他诉讼要件不具备）。原告可以如此这般地进行多次诉讼，被告将不得不一再应诉，法院不得不一再进行实体审理。由此可见，旧说与新说的差异绝非仅在对待请求权竞合的态度上，旧说引发多

---

① 前引高桥宏志：《民事诉讼法》，第 23 页。此观点对我国似乎颇有影响，国内有一些人照搬此说法。言下之意，若请求权竞合问题得到解决，则标的理论之争就可停息了。
② 前引邱联恭书，第 171 页。
③ 参见前引陈荣宗、林庆苗书，第 291 页。

次诉讼之缺陷被低估了。案 7 虽不涉及请求权竞合,但它(的后诉)却是符合旧说而非新说的。

我国台湾地区在这方面也曾出现过一个案例。某案(案 8)的原告认为被告将其所借用的房屋转租给他人,在通知被告终止契约后,原告起诉请求责令被告交还该房屋。被告主张他与原告之间是租赁关系而非借用关系。法院审理后认为被告向他人转租的事实存在,但原、被告之间是租赁关系。对于该案应判原告胜诉还是败诉,台湾地区司法机构研究后认为应驳回原告的诉讼请求,理由是,如认为当事人之间是租赁关系,便可判定诉无理由,而不必审理是否有转租之事实。① 这显然是根据旧说之一般表述所得出的结论。

有学者认为案 7、案 8 中法院的做法不符合旧说,认为将原告之法观点与诉讼标的之权利主张画上等号不合理,②"若主张之法律关系不同,即为不同诉讼标的,非同一事件,将可能造成无谓的诉讼"③。然而,这种对旧说之"澄清"是勉强的。如果旧说一方面将诉讼标的界定为原告主张的实体权利或法律关系,④另一方面又认为只有在涉及请求权竞合的情况下,不同的请求权才构成不同的诉讼标的(姑称之为"限定性表述"),那么它就是缺乏一贯性的。按照此限定性表述,在非请求权竞合的情况下原告所主张的法律理由仅是攻击方法。果真如此,旧说就不是真正的实体法说,至少不是彻底的实体法说。而且需要追问的是,按照这种被澄清了的旧说,在非竞合的情况下,该如何界定诉讼标的?

旧说被低估了的缺陷是其固有的,而非因为我们对它的不当理解所造成的。旧说的主张者并非没有考虑到多次诉讼,但只是考虑到了因请求权竞合所可能引发的多次诉讼,却没有考虑到实践中有些多次诉讼是因原告对案件所涉实体法律关系或请求权把握不准确而引发的,甚至极个别原告还会通过变换实体请求权恶意缠诉。某一案件是否涉及请求权竞合,涉及哪些请求权之间的竞合,原告往往不能很明确地予以识别。而旧说实际是在("无意识地"假定)这些问题无疑义的情况下界定诉讼标的的,缺少对于具体诉讼中相关实体问题不确定性的考量。

---

① 参见 1980 年厅民一字第 0046 号函复台高院。前引李木贵书,第 4—94 页。
② 如果某一法观点(例如继承)系作为原告所主张的实体权利(例如所有权)之理由,自然不能将该法观点与诉讼标的等同,它是支撑诉讼标的的理由。但原告在将某一实体权利设定为诉讼标的时就是在主张某一法观点,这是毋庸置疑的。
③ 前引李木贵书,第 4—92 页。
④ 我国台湾地区 1962 年台上字第 665 号民事判决契合于此限定性表述。

(二) 新、旧说之共有缺陷

大陆法系的标的之争主要是在新、旧说之间展开的,除了诉讼标的相对论的持有者外,很少有人对它们同时展开批判。即使是相对论者,也未认识到新、旧说的共同缺陷。实际上,新说与旧说有一个共同缺陷:不能阻止就同一事件下的非竞合性请求(声明)分别或先后进行诉讼。

大陆法系学界向来认为纠纷的一次性解决是新说的优点,但是这种看法并不确切。新说的这一优点实际仅是针对原告就同一诉讼请求以不同的(竞合或非竞合的)实体请求权再次起诉的情形而言的,在其他情形下,它和旧说一样都可能会引发或都不能阻止两次或多次诉讼。例如,原告以未经其同意擅自改装房屋为由通知被告终止租约,并起诉请求返还房屋,不久又另行起诉要求被告支付恢复房屋原状所需的费用。对这样一个纠纷(在此例中即为因租赁而引发的纠纷)中涉及数个经济目的不同的实体请求权的情形,有学者认为,我国台湾地区(传统上采旧说)于立法政策上并不要求原告一次性提出所有请求。但实际上,即便采新说也不能要求原告这样做。再如(案9),原告诉称被告(D)将土地之一部分卖给T,T又卖给了原告,但D拒绝办理移转登记,经催促后,D竟然虚伪移转登记给E1、E2、E3。原告基于共同侵权及通谋虚伪意思表示起诉D及E1、E2、E3,请求涂销所有权登记,如果买卖契约已属给付不能,则请求责令赔偿损失。后来原告又另案起诉D,请求办理所有权移转登记。原审法院认为原告不得再行起诉,但三审法院认为前、后案的诉讼标的不同,可以再次起诉。[1] 显然,要求被告涂销登记与要求被告办理移转登记是两个不同的权利主张(但无请求权竞合之问题),诉的声明也不同。旧说和新说都不能阻止再诉。前述之案1、案3也都是如此。

对于新说的缺点,美国有学者在批评加州法院的做法(近似新说)时也有所揭示,[2]认为它"允许当事人就一个纠纷的不同方面在两个程序中诉讼,即使他

---

[1] 参见我国台湾地区1991年台上字第337号民事判决书。

[2] 加州对诉因的界定遵循"基本权利理论"(primary right theory),该理论认为诸如人身免受伤害的权利、财产免受损害的权利是不同的基本权利。"如果原告声称被告的一个错误行为损害了两个不同的基本权利,则他是在主张两个诉因。"Skrbina v. Fleming Companies,45 Cal. App. 4th 1353,1364(1996).如果一份起诉状主张多个责任理论,它们"仅仅是主张同一诉因的不同方法。"Crowley v. Katleman,8 Cal. 4th 666,683(1994).即该州法院并不认为在法条竞合或请求权竞合时有多个诉因。

们本来应该能在一个诉讼中提出全部争端,这一规则是不经济的"①。自然,此批评对旧说同样适用,而事件说显然没有这种缺陷。

(三) 诉讼标的相对论的问题

一些学者在不同的学说之间进行折中,提出了诉讼标的相对论。例如,我国台湾地区部分学者(试图折中新说和旧说)从尊重当事人的处分权出发,认为在保护基本人权之法律框架下,"审判对象为何,应期待原告行使程序处分权予以决定,如此始合乎处分权主义采用之旨趣、机能"②。即主张允许原告在权利单位型诉讼标的和纷争单位型诉讼标的之间进行选择。

这种诉讼标的相对论是有问题的。其一,诉讼标的路径之选择不只关乎原告的利益,也不只是关乎双方当事人的利益,而是也关系到司法资源的合理利用。所以完全听凭当事人行使处分权确定诉讼标的之路径并不合理,处分权并非没有边界。倘若一国根据其国情已合理地决定采用新说,就不能再由原告自行选择旧说。其二,它误将新说混同于事件说,认为新说"一律以纷争事实特定诉讼标的"③。而实际上新说之二分肢说只是主张由诉的声明和纷争事实共同确定诉讼标的,从未如事件说那样要求当事人将纷争事实下所有可主张的请求一并提出。至于一分肢说则明确否认纷争事实是决定诉讼标的的因素,只承认在必要时需借助它辅助性地确定诉讼标的。其三,相对论者对新说的批评不恰当。他们认为"原告在其就某实体权利之证明尚未能充分收集事证时,将有无端遭受败诉判决,而形同被逼放弃该权利或就该权利放弃提诉之危险"④。但是,考虑到不应迫使被告多次应诉,考虑到司法资源有限,立法者或司法者(通常)可以要求原告在起诉时尽可能做好证据方面的准备工作。"当一个当事人提起诉讼,法院有权认为他已经做好事实和法律两方面的准备工作。"⑤至少,立法者要求原告就指向同一目标的数个竞合的请求权一次性做好准备工作,通常并不过分。更何况,法院有时还会要求被告提供相关证据,甚至会依职权收

---

① Walter M. Meiser, California's Unpredictable Res Judicata (Claim Preclusion) Doctrine, *San Diego Law Review*, Vol. 35, 1998, p. 562.
② 前引许士宦文。
③ 邱联恭等:《集中审理与阐明权之行使》,载《法学丛刊》2002年第1期。
④ 邱联恭:《争点整理方法论》,三民书局2001年版,第313页。
⑤ Car Carriers, Inc. v. Ford Motor Co., 789 F.2d 589, 596(1986).

集证据。①

(四) 事件说的缺陷并非其特有

事件说并非没有问题,其问题在于如何界定"事件",而这是一个很难严格定义的概念。一种常见的界定是:"事件"是指"产生法律效果的事实的自然群体或者共同的内核"②。这种界定显然不太容易把握,较具不确定性。

但这种问题并非仅事件说才有,大陆法系的诉讼标的理论也面临同样的问题。在旧标的说下,虽然原告所主张的权利或法律关系即为诉讼标的,但具体个案的诉讼标的不可能只是某一抽象的权利或法律关系,而必定是立基于具体事实的。原告必须具体陈述其所主张的实体权利的基础事实,诉讼标的才能得以特定。例如,即便原告在前后两次诉讼中都主张返还借款请求权(甚至金额也相同),其诉讼标的仍可能不同,因为它们可能是基于两笔不同的借款而产生的。但对该事实的界定未必总是很容易。如果原告只是对此前主张的事实作了部分调整或补充,基础事实是否发生了变化?对此,我国台湾地区有判例认为,如果前、后诉的"主要争点有其共同性,各请求利益之主张在社会生活上可认为同一或关联,而就原请求之诉讼及证据资料,于审理继续进行在相当程度范围内具有同一性或一体性",则可认为基础事实同一。③ 但所谓"社会生活上可认为同一或关联"之表述也有相当大的不确定性。

对于二分肢说而言,基础事实是确定诉讼标的的一个重要因素,因此,按此说识别诉讼标的也需要考虑类似的问题。如果对请求权是"基于一个还是可以基于两个不同的生活事件有疑问,诉讼标的的二分肢说在界定重要的生活案件事实上就会发生困难"④。例如,当事人之间因买卖关系而签发票据,但票据未获兑付,此为一个事实还是两个事实?如果合同订立与票据的签发、交付在时间上相隔很远,则又当如何?再如,原告主张自己是占有人,要求被告交还被偷的牛,在败诉后又起诉要求交还同一物,并主张自己历来是牛的主人,前、后案

---

① 国内近期有个别论者撰文主张诉讼标的相对论,但其论证过于简单,基本没有说服力。详见本书《民诉法的通说当如何形成》。
② Restatement(Second) of Judgments 24(1982), comment b.
③ 参见我国台湾地区 2001 年台抗字第 2 号民事裁定书。
④ "即使一分肢说也不能放弃将案件事实(请求权理由)用来界定诉讼标的。"前引罗森贝克等书,第 672 页。

件的基础事实是否同一？①

由于在案 4 中最高人民法院声称前、后诉"基于同一事实"，诉讼标的是同一纠纷，所以对于纠纷说而言，也同样有如何界定"事实"或"纠纷"的问题。最高法大概也很难给出一个很明确的定义。

针对"事件"的界定，美国《第二次判决法重述》认为何种事实群（factual grouping）构成一个"事件"或一个"系列事件"，"需要从实用主义（pragmatically）的角度加以判断，应当着重考虑：事实是否在时间、空间、起源、动机上相关，它们是否构成了一个方便的审理单位，将它们作为一个单位处理是否符合当事人的预期或商业认知、惯例"②。另外，可以想见，由于"事件"之界定具有不确定性，绝大多数律师在起诉时会尽可能就关联的事实提出所有的请求，以防止失权。所以，"事件"界定的问题不会经常出现。

（五）标的之争何时没有意义

域外有个别学者似乎认为标的之争并无实际意义或意义不大。例如有德国学者称"判例相当少地理会理论之争并且甚至认为这是徒劳的"③。然而，即使这种表述是正确的，也并不表明标的之争在本土是无意义的。对于该学者之表述，我们应当注意其语境，不能断章取义或望文生义。实际上其完整表述是："在实践经验中，各个理论和观点之间的区别并不明显，就如给人的第一眼表象一样。主要是在诉之申请可以有不同的事实情况——它们各自作为相互竞合的请求权规范的事实构成——作为理由基础的案件中，各个理论的结果会有所不同。与之相反，在绝大多数案件中，各理论的结局是相同的。如在要求忍受在其地产上强制执行的诉和要求纠正地籍簿的反诉这一示例中，依照所有的观点，在此例中诉与反诉都建立在不同的诉讼标的基础上，因为不仅申请而且作为理由的生活事实情况相互之间都不同。因此也就不惊奇，为什么判例相当少地理会理论之争并且甚至认为这是徒劳的。"④显然，他是从"申请""事实"是否相同的角度讨论诉讼标的的，而这样讨论的只能是新说和德国（而非我国台湾地区）的诉讼标的相对论（它主张采

---

① 参见前引奥特马·尧厄尼希书，第 199 页。
② Restatement (Second) of Judgments 24(2)(1982).
③ 前引汉斯-约阿希姆·穆泽拉克书，第 92 页。
④ 前引汉斯-约阿希姆·穆泽拉克书，第 92 页。

一分肢说还是二分肢说应视情况而定,实际是新说的变体,本文仍将其归入新说),①无论是旧实体法说还是新实体法说都是从实体请求权的角度讨论诉讼标的的。由此可以看出,该论者实际是从一分肢说、二分肢说的角度作论的,他只是说德国实务者认为一分肢说和二分肢说之区分通常并不重要,并没有说新说和旧说的差别不重要,更没有说新说与事件说的差别不重要。而且事实上,德国实务界(包括联邦最高法院)和学界的主流观点都是二分肢说,②即是在两种新说之间作出明确选择的。如果德国实务者确实没有感到两种新说差异之重要,可能的原因有二:其一,能够直接展现两种新说分歧的案件不多,原告根据不同的案件事实提出同一诉讼请求的情况相对少见。③其二,当事人"实际上在大部分诉讼中都完整地陈述了事实情况,特别是因为法院应当致力于完整陈述"④。例如当事人在主张票据事实的同时一般没有必要避而不谈原因事实,法官的释明通常也会促使两种事实都被完整提出,这就在相当程度上消解了新说内部的差异。

　　同样,即便日本实务界果真存在"只要对旧说予以再调整就足以应付实务需要"⑤之观念,我们也不应就此认为标的理论之争在我国没有实际意义。我们应当注意日本的背景情况:日本并不认为在同一案件中原告同时主张侵权法和合同法上的理由这类起诉方式不可接受。⑥ 如果多数原告为了一次性解决纠纷,或为了加大胜诉的概率或减少败诉的风险,在起诉时一并提出所有可能的实体请求权,则通常原告就没有必要在败诉后再次起诉。如此一来,新、旧说的差异在相当程度上就被化解了。倘若法官在原告只主张了一种请求权时,告

---

　　① 德国的诉讼标的相对论主张在诉的变更、合并上采一分肢说,在既判力问题上采二分肢说;或者在采职权探知原则的诉讼中采一分肢说,在采辩论主义的诉讼中采二分肢说(确认之诉例外)。参见前引汉斯-约阿希姆·穆泽拉克书,第91页。
　　② 参见前引罗森贝克等书,第671页。
　　③ 参见〔德〕狄特·克罗林庚:《德国民事诉讼法律与实务》,刘汉富译,法律出版社2000年版,第148页。
　　④ 前引奥特马·尧厄尼希书,第200页。
　　⑤ 前引高桥宏志:《民事诉讼法》,第53页。
　　⑥ 在旧说下,若原告同时就数个竞合的请求权起诉,这种起诉方式一般被称为"竞合合并"或"重叠合并"(诉的声明同一)。但晚近也有人主张可按选择合并(诉的声明不同)、预备合并(声明不同且有顺位)的方式起诉。对诉的合并的分类,有四分法和三分法之说,差别在于是否将竞合合并、选择合并统称为"选择合并"。我国台湾地区与日本在概念(术语)的使用上不一致,容易令人困惑。

知其还可主张其他请求权,①则原告败诉后再次就其他请求权再诉的情况更是不太可能发生。

另外,在解读域外标的之争的实际状况时还应注意它们对于诉的变更的宽松态度。在德国,若被告同意或者法院认为有助于诉讼,则可进行诉的变更(二审略有区别)。而且,在实践中法院的许可更为重要。另外,《德国民事诉讼法典》第264条规定在不变更诉的理由的前提下,补充或更正事实上或法律上的陈述,扩张或限制申请,因情势变更而替换请求,都不视为诉的变更,无须被告或法院的同意。特别值得注意的是,该条的"前提"在实践中作用不大,因为德国法院"对作为诉之理由的生活事实关系进行了相当宽泛的解释"②。《日本民事诉讼法》第143条第1款则规定,若不变更请求的基础,原告可在口头辩论终结前变更请求或请求的原因,除非会使程序过分拖延。此规定在二审时也可适用(第297条)。德、日等国宽松对待诉的变更、追加(美国的情况大致相似)也是消解标的之争的一个重要因素。③ 因为,既然允许原告在诉之基础事实不变的前提下较自由地变更或追加请求权,甚至到二审时也允许,则已经尽力就各种可能对其有利的实体主张或请求权进行了诉讼的原告,通常也不会在败诉后再诉。

至于标的之争在本土的实际意义,只要将案4与案2进行对比,就可清楚看出。在案4中,若最高人民法院采案2那种标的路径(旧说),就应对原告提起的后诉进行实体审理,而不是驳回起诉,原告未见得没有胜诉的机会(或会提出有说服力的意见或追加证据)。即便原告最终仍败诉,但那是实体性败诉,原告获得了再次就实体问题争讼的机会。而如果案2的受诉法院采案4之标的路径,则原告不但不能胜诉,而且后诉根本不会得到实体审理(不予受理或驳回起诉)。在这方面还有一个案件(案10)也值得关注:原告以其所购买的SK-Ⅱ产品对其脸部造成损害为由提起侵权之诉,一审法院以证据不足为由,判其败

---

① 日本最高裁判所认可这种释明。参见前引新堂幸司书,第223页。我国台湾地区所谓"民事诉讼法"第199条之1也是这样规定的。

② 前引汉斯-约阿希姆·穆泽拉克书,第122页;参见前引奥特马·尧厄尼希书,第224页以下。

③ 按照《美国联邦民事诉讼规则》第15条,如果在审判中超过诉辩状的范围采纳了证据,法院将允许修改诉辩状或视其已被修改。基于公正的需要,对修改诉辩状的请求的批准不受限制。参见〔美〕史蒂文·苏本、马格瑞特·伍:《美国民事诉讼的真谛》,蔡彦敏、徐卉译,法律出版社2002年版,第102页。

诉。原告上诉时称本案是一起合同纠纷。对此,二审法院认为,虽然上诉人主张合同之诉,但由于其一审提起的是侵权之诉,所以法院仍应审查侵权之诉。[①]显然,该法院认为侵权之诉与合同之诉是不同的诉讼对象或审理对象,而从原告主张的事实来看,是可能涉及侵权与违约竞合的。若本案法院严格采旧说,则应允许原告事后再提起合同之诉。若采新说,则法院应主动审查是否有支持原告诉讼请求的其他法律理由(例如合同法上的理由)。此外,从案 1 中,我们也可以清楚看出事件说与新、旧标的说之间的差别。若受诉法院采事件说,则会认为前、后诉的请求源自同一个事件,系重复起诉,从而会驳回起诉;但若采新说,则因为前、后诉的声明不同,所以诉讼标的不同,并无重复起诉问题;若采旧说,也无重复起诉问题,因为原告在前、后诉中主张的实体权利不同。

五、无奈的选择

由前述可见,事件说虽有缺陷,却是相对最优的标的路径。至于新说,由于它能阻止当事人基于不同的实体请求权或法律理由就同一诉讼请求多次提起诉讼,而诉讼标的相对论又允许当事人自行选择采旧说,所以从一次性解决纠纷的角度看,新说是次优的选择。但由此就认为我们应采事件说或新说,尚显草率。实际上,如果考虑到采用事件说、新说、诉讼标的相对论所需具备的条件以及本土的实际情况,将会得出完全不同的结论。

(一)不具备采新说和相对论的条件

在新说下,原告败诉后便不可基于其他实体请求权就同一诉讼请求再诉,即便其在前案中不知道有这些请求权。所以,它对原告的要求是较高的,尤其对于那些本人进行诉讼的当事人而言,因为他们不懂法或对法知之甚少,不太可能知道在哪些情况下会发生请求权竞合。即便在采此说的同时要求法官积极释明,也未见得总是能弥补当事人的疏漏。这种释明对法官的要求很高,法官必须真正精通法律。而事实上,我国多数案件是当事人本人诉讼,我国的法官遴选机制尚不能保证所有法官都有很高的专业水准。

---

① 参见姚晨奕、陈健、殷国富:《"SK-Ⅱ"案尘埃落定 法院终审判决驳回上诉维持原判》,载《人民法院报》2005 年 12 月 10 日第 4 版。

更重要的是，国内的法院仍然不能接受竞合合并或诉讼理由的聚合。如果原告为同一请求提出多个实体法上的理由（例如侵权、不当得利和无因管理），法院往往认为这是不可接受的。法院尤其不能接受原告为金钱赔偿请求同时主张合同法和侵权法上理由的起诉方式，通常会要求原告作单一的选择。而允许诉讼理由的聚合是采新说的必备条件，如果不允许原告就诉的声明（目标）提出多个法律理由，则意味着要求其在法律上作精准的单一选择，这种要求是过分的。尤其对于那些涉及请求权竞合的案件而言，不准许原告以竞合合并或诉讼理由聚合的方式起诉，又不准其在败诉后就另一竞合的请求权再诉，有违实质正义。从"你给我事实，我给你法律"的角度看，当事人起诉时甚至有权不主张法律理由。

所以，在目前的情况下，我国尚无法采用新说。而既然不具备采新说之条件，也就无法采诉讼标的相对论。因为此说实际上是允许原告自愿选择新说，但在不准许以诉讼理由聚合的方式起诉、法官整体素质又有待提高的情况下，让原告贸然选择宽泛的标的路径，对其权利的保护是很不利的。

（二）更不具备采事件说的条件

至于事件说，它所要求的条件比新说更高。美国《第二次判决法重述》认为，只有在当事人有足够的程序工具充分挖掘全部事实且有提出全部争议的能力时，采用事件说才是正当的。具体而言，具备以下条件才可采用如此宽泛的诉讼标的路径：其一，允许当事人在诉讼中提出所有与事件有关的材料，而不将其限定于某一种实体法理论；其二，允许当事人提出不一致的主张（以不违背其真实义务为前提）；其三，给予当事人在修改诉状方面有相当大的自由，容忍其在诉讼过程中改变诉讼方向；其四，当事人可以借助强制性的开示程序确定与事件有关的事实。[①]

我国目前不具备这些条件。其一，如前所述，竞合合并在国内仍然是不可容忍的。对于预备合并（数个请求不一致且有顺位，前述之案 9 即为适例），多数法官也会以诉讼请求不明确为由予以拒绝。从知识储备看，有的法官根本不知道学理上或域外有所谓的竞合合并、预备合并。其二，较多的法院对诉的变更的限制很严格。前述之案 10 即为实例。其三，美国有强制性的开示程序，除

---

① See Restatement(Second)of Judgments 24(1982), Comment a.

非法院有相反的限制。《美国联邦民事诉讼规则》第 26 条之(b)规定:"当事人可以就任何非特权的与其请求或防御相关的信息获得开示……相关信息不必是在庭审时可采的,如果开示预计能合理地导致发现可采的证据。"而我国和大陆法系各国都不存在此种程序。我国的准备程序尤为简单、粗糙,即使是证据交换程序也只能使当事人知道对方将要在诉讼中提出哪些证据,根本无助于当事人彻底挖掘事实,更不用说该程序的实际使用状况很差。

(三)最高人民法院新路径之不可采

由于最高法的两条新路径分别近似于事件说和新说,因此也不能采用。从"EOS 案"看,这一点非常明显。

在"EOS 案"之前,最高法在个案中未表现出采用新说或事件说的倾向,就整个法院系统而言,也不存在类似的倾向或氛围,相反还存在采旧说的传统。换言之,EOS 公司在前案中或在前案之前未得到过相关的失权警告。所以,至少在诉讼标的问题上,"EOS 案"的原告遭受了突袭裁判。

从其他角度看,"EOS 案"的原告也未能获得充分的程序保障或攻防机会。其一,原告不能进行诉的合并。在前案中,由于国内法院的习惯或一审法院的要求,原告不能同时主张多个实体法理由,不能同时主张被告应返还工程款或返还不当得利,而是只能在法律定性上作单一的选择。其二,原告无法在二审中变更诉讼请求。从其在前案撤回上诉的情况来看,原告在一审败诉后可能认识到诉讼路径选择有误,想要主张被告侵权(从"EOS 案"裁定书看,原告也是如此声称的),但又考虑到这种变更很可能得不到二审法院的准许,或者事实上这种变更请求已被二审法院拒绝,才不得不撤回上诉。其时原告很可能已有另行起诉的打算,但却未得到不可再诉之警告。

倘若在该案中,一开始就允许当事人主张多项法律理由及多种实体请求权,例如同时主张返还工程款请求权、侵权损害赔偿请求权、不当得利返还请求权,原告将能就这些请求权获得充分的陈述、举证、辩论的机会。即使他依然败诉,他可能也是愿意接受裁判结果的,这样也就不太可能出现后案。

(四)目前的选择及努力方向

由于并不具备采事件说和新说、诉讼标的相对论的条件,而国内的两条新路径也不可采,所以我们目前只能回到旧标的说。

尽管这是当下无奈的选择,但我们仍应尽可能减少其负面效果。在采旧说的同时,应该做好以下配套工作:其一,法官应履行法观点指出义务。基于法官知法原则,如果基于当事人主张的事实或已证明的事实,法官发现当事人主张的法律关系或实体权利有误,应予告知。"当法院欲适用当事人未注意之法的观点时,法院应当向当事人开示这种法的观点,并让当事人在其与法院之间就法的观点或法律构成进行充分的讨论。"①2019年修改前的《最高人民法院关于民事诉讼证据的若干规定》(以下简称《民事证据规定》)第35条所规定的释明义务在相当程度上契合于这一义务。② 法官还应当对同一事件下当事人未主张的权利进行释明,至少应就指向(支持)相同的诉的声明(诉讼请求)的实体权利进行释明。就案2而言,如果法官认为返还不当得利的请求有可能成立,应当告知原告变更或追加诉讼请求。其二,快速驳回原告显无理由的再诉。由于旧说不能阻止原告在败诉后基于新的实体请求权再诉,也就不排除有少数原告用这种方法缠诉的可能,但法院对此也不必过于担心。因为,如果原告再诉时主张的法律理由明显不成立,法院可以不经事实调查,快速驳回诉讼请求。③

尽管日本实务界之主流也采用旧说,但我们当下选择的旧说与之有较大距离。日本法允许原告以选择合并(竞合合并)等方式起诉,这样就大大降低了原告在选择诉讼路径上的风险;而且日本法对诉的变更很宽容,这也使得选择诉讼路径有误的原告可以较为从容地进行诉的变更。由此,尽管我们当下只能选择旧标的说,但这并不意味着不应再有所作为。我们至少应在以下三个方面作出努力:

首先,应当完善实施旧说的配套环境,充分理解准许竞合合并的合理性和必要性,充分意识到《中华人民共和国民法典》(以下简称《民法典》)第186条[即现已废止的《中华人民共和国合同法》(以下简称《合同法》)第122条]只是

---

① 前引高桥宏志:《民事诉讼法》,第367页。
② 修改后的条文已经不再包含释明的内容,这是一个错误的修订。在德国法下,法院可以直接采用支持原告请求的另一个法律观点(更不用说释明),只是应事先给双方(尤其被告)发表意见的机会。
③ 在现行法下一审实体裁判必须在开庭审理后作出。尽管如此,法院也可经过简短的庭审程序,快速作出(法律)裁判。因为即便原告的事实主张是真实的,其诉讼请求也不能成立。在两大法系的代表国家或地区都存在类似的"快速"裁判。

纯粹的实体规范,而非程序规范。在诉讼的前期阶段,原告只有程序身份,是不是债权人并不明确,侵权责任和违约责任是否成立也无法确定,因此不具备适用该实体规范的条件,法院也就不能据此要求原告在侵权责任和违约责任之间作出选择,更不能要求其在侵权之诉与违约之诉之间作出选择(这两种选择差异很大,前者无风险,后者则有风险)。① 至于预备合并则更应予以接受,国内已经出现了这样的案例,②而且刊登在《最高人民法院公报》上。在理解并接受竞合合并、预备合并的基础上,法院在释明时可以告知原告以合并的方式追加实体请求权,以减少错误释明的风险。

其次,宽松对待诉的变更。可以如德、日、美等国那样允许原告较自由地进行诉之变更、追加。在案 10 中,由于合同之诉与侵权之诉是基于同一案件事实,而且二审法院至少可以部分利用一审的审理成果,所以应可考虑准许诉之变更。这样可使原告获得充分的攻击防御机会,从而提升其对裁判结果的信服度。

最后,应当向着采新说甚至事件说的方向努力。应当完善现行民诉规范,使案件事实尽可能得到充分的挖掘,使当事人就所有可主张的权利提出请求,力求充分解决纠纷。还应致力于法官素质的提高,以使其能够准确地对当事人进行释明。

(五) 旧说之例外

诉讼标的通常被认为是最小的诉讼单位,这意味着不可以就诉讼标的分割起诉。但也不排除在某些情况下,基于某些特别考量对这种分割诉讼网开一面。就旧说而言,例外时应准许的分割诉讼有三种:一是合理的部分请求。如果原告起诉时明确表明是部分请求(同一请求权的剩余部分留待以后再诉),而且能够表明这样起诉的正当理由(例如被告无全部清偿能力),则应考虑予以准许,但应明确告知只有在胜诉后才可以进行第二次诉讼。二是后遗症。考虑到受害人在前次诉讼时难以发现后遗症,即使有所预料,也难以确定损害范围或赔偿数额,因此应准许受害人再诉。域外普遍允许这种再诉,只是在理论构成

---

① 参见严仁群:《实体法:请慎入程序法之域——以民事责任竞合为例》,载《法律科学》2010 年第 3 期。
② 参见《最高人民法院公报》1997 年第 1 期。

上有争议。三是法律规定的合理例外。

但有时采更严格的标准方为公平、合理。如果案件涉及重复或连续发生的违约行为或侵权行为,原告在起诉时应就已发生的全部损害提出请求,对于起诉后至言辞辩论终结前新发生的违约行为、侵权行为,若法院准许增加诉讼请求,则也应一并进行诉讼,除非有前段所谓的分割诉讼之正当理由。至于其后发生的侵权行为或违约行为,则应准许当事人再行起诉。此外,还可能因有法律的特别规定而采更严格的标准。若确有此规定,由于它对旧说和新说而言都是一种例外,[①]所以,为防止对当事人造成突袭,应事先对受害人进行释明。

六、结　　语

如何界定诉讼标的是无法回避的重要问题,必须作出明确回答。国内实务在这方面呈现纷乱状态,这种乱象必须终结。诉讼标的问题虽然颇费思量,却并非无解。域外的实际状况远没有我们想象的那么悲观。两大法系的主要代表国家或地区都已作出明确选择。德国实务界和学界的主流观点都采新说(之二分肢说),日本实务界的主流观点则是旧说,[②]美国多数司法区则采事件说。

对于诉讼标的这样的难题,我们不能因学说之纷繁而抱怨甚至止步(每个部门法都有若干难题)。更不能因为自己无力把握它,提不出有价值的论证和建议,就给它或学界的努力扣上"内卷化"之类的帽子。从其他学科"搬"一个名词过来,并将它当作标签使用,那不是在创新。我们所面临的难题不会因为这类标签或帽子而消失,我们仍需要面对它。我们也不能看到域外有某一种观点就不加甄别地将它"拔高"为通说,进而主张应予引进。这种简单的拿来主义是有害的。如果一个问题是必须回答的(无法回避),但每个选项都有缺陷,又不

---

① 我国台湾地区的实务界通常以一次侵权行为所发生之损害作为一个审判对象予以处理。参见前引邱联恭书,第160页。但这并非向新说靠拢,而是向事件说靠拢。因为在新说下,倘若原告同时提起物质损害赔偿请求与精神损害赔偿请求,则涉及两个诉讼标的,而在事件说下仅有一个标的。日本实务界也大致如此。我们也有类似的问题。例如某原告在前后两个案件中主张被告同一作品的不同部分(第1、7、8页)侵犯了其不同作品的著作权,法院认为系重复起诉。参见河南省高级人民法院(2010)豫法民三终字第46号民事判决书。
② 参见前引高桥宏志:《民事诉讼法》,第53页。

能找到更好的选项,我们就面临艰难的选择。我们只能仔细比较既有的选项,并选择相对合理的方案。如果受条件所限,只能选择较差的方案,则必须在作此无奈选择之时设置配套措施,努力减少该方案的弊端。另外,在选择的过程中,不能盲目照搬域外学者的表述,更不能断章取义,必须注意其语境及相关配套制度。同样,对本土之背景因素也必须有清醒的认识,这样得出的结论才可能契合于本土之情境。

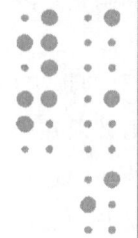

既判力客观范围之教义学分析*

一、引　　言

尽管既判力在民事诉讼法上极为重要,但长期以来国内在这方面缺乏具体规定。[①] 2015年2月4日起实施的《最高人民法院关于适用〈中华人民共和国民事诉讼法〉的解释》(以下简称《民诉法解释》)打破了这一窘况,首次就重复起诉的一般判断标准作出了规定。其第247条称:"当事人就已经提起诉讼的事项在诉讼过程中或者裁判生效后再次起诉,同时符合下列条件的,构成重复起诉:(一)后诉与前诉的当事人相同;(二)后诉与前诉的诉讼标的相同;(三)后诉与前诉的诉讼请求相同,或者后诉的诉讼请求实质上否定前诉裁判结果。当事人重复起诉的,裁定不予受理;已经受理的,裁定驳回起诉,但法律、司法解释另有规定的除外。"

从该条文的表述看,它所设定的判断重复起诉的一般标准(允许有例外)是一种以当事人、诉讼标的、诉讼请求为要素的"三同说",若后诉请求实质否定前诉裁判结果可视为相同请求。而在此前的司法实践中存在较为近似的判断标准。最高人民法院(民三庭)在北京黄金假日旅行社有限公司与上海携程商务有限公司虚假宣传纠纷案[②](以下简称"携程案")中,称"判断是否属于重复诉讼,关键要看是否同一当事人基于同一法律关系、同一法律事实提出的同一诉

---

* 本文是在以下这篇文章的基础上修改而成。严仁群:《既判力客观范围之新进展》,载《中外法学》2017年第2期。

[①] 《民事诉讼法》的个别条文充其量只是笼统的规定。例如第124条第5项,即"对判决、裁定、调解书已经发生法律效力的案件,当事人又起诉的,告知原告申请再审,但人民法院准许撤诉的裁定除外"。

[②] 参见最高人民法院(2007)民三终字第4号民事裁定书。

讼请求"。它看似是"四同说",但由于前述之"三同说"在考虑法律关系、诉讼请求时不可能不考虑具体的(法律)事实情境,所以,它们是近似的。只不过"携程案"中法院未作"后诉请求实质否定前诉裁判结果"之表述。

虽然此前缺乏既判力方面的具体规定,但各级法院却一直在面对这方面的问题,它们没有以"法无规定"为由拒绝裁判(在这方面我们有必要作一些方法论上的思考)。它们常常因被告提出有关抗辩,而不得不根据其对既判力的理解,审查原告的起诉是否属于《民事诉讼法》第 124 条中的"又起诉"。在"中国裁判文书网"上,仅在 2014 年 1 月 1 日至 2015 年 2 月 3 日之时间段,就能搜索到 8000 多个涉及"一事不再理"的民事案例,而在"无讼案例"上 2019 年度的这个数值则跃升到了 1.6 万以上。其中大多数涉及的是在判决生效后的重复起诉(而非在诉讼过程中的"平行"的重复起诉)。而在这大多数的案件中,法院不但可能需要就哪些主体的起诉属于重复起诉,而且(更多)要就当事人就哪些事项的起诉属于重复起诉,进行讨论和判断。后者便属于既判力客观范围的问题(若不涉及基准时后发生新事实的情况),①也大致是"一事不再理"中的"一事"如何界定的问题。而就"三同说"而言,由于它规定不可同时就相同的诉讼标的和相同的诉讼请求再次起诉,撇开其中"主体"的要素,它就是在规定禁止再诉的客体范围。这显然属于既判力客观范围的问题。申言之,尽管既判力的作用有所谓积极和消极之分,但从禁止重复起诉及《民诉法解释》第 247 条的角度看,既判力客观范围涉及的问题是:在裁判生效后当事人不能再就哪些事项起诉,是仅主文判断过的事项(诉讼标的、诉讼请求),还是也包括裁判理由中已判断事项,甚或是虽未经判断却与前案请求相关的事项(当事人未提出的事项或虽曾提出但未被法院判断的事项)。当然,如果承认判决理由有既判力,则涉及的不仅是不能重复起诉的问题,还有不能重复争讼的问题。即当事人不但不能在判决生效后重复起诉,而且不得在后案的诉讼过程中,就前案判决理由中已判断的全部或部分事项再行争讼。

由于立法滞后,此前国内对既判力客观范围的研究都是在没有实在法的情况下进行的。而现在已经有了具体规定,那么我们就可以将研究重点转移到这

---

① 相对于既判力而言,"一事不再理"是较通俗的用语(至少从国内裁判文书看是如此),而且较少出现在实在法中,外延不很确定。它可能不仅涉及既判力的问题,也涉及诉讼系属中的重复起诉,但也可能仅指前者或后者。本文姑且忽略这两个用语的区别。

些新规定上。由此,我们应当具体而周详地考虑应如何看待和适用"三同说",法院在适用该新标准的过程中将遭遇哪些问题,应当如何来解决这些问题,应当如何完善此标准。对这些问题的讨论就不是简单的"拿来主义"可以解决的。

本文围绕"三同说"探讨本土的既判力客观范围问题。本文将运用"中国裁判文书网"上已公布的援引了《民诉法解释》第 247 条的案例,以求在讨论时兼顾实际发生了什么和应该发生什么这两个方面的问题。尽管"三同说"既包含既判力客观范围的一般标准,也包括既判力主观范围的一般标准,但为使主题集中,本文仅讨论前者。因此,本文对"三同说"的讨论都是在假定前、后案的当事人相同的前提下进行的。本文也忽略不论在判决的基准时后发生新事实的情况,因为那是既判力时间范围的问题。《民诉法解释》第 247 条虽然也涉及裁定的既判力问题,但这一问题一般不作为既判力客观范围的问题讨论,或者说这一问题需要另作专题讨论,所以本文也予以忽略。

二、"三同说"之部分确定性及其空白要素

(一) 可就一些争议情形给出确定答案

关于"一事不再理"原则的适用,实务中存在若干有争议的情形。在无实在法的情况下,法官们面对这些情形时往往感到难以抉择。但"三同说"的出现,可以让我们摆脱一部分的困扰。因为至少在以下两种此前有争议的情形下,"三同说"是可以给出确定答案的。

其一,就同一法律关系下的不同请求再诉。

这方面较为典型的是债权人先诉本金后诉利息的情形。对此后诉,法院内部(曾)有不同意见:一种意见认为,原告在诉本金时未提及利息,应视为放弃了利息请求,根据"一事不再理"原则,不应受理利息之诉;另一种意见则认为,银行仍可起诉,不受"一事不再理"原则的限制。[①] 这两种意见此前都没有法律依据。若该案发生在现在,由于本金请求与利息请求无论从生活常识,还是从实

---

① 参见陈建贞:《本金已起诉归还,利息能否再诉?》,载《人民法院报》2007 年 8 月 7 日第 6 版。

体法的角度看,都是不同的,[①]而且,若银行在前案胜诉,就很难说后诉请求实质否定前诉裁判结果(至于在银行败诉的情形是否可以作这样的判断,参见本文第四部分的论述)。所以,根据"三同说",法院可以认定利息之诉并非重复之诉。

循着前述思路,以下案件也不应有争议。案1:原告基于股权转让协议诉被告违约,要求支付违约金,并办理股权变更工商登记手续。法院认为协议约定的是解约违约金,协议对继续履行协议的违约金并无约定,故驳回原告的违约金请求。判决生效后,原告又起诉被告要求其赔偿损失。法院认为后诉并非重复起诉。[②] 在此例中,前案的违约金请求与后案的赔偿损失请求不同,也无后诉请求否定前诉裁判结果的问题。所以,根据"三同说",该案法院的判断是正确的,不应有争议。

英国曾有过类似案件(案2):D所开的出租车与P驾驶的马车相撞,P先起诉要求赔偿因马车损坏而受到的损失,胜诉后又起诉要求D就自己腿部所受的伤害进行赔偿。英国法院认为诉因不同,所以后诉不是重复起诉。[③] 而在"三同说"下,由于物质损害方面的请求不同于人身伤害方面的请求,[④]而且后诉并未否定前诉的裁判结果,所以若法律或司法解释没有例外规定,也不应认为后诉是重复起诉。

其二,就同一事件或同一纠纷下不同请求的再诉。

这方面也有一些典型案例。案3:D拥有某项专利,D某日向超市等机构发送警告函,称P生产的某产品(龟蛇粉)涉嫌侵权。后P将D诉至某中级人民法院,请求确认其未侵犯D的专利。经最高人民法院批复,该中院受理了案件。从批复的内容看,受诉法院内部不但对于应否受理该案存在争议,对于原

[①] 即便在德国实务上,也认为本金请求与利息请求是不同的请求,从而允许分别诉讼。参见〔德〕罗森贝克、施瓦布、戈特瓦尔德:《德国民事诉讼法》,李大雪译,中国法制出版社2007年版,第1169页。而德国实务及学理之通说在考虑诉讼请求(诉讼标的)时大致是抛开实体法视角的。

[②] 参见江苏省高级人民法院(2015)苏商终字第00019号民事判决书。

[③] See Brunshen v. Humphrey, 14 Q. B. 141(1884)。参见〔美〕杰克·H. 弗兰德泰尔等:《民事诉讼法》(第3版),夏登峻等译,夏登峻校,中国政法大学出版社2003年版,第634页。

[④] 德国实务界也认为是不同请求。参见〔德〕狄特·克罗林庚:《德国民事诉讼法律与实务》,刘汉富译,法律出版社2000年版,第148页。

告仅请求确认自己没有侵权，未一并诉被告侵权及要求赔偿损失，也存在疑问。① 尽管此案是以原告撤诉而告终的，但倘若原告在该案获得胜诉判决后，再诉被告侵权并要求赔偿损失，将会使法院面临重复起诉的判断问题。在没有法定标准的情况下，面对后诉的法院很可能还会产生不同意见。而最高人民法院的批复只是针对前案而言的，只是说该案应予受理，并且认为由于原告并不主张被告侵权并追究其侵权责任，所以（仅）应以"请求确认不侵犯专利权纠纷"作为案由。但现在有了"三同说"，那么前述问题就是有确定答案的，即原告的后诉并不属于重复起诉。因为后诉的请求与前诉的请求明显不同，还涉及不同的法律关系（前案是 P 对 D 的侵权，后案是 D 对 P 的侵权），且未实质否定前诉裁判结果。

归结而言，在"三同说"下，只要后诉的请求与前诉请求不同，而且并未实质否定前诉的裁判，那么就可以确定后诉不构成重复起诉。这一标准，能为澄清实务上的部分争议起到作用。

需要提及的是，学界似乎对于诉讼请求的概念存在疑问，认为它到底是指什么并不确定。这大致是受日本学者影响的缘故。因为有日本学者认为，诉讼请求与诉讼标的的关系并不容易厘清。就学理探讨而言，此说有一定的道理。但是，就我国现行法而言，它未见得是合理的。在分析我国的实在法或我国的个案裁判时，首先应当考虑的是我国现行法下这个概念的含义是否大致确定。如果是，则不必顾及域外学者的不同看法。若分析我国现行《民事诉讼法》中包含该概念的条文（尤其是同时包含其他有助于"识别"诉讼请求含义的概念的条文），应该认为，诉讼请求大致是指诉的声明。这些条文中最重要的是第 119 条。因为，它将诉讼请求与事实、理由并列，由此我们大致可以判断此中的"理由"应该是指法律理由，而非事实理由，进而我们大致可以确认诉讼请求是指诉的声明（诉状中关于应受判决事项的声明）。若恪守处分原则，判决主文通常应与之相对（诉讼费用除外）。

---

① 该案案情可参见《最高人民法院关于苏州龙宝生物工程实业公司与苏州朗力福保健品有限公司请求确认不侵犯专利权纠纷案的批复》。该批复已失效，但其设置的"规范"已被 2009 年 12 月 21 日《最高人民法院关于审理侵犯专利权纠纷案件应用法律若干问题的解释》第 18 条所吸收。

(二) 空白要素有待填补

在诉讼标的上有多种学说。"三同说"虽然设定了诉讼标的这一要素,但《民诉法解释》并未就对它如何界定作出规定。所以这一要素无异于一个(准)空白要素,从而使得"三同说"具有了很大的不确定性。"三同说"对诉讼标的要素存而不论,这会导致法院在遭遇以下这类案件时发生争议。

案 4：P 称其与 D 签订协议,委托被告制作泡沫发生器,P 负责筹集资金,负责产品的设计、销售、售后服务和主要元器件的采购,知识产权和物权归 P 所有,销售合同以 D 的名义签订,销售资金到达 D 账户后,P 有资金支配权。后 P 协助 D 将其制作的 9 台泡沫发生器销售给 T,D 将部分销售款支付给了 P。此后 D 又与 T 签订 6 台泡沫发生器的买卖合同,并已履行完毕,但未向 P 返还销售款。故 P 起诉 D 要求其支付销售款 657707 元。法院认为 P 没有证据证明其主张的关于 6 台泡沫发生器的事实及诉讼请求,故判决其败诉。判决生效后,P 又以 D 侵犯技术秘密为由起诉,要求其赔偿损失 1062000 元。一审法院认为后诉构成重复起诉。但二审法院认为,本案的诉讼标的是侵权法律关系,前诉的诉讼标的是合同法律关系,根据《民诉法解释》第 247 条,后案不构成重复起诉。①

从(后案)二审法院的表述看,它在诉讼标的上持有的大致是旧标的说("国内旧说"),但是,一审法院则不然。因为从二审法院的表述看,一审法院也是援引了《民诉法解释》第 247 条的,但一审法院认定后诉属于重复起诉,由此可见,它认为前、后案的诉讼标的相同,而这显然不是旧标的说的立场。

前述案件在《民诉法解释》实施后并不是绝无仅有的,还有其他类似的案件。例如,宋学仁农村建房施工合同纠纷案,原告此前曾诉侵权,在本案则诉违约。②

由此可见,虽然一般认为国内法院多持旧标的说,但是并不排除有法院持不同的观点。更不用说,最高人民法院在美国 EOS 工程公司诉新绛发电公司等侵权纠纷案(以下简称"ESO 案")中就是如此,它将诉讼标的界定为纠纷,而

---

① 参见河北省高级人民法院(2015)冀民三终字第 57 号民事裁定书。
② 参见甘肃省酒泉市中级人民法院(2015)酒民立终字第 22 号民事裁定书。

不考虑原告在实体法上的主张是侵权还是不当得利,①尽管它在"携程案"中的立场大致仍是属于旧标的说的。

三、有广泛认同度的"二同说"

判断后诉是不是重复起诉的另一种一般标准是:在当事人相同的情况下,若前、后诉的诉讼标的相同,后诉即为重复起诉。这种标准是一种"二同说"。显然,这种标准契合于德、日等国的传统诉讼标的理论。因为,在此传统之下,诉讼标的的一个重要作用向来就是用以判断后诉是否构成重复起诉。但"二同说"是具有广泛认同度的,其持有者并不限于德、日等大陆法系国家或地区。

(一)"二同说"的持有者

这种"二同说"在国内当下的实务上就有支持者。一个典型案例就是前述之"EOS案"。在该案中,最高人民法院在认定后诉的诉讼标的与前案的诉讼标的相同,当事人也相同后,就直接判定后诉违反了"一事不再理"原则。

最高人民法院民一庭则曾经就"一事不再理"原则的适用发表意见,称:"'一事不再理'中的'一事'是指前后两个诉讼必须为同一事件……所谓同一事件是指同一当事人基于同一法律关系(法律事实)而提出的同一诉讼请求。"②如前所述,即便是"三同说"也是"隐含"地考虑具体事实的,循着此一思路(去掉"法律事实")可以发现,民一庭的这一观点实际也是一种"二同说"。

前述案 4 的二审法院的观点也是一种"二同说",因为它在客体方面只考虑了诉讼标的这一个要素。

就我国民国时期的司法实践而言,这种"二同说"也是被认同的。例如,在某案中法院称:"命债务人为给付之确定判决,就给付请求权之存在有既判力,债务人不得对于债权人更行提起确认该给付请求权不存在之诉。"③从该例可见,法院在判断后诉是否违背"一事不再理"原则时,在客观范围方面,一般仅考

---

① 参见最高人民法院(2003)民四终字第 2 号民事裁定书。

② 最高人民法院民事审判第一庭编著:《最高人民法院〈关于确定民事侵权精神损害赔偿责任若干问题的解释〉的理解与适用》,人民法院出版社 2001 年版,第 48 页。

③ 1937 年南京国民政府(渝)最高法院渝上字第 1161 号。参见姚瑞光:《民事诉讼法论》,中国政法大学出版社 2011 年版,第 375 页。

虑诉讼标的,仅考虑已生既判力的判断所针对的事项,而且在诉讼标的上持旧标的说(诉讼标的为给付请求权或其对应的法律关系)。

这种"二同说"在两大法系的主要代表国家或地区有很高的认同度,并且这种认同不因在诉讼标的或诉因界定上的差异而有所不同。①

《日本民事诉讼法》第 114 条第 1 款规定,除抵销的情形外,既判力基于包含在判决主文内的判断而产生。而"所谓的判决主文是指,对应于原告在诉状中提出的请求趣旨,法院以诉讼上的请求(诉讼标的)为内容作出的判决事项。因此,判决既判力一般基于诉讼上的请求(诉讼标的)而产生"②。简言之,如果同样的当事人就同样的诉讼标的再次起诉,就与前判决的既判力相抵触。

我国台湾地区情况也大致如此。其所谓"民事诉讼法"第 400 条规定:"除别有规定外,确定之终局判决就经裁判之诉讼标的,有既判力。"而该条文 2003 年之前的表述更为直接,即"诉讼标的于确定之终局判决中经裁判者……当事人不得就该法律关系"③。具体的实例很多。例如,前诉是基于所有物返还请求权进行诉讼,后诉是基于租赁物返还请求权诉讼,两者标的不同,法院认定后诉不构成重复起诉。④

至于在诉讼标的上采新说的德国,情况也是如此。《德国民事诉讼法典》322 条第 1 款规定:"判决以诉或反诉提起之请求,经裁判部分为限,有确定力。"而新标的说就是以请求(诉之声明)具体表征诉讼标的的,只是若采二分肢说,需同时考虑请求的基础事实。"如果后案的诉讼标的与前诉讼是一样的……新的诉讼都是不允许的。""由于诉讼标的通过请求被具体化,如果在前诉中被驳回以后以同一请求提起新的诉讼,原则上,该新诉讼就是与既判力相冲突的。"⑤

---

① 与"三同说"一样,"二同说"只是一般标准,不适用于例外情形。例如德、日等国规定关于抵销抗辩的实体判断也有既判力,倘若被告就其所主张的反对债权再诉,这时判断重复起诉就不必也不能考虑诉讼标的是否相同。因为这种例外原本就是允许既判力超出诉讼标的范围的。这时应直接认定后诉不合法,因为它是就已有既判力之判断所针对的事项起诉。
② 〔日〕高桥宏志:《民事诉讼法——制度与理论的深层分析》,林剑锋译,法律出版社 2003 年版,第 505 页。
③ 前引姚瑞光书,第 372 页。
④ 参见我国台湾地区 1953 年台上字第 1352 号民事判决书。前引姚瑞光书,第 375 页。
⑤ 前引罗森贝克等书,第 1153、1165 页。

这种"二同说"在普通法系也有力的支持者。在美国,既判力的一个方面是排除请求(claim preclusion),即"禁止对于请求的再诉讼"①。而在联邦法院及多数州,对请求(claim)的界定采用的是事件或交易标准(transaction test)。事件是确定诉讼单位或对象的基准,不可分割。② 换言之,当事人必须以整个事件或交易为诉讼标的进行诉讼。在一个针对实体问题的终局判决作出后,法院审查后诉是否重复起诉时,只要审查当事人和请求的同一性(identity)即可。③ 由此可见,它们判断重复起诉的标准实际也是以当事人和诉讼标的为要素的"二同说"。

(二)"二同说"下对诉讼标的对立情况的处理

直观来看,"二同说"只能排除当事人和诉讼标的都相同的后诉,如果前、后诉的当事人相同,但诉讼标的处于相互矛盾或对立的状况,就不能认定后诉违背了"一事不再理"原则。由此引发的问题是,如果一个诉讼标的已由法院作出了判断,而当事人在后诉提出了相对立的诉讼标的,难道法院还应该进行实体审理?

当然,若在诉讼标的上采事件说,就不会有这样的问题,因为此时根本就不会有前、后诉的诉讼标的相对立或矛盾的情况,只会有诉讼标的是否同一(前、后案的事件或交易是否同一)的问题。但若在诉讼标的上采旧说或新说,则会面临这样的问题。

既判力的作用有所谓积极作用和消极作用之分,而根据既判力的消极作用就可以应对诉讼标的相抵触的情况,可以认为此种诉讼标的也是受既判力覆盖的。因为"从既判力作用的消极侧面看,当事人不能提出与既判力之判断相反的主张和证据申请"④。由此,基于既判力的消极作用,可将"二同说"重新表述如下:若当事人相同,且诉讼标的相同或对立,后诉即为重复起诉。

即便不从既判力的消极作用的角度考虑,也可对诉讼标的对立之情形作出

---

① 〔美〕史蒂文·苏本、马格瑞特·伍:《美国民事诉讼的真谛》,蔡彦敏、徐卉译,法律出版社 2002 年版,第 256 页。
② See Restatement (Second) of Judgments 24(1982), Comment a.
③ See Kathleen M. McGinnis, Revisiting Claim and Issue Preclusion in Washington, *Washington Law Review*, Vol. 90, No. 1, 2015, p. 77.
④ 前引高桥宏志书,第 483 页。

适当的处理，同样可以达到节约司法资源和维护生效裁判的目的。因为，我们可以一方面认同前裁判在诉讼标的上的既判力，另一方面又以之为基础，直接认定基于对立的诉讼标的的诉讼请求不成立，从而直接予以驳回。换言之，在面对与已经裁判过的诉讼标的相对立的诉讼标的时，法院即便不作程序性驳回，也可以快速地作出实体性驳回。① 例如，P 诉 D 请求确认其对于某房屋的所有权，获得了胜诉判决，后 D 诉 P 请求确认自己是该房屋的所有权人。此例中，从旧标的说看，前、后诉的诉讼标的不同。因为，P 是否该物的所有权人，与 D 是否该物的所有权人，是两个不同的问题。但这两个诉讼标的是相对立的。既然法院在 P、D 的前次争讼中，已经判定 P 是所有权人，D 即应受判决拘束，他连 P 是所有权人都不能否定，自然更不能主张自己是所有权人。对于同一物，不可能 P、D 都是唯一的所有权人。由此，法院可以直接驳回后诉请求。但应注意的是，前例与 P、D 分别和 T 就同一物的所有权进行诉讼的情况不同，一般而言，在后面这种情况下，若法院在 P 与 T 的诉讼中认定 P 是所有权人，D 并不受此认定的拘束。

另外，所谓诉讼标的直接相反的情况不同于前述之诉讼标的对立的情况，所谓的"直接相反"实际仍是属于同一诉讼标的的情形。例如，P 请求确认他是某房屋的所有权人，D 则请求确认 P 不是该房屋的所有权人，虽然他们的主张完全相反，但实际上诉讼标的是相同的，都是 P 对该物的所有权（之有无）。正因为如此，若 D 的请求是作为反诉提起的，则该反诉不合法（也是重复起诉）。

（三）"二同说"之变体：另一种"三同说"

在普通法系，例如加拿大，我们可以发现另一种"三同说"。加拿大规制重复起诉的是诉因排除（禁反言）规则（cause of action estoppel），即在诉因、当事人及其利害关系人、诉讼主题（subject matter）都相同时，不可再诉，除非存在欺诈和共谋。②

---

① 一个可能的担心是，法院在作实体性裁判时通常是要确认诉讼要件都具备的。如果后诉明显不具备某一诉讼要件，法院是不必作实体性驳回的。而如果某一诉讼要件是否具备较难判断，但又可以很确定地作实体性驳回，则还是可以考虑判决驳回诉讼请求。参见姜世明：《任意诉讼及部分程序争议问题》，元照出版有限公司 2009 年版，第 280 页。

② See Arnold v. National Westminster Bank Plc., [1991] 2 AC 93 at 104.

但这种"三同说"实际与前述之"二同说"相似,也可以说是"二同说"的变体。因为在加拿大,对诉因的权威解释是:"诉因是赋予当事人针对他人要求司法救济权利的事实。"①表面看,"二同说"并没有事实这一要素("三同说"也是如此)。但实际上,德、日等国采用的"二同说",其诉讼标的都不是抽象的权利主张或救济请求,它们都是基于某一原因事实或基础事实的。例如在旧标的说下,若称某案的诉讼标的是原告所主张的借款债权,这是指基于某一特定借贷关系或借贷事实而发生的特定的借款债权,而非民法典(合同法)所规定的"抽象"的借款债权。假如某银行与某公司之间有两份借款合同,双方为此进行了两次借款纠纷诉讼,旧标的说向来不会认为这两个案件的诉讼标的相同(都是借款债权)。因为两个诉讼的标的虽都名为借款债权,却是基于不同事实或借款合同的不同借款债权。同样,在德国主流观点所采之新说之二分肢说下,也不会仅因为诉讼请求都是要求偿还借款(甚至金额也完全相同),而认为诉讼标的相同。二分肢说对于诉讼标的的识别也是以其背后的事实为基础的。

此外,加拿大所谓的诉讼主题大致相当于诉讼标的,因为诉讼的对象自然也可谓是诉讼的主题。所以,加拿大的"三同说"在实质上与以当事人和诉讼标的为要素的"二同说"近似。当然,考虑到我们通常在个案中所说的诉讼标的都是基于特定事实而言的,不会抽象而论,所以"二同说"更为合理。而美国的"二同说",由于它的诉讼标的本身就是整个事件或交易本身,所以,在当事人和诉讼标的这两个要素之外,再加上第三个要素就是错误的了。

至于法国的"三同说"(当事人、请求的原因、诉讼标的都相同则为重复起诉)则有较大问题。关于何谓请求的原因,该国尚未形成较为统一的意见,分歧很大。标的与原因的关系也不确定。两者很相近,相互依赖,有时有混同倾向。②

---

① Donald J Lange, *The Doctrine of Res Judicata in Canada*, Ont: Butterworths, 2004, p. 139. Cited from Yuval Sinai, The Downside of Preclusion: Some Behavioural and Economic Effects of Cause of Action Estoppel in Civil Actions, *McGill Law Journal*. Vol. 56, No. 3, 2011, p. 680.

② 参见〔法〕让·文森、塞尔日·金沙尔:《法国民事诉讼法要义》,罗结珍译,中国法制出版社 2001 年版,第 538、533 页。该国法院认为当事人在侵权之诉结束后,还可再就违约责任起诉。参见《法国新民事诉讼法典》,罗结珍译,法律出版社 2008 年版,第 502 页。考虑到这点,我们大致可以认为其在实质上(就个案的处理而言),是较为近似于兼采旧标的说的"二同说"的(例如日本实务)。

(四)"二同说"的合理性

直观而言,若"三同说"的要素完全能够涵盖"二同说"的要素,则"三同说"较之于"二同说"一般会更为宽松,它所阻止的后诉可能比"二同说"所阻止的要少。但是,宽松并不意味着就是合理的,事实上,以当事人和诉讼标的为要素的"二同说"相对更为合理,而增加了诉讼请求要素的"三同说"则至少是可质疑的。因为,所谓诉讼标的无非是诉讼或审理的对象,而既然某事项已经是前案的审理或诉讼对象,那么相同的当事人再就该事项进行诉讼,自然就是重复诉讼。若除了当事人相同和诉讼标的相同外,还需诉讼请求相同,才构成重复诉讼,那便是不合理的,也不合诉讼标的这一概念之本意。至于能否在"二同说"之外,从其他角度出发,另设其他并行的或辅助的判断标准(符合任一个标准即为重复起诉),则是另一回事。例如,或可从防止矛盾裁判出发,规定在当事人相同的情况下,若后诉请求实质否定前诉裁判结果,即为重复起诉。但此时会面临"实质否定"之界定问题,例如,前诉原告基于借款关系要求被告返还 4 万元,原告败诉后又基于不当得利要求被告支付 4 万元,前、后诉指向同一笔款项。此时对"实质否定"的解释可能不得不回到诉讼标的如何界定的问题上来。对它的解释还可能存在其他分歧,例如前诉裁判理由中的核心判断是否也不可被否定,而这实际又取决于对判决理由中的主要判断有无既判力这一"经典"问题的回答(详见本文第四部分)。所以,笔者虽不反对在"二同说"之外设置这样的辅助标准,但大致认为它所能发挥的作用是很小的。

四、"三同说"之情境及其大致可接受性

若仅考虑到前述之原理,"三同说"是应予抛弃的。但是,若仔细斟酌"三同说"与各诉讼标的学说的关系,以及国内法院在诉讼标的上的一般观念,"三同说"的不合理之处在一定程度上是可以忽略的。

(一)"三同说"排斥诉讼标的之事件说

由于有多种诉讼标的学说或实践,所以,有必要就"三同说"之空白要素,作多方面的评估。即考虑在"三同说"下,采不同标的说后可能出现的状况,以及该状况是否可接受。事实上,"三同说"的诉讼标的要素,不是可以用任何一种

诉讼标的学说填充的。

"三同说"与事件说就是不相容的。由于在事件说之下,当事人基于同一事件的任何请求都不能在后诉中提出,无论后诉请求与前诉中的请求是否相同。所以,只要在诉讼标的上采事件说,就不能再给重复起诉之判断标准增加任何要素,包括诉讼请求。增加要素引发的不是要素重复或多余的问题,而是会导致"三同说"的内部冲突或矛盾。因此,"三同说"中诉讼请求要素之存在,实际上就已经排除了在诉讼标的上采事件说之可能。

(二)"三同说"不能容纳新标的说与诉讼标的相对论

若在采"三同说"之同时,在诉讼标的上采新标的说,则会发生要素重复的问题。因为在诉讼标的之新说下,诉讼标的是通过诉讼请求(诉的声明)具体体现的,由此,"三同说"的三个要素中有两个是重合的。如此一来,"三同说"实际就变成了"二同说",因而也就名不副实了。这与《民诉法解释》第247条是不契合的,因为毕竟该条文是明确列出了三个要素的。

至于诉讼标的相对论,由于它们或者是在新说与旧说之间折中,或者是在新说的一分肢说和二分肢说之间折中,所以,若以标的相对论填充"三同说"之空白项,就也会有前述之"三同说"变异为"二同说"的问题,只不过在前一种标的相对论之下,重复问题是部分的(有时发生,有时不发生)。而在采后一种相对论时,无论是一分肢说还是二分肢说,诉讼标的都是以诉讼请求具体呈现的(不过在是否需要同时考虑基础事实上有差异),因此也是不可取的。

(三)旧标的说契合"三同说"

若用旧标的说来填充"三同说"之空白要素,则没有兼采事件说、新说和标的相对论之问题,因为旧标的说下的诉讼标的是原告主张的权利或法律关系,它是有别于诉讼请求的。所以,既无不相容的问题,也无要素重复的问题。但仍需将诉讼请求"纯化"为诉的声明。

由此可见,尽管《民诉法解释》第247条的制定者设定了一个空白要素,但实际上这个空白要素并无多少可代入的选项。因而,在已知的较受关注的诉讼标的学说中,选择几乎是唯一的,即旧标的说。至于新实体法说,虽然它与旧说有相似之处,以它填充空白要素,也无前述之要素重复或排斥的问题,但由于它在各国实务上几乎无人响应,而且也面临实体法上的障碍(侵权之债与违约之债在可否抵销等方面不统一),所以不宜作为选项。此外,考虑到旧标的说在国内有较广泛的接受度,而且最高人民法院在"携程案"及其他早前的案件中大致也采旧标的说,[①]所以,在"三同说"下兼采旧标的说,也是有其现实基础的。

(四)在诉讼标的上兼采"国内旧说"的实际效果

国内法院对诉讼标的之一般界定,似乎可归入大陆法系诉讼标的论上的旧标的说("传统旧说")。但国内法院的界定只能说是较为粗糙的旧说("国内旧说"),因为它只是笼统地说,诉讼标的是争议的法律关系或权利,甚至只是将它表述为法律关系。若认为前文引述的最高人民法院民一庭所采判断标准中也是包含诉讼标的要素的,那么将它与"三同说"对比,可知它就是将诉讼标的界定为法律关系的。这种界定在援引《民诉法解释》第247条的案例中尤为明显。援引该条文且对诉讼标的作了具体表述的法院,基本都将其界定为法律关系。例如,某案原告基于房屋租赁合同要求被告赔偿装修费用及其他损失,法院称诉讼标的为租赁关系;[②]某案原告基于股权转让协议起诉要求被告履行协议并支付股权转让费用,法院称诉讼标的为股权转让协议。[③] 这些案件中的诉多为给付之诉,仅个别为确认之诉。至于对形成之诉的诉讼标的,法院的表述也大致如此。例如(案5),P起诉要求与D离婚,理由是婚前了解不够,双方感情基础薄弱,婚后被告多次对其实施家庭暴力。但D在前案中已起诉离婚(具体主张不明)。对此,后案的法院称:"现P起诉要求与D离婚,与前诉属于同一法律关系,构成重复起诉……依照《民诉法解释》第247条之规定,裁定……驳回P的起诉。"[④]该法院也是将诉讼标的理解为一种法律关系——婚姻关系。

而"传统旧说"在具体论述时是区分不同诉的类型的,即给付之诉的诉讼标的是原告主张的给付请求权,确认之诉的诉讼标的是原告主张的法律关系或权

---

① 参见《最高人民法院关于辛伟克与张晓杰抚养子女纠纷案可否进行再审的复函》。
② 参见河北省张家口市宣化区人民法院(2015)宣区民初字第895号民事裁定书。
③ 参见安徽省蚌埠市中级人民法院(2014)蚌民二初字第00184号民事裁定书。另可参见福建省高级人民法院(2015)闽民申字第228号民事裁定书;湖北省石首市人民法院(2014)鄂石首民初字第01885号民事裁定书。
④ 陕西省西安市长安区人民法院(2015)长安民初字第02440号民事裁定书。另可参见山东省胶州市人民法院(2015)胶少民初字第468号民事裁定书。

利,而形成之诉的诉讼标的则是原告主张的形成(诉)权。[①] 两者的差别,在当事人分别就本金和利息进行诉讼的情形会有所展现。就该情形而言,若从诉讼标的作论,按照"国内旧说",前、后案的诉讼标的相同,都是同一份借款合同法律关系。但在"传统旧说"看来,前诉的诉讼标的是本金返还请求权,后诉的诉讼标的则是利息支付请求权,两者是不同的。再如,在原告起诉要求离婚的案件中,在"传统旧说"下,被告反诉要求离婚是可以的,因为原告和被告分别主张了各自的形成(诉)权(其背后的事实基础往往也不同),所以诉讼标的不同。[②] 当然,在"传统旧说"下,有时也可能会笼统地说诉讼标的是法律关系,但该法律关系,至少就给付之诉来说,仍是就具体权利义务作论的。例如,在要求支付利息的给付之诉中,可称其诉讼标的为利息给付请求权,也可称诉讼标的为有关给付利息的权利义务关系(法律关系)。显然此法律关系只是整个借款合同法律关系的一部分。对案1、案2而言,也是如此。以案2为例,若依"国内旧说",前、后案的诉讼标的相同,是同一侵权法律关系。但依"传统旧说"则不同,前案的诉讼标的是物质损害赔偿请求权,后案的诉讼标的则为人身损害赔偿请求权。

尽管"国内旧说"与"传统旧说"有此差别,但若以它们为基础,分别采"三同说"和前述之"二同说",其效果却可能是相似的(但它们必须形成固定的搭配,不能错位,即"国内旧说"必须搭配"三同说","传统旧说"则搭配"二同说")。例如在就本金与利息分别诉讼的情形,在兼采"国内旧说"的"三同说"下,尽管前、后案的诉讼标的相同,但诉讼请求不同,所以后诉不应被前诉的判决阻断;而在兼采"传统旧说"的"二同说"下,其结论是一样的,因为诉讼标的不同,后诉也就不是重复起诉。

[①] "传统诉讼标的理论,乃系将实体法上权利义务关系,作为民事诉讼之诉讼标的,故在给付之诉,其诉讼标的为原告主张之实体法上请求权……确认之诉为原告请求确认之法律关系……形成之诉为原告主张之实体法上(或诉讼法上)之形成权。"杨建华原著、郑杰夫增订:《民事诉讼法要论》,北京大学出版社2013年版,第192页。从旧说对新说的批评中也可看出,旧说是从请求权角度界定给付之诉的诉讼标的,而对确认之诉则将标的界定为权利关系。参见〔日〕新堂幸司:《新民事诉讼法》,林剑锋译,法律出版社2008年版,第221页。"历史上的立法者将……实体法请求权理解为诉讼标的",但这不适合于确认之诉和形成之诉,因为它们并不主张实体请求权。〔德〕汉斯-约阿希姆·穆泽拉克:《德国民事诉讼法基础教程》,周翠译,中国政法大学出版社2005年版,第86页。

[②] 参见邱联恭:《口述民事诉讼法讲义》(二),2006年自版,第267页。

由此，就给付之诉而言，在国内对旧说的理解较为粗糙的背景下，"三同说"在实际的运作上并不会有实质问题。对确认之诉而言，情况大致相仿。当然，前文所述的"三同说"与诉讼标的概念原意的背离仍然是存在的，或者说"三同说"下"诉讼标的"之名不副实问题仍然存在。

但是在形成之诉中，两种旧说之间的差别仍会造成个案裁判结果的不同。例如在案 5 中（假设后诉是在前诉案裁判确定后提起的），若采"三同说"及"国内旧说"，则前、后诉的诉讼标的相同，诉讼请求也相同，后诉即为重复起诉。但若采"二同说"及"传统旧说"，则尽管前、后诉的诉讼请求相同，后诉也并非重复起诉，因为诉讼标的不同（双方各有自己的形成权）。即便从离婚的法定原因看也是如此。后案的诉讼标的是基于家庭暴力的离婚请求权，前案的诉讼标的则可能是基于另一法定原因的离婚请求权。① 但从合理性的角度看，一方主张的离婚原因（事实）不成立，另一方主张的其他原因事实却可能成立，所以认为只要夫妻中的一方提出了离婚请求，另一方就不能提出离婚请求的看法，是有问题的。

当然，考虑到在司法实践中形成之诉的比例相对较小，所以，"三同说"大致是可接受的（尚可容忍）。但若将来我们调整了对诉讼标的的界定（调整至"传统旧说"、诉讼法说等），则应回归本应采用的"二同说"。

五、既判力扩张至判决理由之可能

在关于既判力客观范围的讨论中，判决理由中的判断有无既判力，向来是大陆法系的一个争议问题。粗略看来，《民诉法解释》第 247 条与这一争议问题无关。但是细究之下，这种判断可能需要修正，至少是有疑问的。

（一）"实质否定前诉裁判结果"在解释上的弹性

关于诉讼请求，《民诉法解释》第 247 条中有"后诉的诉讼请求实质上否定前诉裁判结果"这样的表述。在有些情况下，它的含义是确定的。例如，原告起诉请求确认资产转让协议未生效，要求被告返还转让的资产。法院认为在经有

---

① 若严格按照"传统旧说"，有 n 个法定离婚原因就有 n 个诉讼标的。参见前引高桥宏志书，第 27 页。

关机构审批前该协议的效力是待定的，因此确认协议未生效，但驳回返还资产的请求。后来在没有新事实的情况下，原告又起诉请求解除资产转让协议。①而请求解除协议的请求显然是实质否定确认协议未生效的前案判决的。再如，前案中法院已经判决解除租赁合同，后诉却请求变更合同，②此后诉请求显然也是实质否定前诉裁判的。但是，在另一些情况下，它的含义未见得清楚，我们在判断后诉请求是否"实质否定前诉裁判结果"时会感到犹豫。

案 6：P 与 D 签订承包合同，约定由 D 负责设备的制造、运输、安装及调试。P 诉称 D 在约定的时间内没有将设备调试合格，请求法院判令 D 支付违约金及修复设备损失费，但败诉。判决生效后 P 又以同样的事实再次起诉 D，请求法院判令 D 承担修理设备等责任。③若依"国内旧说"，此例中前、后案的诉讼标的是相同的，均为同一个承包合同法律关系。而后诉请求与前案请求不同，此时就需要考虑后诉请求是否实质否定前诉裁判结果。就修理问题而言，前诉是要求支付修理费（金钱给付请求），而后诉则是要求对方修理（行为给付请求）。从实体法的逻辑看，要求对方支付修理费的请求不能成立，并不意味着要求对方维修的请求不能成立。换言之，若法院支持后诉的修理请求，未见得就是否定驳回修理费支付请求的前诉裁判结果。但如果深入到前案的判决理由则可能有不同的考虑。倘若法院在前案的判决理由中明确认定被告已经完全履行了设备安装调试义务，那么我们是否还会很确定地认为后诉请求未实质否定前诉裁判？若设备安装调试合格，则要求被告支付修理费的请求和进行维修的请求都不能成立。由此，倘若后诉的请求得到支持，可能就会有人认为，这样做尽管没有否定前诉裁判主文中的判断，却是实质否定了前诉裁判理由中的判断的。

当事人就本金和利息分别诉讼的情形也可能存在类似的问题。若原告在本金之诉中败诉，那么其在后诉提起的利息请求是否会实质否定前诉判决结果？如果法院支持原告的利息请求，这并不会推翻否定本金请求之前案判决主文，也不会剥夺被告在前案判决主文中获得的胜诉利益（胜诉仅是有关本金的），但是，却有可能否定前诉判决理由中的判断。因为，前案中原告之所以败

---

① 参见贵州省高级人民法院(2015)黔高民商终字第 6 号民事裁定书。
② 参见广州市中级人民法院(2015)穗中法民五终字第 3653 号民事裁定书。
③ 参见上海市第一中级人民法院(2006)沪一中民四(商)终字第 898 号民事裁定书。

诉,可能不是因为被告已经偿还本金,而是因为法院认定合同无效,而利息请求是不能建立在无效借款合同基础上的。

实际上,美国的纽约州有类似于"实质否定前诉裁判结果"之表述。在该州的某案中,法官称决定两个诉因是否相同的决定性检验标准是"在前次诉讼中确定的权益的实质是否会因为进行第二次诉讼而被损害或摧毁"①。但其他州法院很少援用该判例,而且有人对该标准提出疑问:判决中不应该予以干预(再争执)的事项是否包含对争议事实的裁决?② 而对争议事实的裁决往往就是出现在判决理由中的。

但一份裁判文书,除了主文外,至少裁判理由中的部分判断应该也可以说是裁判结果。因为它们也是法院衡量证据和斟酌法律后所作出的判断,只不过相对于主文中的判断(最终结论)而言,它们可能是"前期结论"。更何况,这些"前期结论"中的一部分(例如案 6 中的"安装调试合格")与主文的关联是非常紧密的,主文之判断正是直接以之为基础的。所以,若认为后诉请求对于核心"前期结论"的否定,也是对前诉裁判结果的否定,应该也是可以的。我们大概很难说这种解释很荒谬。而若果真可作这样的解释,那么就可以说《民诉法解释》第 247 条大致承认了判决理由中核心判断的既判力。

(二)"实质否定"与抵销抗辩的关系

在涉及抵销抗辩的案件中,我们也可能会遇到"实质否定"之解释问题。法院关于抵销抗辩的实体判断通常是出现在判决理由中的,由此,若认为"实质否定前诉裁判"也包括对前诉裁判理由的否定,也就可能近似于承认法院关于抵销抗辩的实体判断有既判力。而德、日的民事诉讼法就是(作为例外)规定了这种实体判断(在主张抵销的限额内)的既判力的。③

但在国内讨论关于抵销抗辩的判决的既判力,存在一定障碍。因为诉讼中

---

① Schuylkill Fuel Corp. v. Nieberg Realty Corp., 250 N. Y. 304, 308(1929).
② 参见前引杰克·H.弗兰德泰尔等书,第 625 页以下。
③ 德、日在条文上存在差别。《德国民事诉讼法典》第 323 条仅规定"被告主张反对债权的抵销,而裁判反对债权不存在时,在主张抵销的数额内,判决有确定力。"由此,似乎并非所有关于抵销抗辩的实体判断都有既判力。但该条"依照普适观点也可超过其语义被适用,如果法院在裁判理由中已确认反债权存在但已通过抵销而被消灭。"前引汉斯-约阿希姆·穆泽拉克书,第 192 页。

当事人提出的抵销抗辩,有的是诉讼上的抵销,有的是诉讼外的抵销。① 所谓诉讼上的抵销,是被告在言辞辩论时主张以自己对原告的反对债权与原告的债权抵销。而国内法院至少对诉讼上抵销的态度是不统一的。有些法院不接受被告这样的抵销抗辩,而是告知被告提起反诉,或者只是在原告承认被告的债权时才允许这种抵销。例如在某案中,法院称:"圣嘉利厂请求以黄瑞波尚欠货款抵销损失赔偿额,因黄瑞波对尚欠货款不确认,且圣嘉利厂在一审亦未提出反诉,属另一法律关系,本案不作审理。"②但若反诉是基于另一法律关系,又与本诉无其他牵连关系,即便提起反诉一般也不会被法院受理。故此,有些法院在拒绝抵销抗辩时会告知被告另诉。例如,某原告起诉要求偿还借款,被告主张如原告所主张的借款成立,则以原告所欠的货款抵销。法院称原告对货款债权提出异议,被告可另行主张权利。③ 当然,也有法院允许诉讼上的抵销抗辩,而法院对抵销抗辩进行实体审理的结果,有的是确认已经发生抵销,④有的则是否定。例如(案7),P、D签订多份合同,约定由D负责销售P的药品。合同对市场开发、销售奖励等事项有约定。P起诉要求支付货款,D则称P欠其促销差价款和年终返利款,要求抵销。法院对双方主张进行实体审理后,支持P的请求,否定D的抗辩。

在允许抵销抗辩的案件中,若被告就其反对债权提起后诉,就可能出现法院关于抵销抗辩的实体判断有无既判力的问题。事实上,案7中的D就提起了这样的后诉,诉请责令P支付促销差价款和年终返利款。一审法院认为D诉请的事项已由前案法院判决终审认定,故裁定驳回起诉。二审法院认为前案法院的认定不影响D行使诉权,指令一审法院对案件作实体审理。但在一审法院判决支持D的请求而P提起上诉后,二审法院又撤销了一审的判决,裁定驳回起诉。⑤ 由此可见,该案二审法院的意见是有反复的,但最终还是认为前诉裁判理由中关于反对债权的判断有既判力。

---

① 诉讼外的抵销,其抵销声明既可能发生在起诉前,也可能发生在诉讼过程中(但不是发生在开庭时)。
② 广东省佛山市中级人民法院(2003)佛中法民二终字第625号民事判决书。
③ 参见山东省济南市商河县人民法院(2014)商民初字第773号民事判决书。
④ 以下这篇文章所述案件即为一例。参见赵峰:《诉讼时效与法定抵销权的行使》,载《人民司法·案例》2009年第8期。
⑤ 参见王静:《法院对抵销抗辩的认定具有既判力》,载《人民司法·案例》2014年第2期。此案发生在《民诉法解释》公布前。

（三）已有法院依《民诉法解释》肯定判决理由的既判力

已有法院在个案中援引《民诉法解释》第247条认同判决理由中判断的既判力，或认为此种判断也不可被否定。这佐证了笔者的前述判断。

案8：P诉称D拖欠租金，D抗辩称实际租赁面积比约定面积小，即便拖欠租金也应以多付的租金抵扣。法院进行实体审理后否定了该抗辩，判决解除租赁合同，令D迁出租赁场地并支付拖欠的租金及滞纳金。判决生效后，D诉P，称实际承租的面积比合同约定的小，请求变更合同调整租金标准，此前多付的租金抵作后续的租金。法院认为构成重复起诉，称：面积不符可否扣减应付租金是前、后案的争议焦点，对解决纠纷起核心作用，此争点在前案中业经当事人充分攻防，前案法院已作实质审查和判断，即使D在前案中仅就其主张提出抗辩，未反诉，其另诉行为同样应受既判效力的合理限制。[①]

确实，前案判决中关于面积不符可否扣减租金的判断是出现在判决理由中的，而后案中法院称D就该事项的另诉同样应受既判力的限制，这就无异于认为判决理由中关于（核心）争点的判断也有既判力。[②]

案9：P起诉D要求支付货款，D主张P所提供的产品有质量缺陷，给D造成了损失，所以要求减少价款并赔偿损失。D未反诉。法院认定产品质量有瑕疵，进而认同D的减价请求，但认为D未能证明实际损失，故判令D支付价款的80%。判决生效后D起诉P要求赔偿因产品质量缺陷给其造成的损失。一审法院认为，后诉违反了"一事不再理"原则。二审法院维持一审裁定，并称："另（前）案中原审法院已对D的赔偿损失主张作了审理和认定，其主张部分得到了支持。如果本案再对D的主张进行审理，必然造成重复审理，也会产生在内容上存在实质性矛盾的判决。"[③]

此例中，前案判决主文是肯定货款请求的，而后诉请求则是要求赔偿因质量瑕疵造成的损失，支持后者并不意味着剥夺前案判决主文所给予P的胜诉利益，两者是可以并存的。但对P是否应赔偿损失的问题，前案法院已经在判

---

① 参见广州市黄埔区人民法院(2014)穗黄法民三初字第139-1号民事裁定书。
② 当然，此案本不必讨论判决理由有无既判力，就可得出同样的结论。因为，既然前案判决之主文已称解除合同，则变更合同、抵付后续租金之说都无从谈起，后案的两项诉讼请求是直接否定前诉裁判结果的。
③ 浙江省嘉兴市中级人民法院(2015)浙嘉商终字第254号民事裁定书。

决理由中作了认定。后诉请求是抵触前诉判决理由中的这一认定的。后案法院由此直接拒绝对后诉请求进行实体审理,这实际就是对部分判决理由的既判力的肯定。①

(四) 既判力扩张的障碍

尽管有通过对"实质否定"之解释将既判力扩张至判决理由之可能性,但这种扩张有两个现实障碍。

第一个障碍是其与所谓免证效力或预决效力之规定冲突。《民事证据规定》第 10 条规定:已为人民法院发生法律效力的裁判所确认的基本事实,当事人无须举证证明,但当事人有相反证据足以推翻的除外。②《民诉法解释》第 93 条大致相同。若依这两个条文,在案 9 中,D 还可再主张产品质量瑕疵给其造成了实际损失,并追加证据和发表意见(只不过 P 是有优势的,他至少起初不必举证)。但若依《民诉法解释》第 247 条,D 的后诉可能被视为不合法而被驳回,D 根本没有再举证的机会。

在有些案件中,尽管并不涉及重复起诉的问题,但却涉及对相同争点的重复争讼问题,例如(案 10),某建筑公司诉某人要求返还其垫付的工人工资,法院判原告胜诉,并在判决理由中确认两者有挂靠关系。后原告再诉,要求被告赔偿损失,理由是被告承包的工程延期使得原告被其他公司追索违约金。在后案中被告再次否认有挂靠关系。③ 由于没有重复起诉的问题,这时似乎只需要按照《民诉法解释》第 93 条处理即可,并无法条的冲突问题。而该案法院就是这样处理的。但问题是,总体来看,同为判决理由中的重要判断或核心判断,在有些案件(涉及重复起诉的案件)中是不可被"实质否定"的,在另一些案件(不涉及重复起诉的案件)中却是可以再次争执的。这显然是不合理的。

当然,前述冲突不是全面的。因为《民诉法解释》第 247 条适用于当事人相

---

① 认为裁判理由中的判断不可被否定的还有其他案件。参见江苏省无锡市中级人民法院(2015)锡民终字第 0852 号民事裁定书;江西省新干县人民法院(2015)干民二初字第 61-1 号民事裁定书;江苏省扬州市广陵区人民法院(2014)扬广民初字第 2153 号民事裁定书。

② 2019 年修改后的《民事证据规定》第 10 条与原《民事证据规定》第 9 条略有差别,前者区分否定法院裁判和仲裁裁决的"免证效力"的难度。前者难,后者相对容易。前者与《民诉法解释》第 93 条也有差别。

③ 参见江苏省泰州市中级人民法院(2015)泰中商终字第 00181 号民事判决书。

同的情形,而第 93 条则是不问当事人是否相同的(免证效力是"对世"的)。再者,第 247 条所指的不仅是事实认定也包括法律判断,而第 93 条仅指事实判断。

但冲突毕竟是存在的,所以,最高人民法院需要澄清"实质否定前诉裁判结果"之含义或范围,澄清它与《民诉法解释》第 93 条或《民事证据规定》第 10 条的免证效力的关系。

肯定判决理由有既判力的第二个障碍来自"三同说"本身。按照"三同说",判断是否重复起诉需要考虑三个要素。但若按照此标准进行判断,在当事人相同的情况下,即便认定某一后诉请求实质否定前诉判决之理由,仍可能无法认定后诉是重复起诉。当然,在前述之案 8、案 9 中没有这样的问题,因为其前、后案的诉讼标的都相同(依"国内旧说"),当事人也相同。但在其他案件中则未见得。例如(案 11),P 诉 D 要求其支付所欠货款 100 万元,D 称 P 欠建筑工程款 120 万元,要求予以抵销,并反诉要求 P 偿还剩余的 20 万元。① 倘若法院对抵销抗辩进行了实体审理,认定 D 的债权不存在,从而判决 D 在本诉和反诉中都败诉。D 在判决生效后基于前案中其用以抗辩的基础事实起诉 P,要求支付工程款 120 万元。此时,根据"三同说"则会认定后诉不是重复起诉。因为前、后案的诉讼标的不同,前案的诉讼标的是买卖合同关系,后案的诉讼标的则是建筑工程合同。但从既判力的角度看,在当事人相同的情况下,若关于某一事项的判断有既判力,就该事项提起的后诉就是重复起诉。由此可见,承认《民诉法解释》第 247 条之"后诉的诉讼请求实质上否定前诉裁判结果",不仅包括对主文之实质否定,也包括对前诉判决理由的实质否定,与承认判决理由有既判力可能尚有距离。实际上,案 8 的受诉法院,尽管援引了《民诉法解释》第 247 条,但并没有讨论诉讼标的是否相同,而是称前案判决理由中的核心判断有既判力,进而认定后诉是重复起诉的。

当然,第二个障碍造成的困扰还不大,甚至还不是一个现实的障碍。因为它一般发生在后诉请求与前诉请求不是基于同一个法律关系的情况下。案 11 中的货款债权和工程款债权显然分别基于买卖合同和建筑工程合同,两者没有法律上的牵连关系,对于这种基于另一个无牵连关系的(尤其是不同种类的)法律关系下的债权提出的抵销抗辩,目前国内法院还不太能接受,正如基于该种

---

① 《该案是否可以合并审理?》,载《人民司法》2002 年第 2 期。

债权的反诉一般也不会被接受一样。

但一旦这种障碍成为现实,若最高人民法院认为裁判理由中的(部分)判断也不可被后诉否定,那么就必须修正"三同说",或者直接规定,对于判决理由中已生既判力之判断所针对的事项,相同的当事人不可再诉。

至于在立法论上应否肯定判决理由的既判力,这是较难作出选择的。两大法系在此问题上似乎是呈对立状况的,明确承认判决理由中的(部分)判断有既判力的主要是普通法系的国家或地区。美国相关的制度是争点排除规则(issue preclusion)或间接禁反言,而英国、加拿大等国的则是争点禁反言(issue estoppel)。在德国和日本,现行法不承认判决理由之既判力,唯一的例外是关于抵销抗辩的实体判断。

但现实的差异没有法律文本(判例法或制定法)显示的那样大。实际上,大陆法系部分国家或地区的司法实践已经肯定了判决理由中重要判断的既判力。例如,法国法院承认起决定性作用的判决理由有既判力。① 意大利甚至有案例认为既判力及于全部判决理由,而构成主文结论之逻辑、必要前提的判断有既判力,则几乎是公认的。② 我国台湾地区自1984年以来也已经有几个案例肯定争点效。

我国法院向来高度重视矛盾判决之避免,而判决理由中的核心判断往往是判决主文的直接基础,与这些判断相冲突的裁判一般也被视为矛盾裁判。由此,我们应可考虑肯定判决理由中此种核心判断的既判力。至于对于当事人可能遭受突袭(因为当事人可能只关注结果不关注裁判理由)的担心,则可以通过为判决理由之既判力设置合理的条件来予以避免。这方面英美已经有较成熟的经验可资借鉴,国内对此已不乏介绍。

虽然德国至今仍然一般性地排斥判决理由之既判力,但我们不应忘记,这种排斥并不是古已有之的事实。在德国的普通法时期,争点禁反言实际是得到承认的。只是在19世纪晚期制定民事诉讼法典时,它才被放弃,而萨维尼正是

---

① 参见前引让·文森、塞尔日·金沙尔书,第242页。
② See Filip De Ly and Audley Sheppard, ILA Interim Report on Res Judicata and Arbitration, *Arbitration International*, Vol. 25, No. 1, 2009, pp. 51-52.

这种放弃的反对者之一。①

应该明确或重申的是,有条件承认判决理由的既判力,不仅可以防止与判决理由中有既判力之判断抵触的重复起诉,还可以阻止当事人(不同于重复起诉的)的重复争讼行为,例如案 10 中的被告对双方之间挂靠关系的否认。实际上,美国法下的争点排除规则更多是用于对重复争讼而非重复起诉的阻止。

六、既判力扩张引发强制反诉之可能

反诉与既判力这两种具体制度通常没有什么交集或关联,但是在特殊情况下也可能会有例外。而既判力向判决理由扩张之可能,就属于这种特殊情况。正是因为它,强制反诉在少数情况下或会存在。

(一)是否存在必须提起的反诉

《民诉法解释》第 247 条规定了在一定的条件(当事人和诉讼标的都相同)下,后诉请求不能实质否定前诉裁判,那么这一规定是否意味着在符合该条件的情况下,当事人(被告)必须将可能实质否定前诉裁判的后诉"提前"转换成反诉提起?如果是这样,该条文是否就实际已在一定范围内确立了强制反诉?

案 12:P 之妻冒用 P 的名义以其名下房屋抵押贷款。妻去世,银行 D 要求 P 还款。P 诉 D 请求确认合同无效。法院驳回 P 的诉讼请求,且在判决理由中认定合同不成立。D 认为判决理由中的判断对其不利,妨碍其以后主张权利,所以申请再审,但被驳回。②

在此例中,假如 D 不是申请再审,而是另行起诉请求确认合同有效。这一后诉请求并不抵触前诉判决主文之判断(合同无效之请求不成立),但与前诉判决理由中的判断抵触,因为合同有效与合同不成立这两种判断是不能并存的。倘若认为判决理由中的判断也不可被否定,加之后诉的当事人、诉讼标的与前

---

① See Ali Cem Budak, Res Judicata in Civil Proceedings in Common Law and Civilian Systems with Special Reference to Turkish and English law, *Civil Justice Quarterly*, Vo. 11, No. 1, 1992, p. 264. 另有研究《德国民事诉讼法典》第 322 条(规定既判力仅限于对请求的裁判)的立法沿革的日本学者认为,该条文是仓促制定法典的结果。参见前引高桥宏志书,第 507 页。

② 参见朱川、周晶:《判决理由既判力的再认识》,载《人民司法·案例》2011 年第 8 期。

诉的都相同,那么这种后诉就属于重复起诉。这也就意味着,D 若要坚持其请求,就必须在前案中提起反诉。由此,《民诉法解释》第 247 条便隐含了有关强制反诉的规定。而 D 的这种反诉本身也是没有问题的,因为反诉请求与本诉请求并非完全相反。与合同无效不相容的并不一定就是合同有效,D 仅反驳原告的主张并不一定能实现自己的确认合同有效的目的。① 所以,这样的反诉请求不是无意义的。

但是,并不是只要当事人和诉讼标的相同,且后诉请求实质否定前诉裁判理由,当事人就都必须提起反诉。前述之案 9 即是如此。该案之 D 只要在前案中不要求赔偿损失,法院便不会就此作出审理并认定,也就没有后诉请求实质否定前诉裁判理由的问题,因此 D 可以提起后诉,而不必在前案反诉。②

至于后诉请求实质否定前案判决主文判断的情形,当事人一般不必提起反诉。例如,原告请求确认对某物的所有权,被告不必反诉请求确认自己是所有权人(若其有此实体主张)。他可能只要通过积极反驳原告的主张即可维护自己权利。若其反驳成功,他还可以另诉,此时没有后诉请求实质否定前诉裁判的问题(障碍)。若其反驳失败,法院肯定了原告的所有权,但这实际同时认定了被告不是所有权人,这就等于回应了"潜在的"反诉。被告并不会因为没有反诉而失去本应有的实体权利。类似的是,大陆法系虽然也会出现后诉请求实质否定前诉裁判主文,从而导致后诉不合法的情况,但从不认为此种情况下有强制反诉的问题。例如在德国,一般认为虽然既判力仅限于主文中的裁判,但此裁判不仅针对诉讼标的作了判断,而且"通过对法律后果的裁判,同时也对它的互不相容的反面进行了裁判"③。但他们并不认为关于该反面事项存在所谓的强制反诉。

此外,因当事人在判决生效后行使合同解除权、撤销权的情形,虽然此时后诉请求也可能实质否定前诉裁判主文,从而前案被告似乎应该在前案提起反

---

① 当然,若前案法院在审理过程中就其将要作出的合同不成立之判断向双方当事人说明,并给双方充分争讼的机会,则可在一定程度上避免再审或后诉,甚至也可避免这种反诉。

② 当然案 9 也有其特殊性。D 在前案中只是主张其因 P 提供的产品质量有瑕疵而受到损失,但并未反诉,通常法院对此是不必进行实体审理的。如果是这样,在此例中就没有后诉否定前诉裁判理由的问题。

③ 前引汉斯-约阿希姆·穆泽拉克书,第 327 页。

诉。但大陆法系传统上都是将它们作为既判力时间范围问题讨论的,即在前案诉讼过程中已经存在的形成权(撤销或解除的事由发生在"标准时"前),是否必须在前案判决的"标准时"前行使。此外,即便依据德、日之通说,认为被告应该在"标准时"前行使形成权并主张其效果,这也并不意味着他必须提起反诉。例如若原告起诉要求被告支付货款,而被告此时已有解除合同的权利(因产品质量有严重缺陷)且必须行使,则他可以在庭上提出抗辩,称其有权解除合同并当场通知原告解除合同,或者称合同已于开庭前通知原告解除(如果有此事实),从而使原告败诉。至于被告在解除合同后的后续权利(退货、返还已经支付的部分货款等),则可以另诉,而此后诉并不违背《民诉法解释》第247条。唯一可能的例外发生在被告以显失公平为由要求法院变更或撤销合同,而法院又认为这种要求必须通过起诉而非抗辩的形式提出,此时或有所谓强制反诉的问题。但实际上被告的这种要求是否必须以诉的形式提起,还是也可通过抗辩的方式提出,是有争议的。更不用说,即便应该以诉的形式提起,还可能有该当事人自己先行起诉要求变更、撤销合同之情况发生。此时,对撤销权人而言,就没有所谓反诉问题,更不必说强制反诉了。

归结而言,即便《民诉法解释》第247条有可能引发强制反诉,也应该只是在少数情况下会实际发生。

(二) 与美国强制反诉的区别

在美国法下,所谓的强制反诉是指被告对于同一事件或交易下他可能提出的请求都必须在本案中作为反诉请求提出,否则就面临失权的后果,不能另行起诉。前述之案9若发生在美国,被告不但应要求减少价款(反诉或抗辩),而且应当就赔偿损失等其他可以获得的救济提起反诉,否则就会失权。因为这些反诉请求与本诉都是基于同一交易或事件的。在美国法下,原告和被告都必须就同一事件或交易下的所有可能提出的请求进行诉讼,否则就不能达到一次性解决纠纷的目的。

由此可见,即便认为《民诉法解释》第247条隐含了强制反诉的规定,它与美国的强制反诉还是有明显差异的。《民诉法解释》下的强制反诉要求是不全面的,一般只是在后诉请求会实质否定前诉裁判理由的情形下,才有可能存在,而且还需契合"三同说",即必须当事人与诉讼标的都相同。此外,即便在某种情形下有强制反诉的要求,也并不要求被告就所有可能提出的请求提起反诉,而只限于可能实质否定前(本)诉裁判的请求。

如果《民诉法解释》确实隐含了对强制反诉的规定,尽管其范围很有限,但也已经背离了大陆法系的传统。虽然大陆法系也曾有个别学者主张在少数例外情况(例如,被告就抵销后剩余的少量债权另行提起诉讼)下,基于公平保护当事人利益等方面的考量,也应认同强制反诉,① 但大陆法系至少在制度上一般是不承认强制反诉的(家事案件或为例外)。

七、"三同说"之例外

《民诉法解释》第247条在规定"三同说"的同时,设置了除外条款,即"但法律、司法解释另有规定的除外"。除外规定或例外情形应该有哪些,是需要探讨的。笔者认为,至少应包括以下两种情况:

(一) 合理的部分请求

所谓部分请求是指将同一金钱债权分割,数次进行诉讼的起诉方式。这种分割诉讼的方式是令人担忧的,我们担心它会损害被告的利益,担心它会恶意耗费有限的司法资源。但是,考虑到在某些情况下债权人这样诉讼有正当理由(例如,债权的金额较大,对应的诉讼费较高,而债务人实际只有部分或少量的清偿能力),所以,作为例外应当有条件地允许以部分请求的方式起诉。《最高人民法院关于审理民事案件适用诉讼时效制度若干问题的规定》第9条也为这种合理的部分请求提供了支持,因为它规定"权利人对同一债权中的部分债权主张权利,诉讼时效中断的效力及于剩余债权,但权利人明确表示放弃剩余债权的情形除外。"由此债权人在提起部分请求时,一般不用担心剩余债权会超过诉讼时效。② 但为了限制当事人滥用诉讼程序,也为了平衡原告与被告的利益,应当考虑在原告的前次诉讼获胜的情况下,才允许其进行后续的诉讼。③

---

① 参见前引邱联恭书,第270页。
② 日本最高法院曾有判决认为,只有提起诉讼的那部分债权的时效发生中断。参见前引高桥宏志书,第99页。
③ 即便从《民诉法解释》第247条看,若认为裁判理由中的核心判断不可被否定,大致也可得出同样的结论。因为若原告在第一次诉讼中败诉,他的后诉请求可能会抵触前诉裁判理由(例如借贷关系不成立或无效)的,所以属于重复起诉,这是不合法的。

当然,将合理的部分请求作为"三同说"的一个例外,存在着一个前提,即在债权人这样起诉时,他在前、后诉讼分别提出的诉讼请求,即便金额不同,也应认为是诉讼请求相同。例如,原告称被告没有偿还借款本金1亿元,在第一次诉讼中请求被告偿还100万元,在第二次诉讼请求偿还900万元。此时不但两次诉讼的诉讼标的(按"国内旧说")相同,诉讼请求也相同。如果不作这样的解释,那就意味着"三同说"完全(不设防地)对部分请求敞开了大门。也就是说,无论原告(自称债权人之人)怎样分割债权进行诉讼,无论他是否有正当理由分割诉讼,只要他在前案胜诉,只要他每次提出的诉讼请求金额不同,它的后续起诉都不能被认定为重复起诉。换言之,那样会给恶意的部分请求打开方便之门。例如,原告为了规避级别管辖的规定而将同一债权分割诉讼。

此外,如果我们已经选择了旧标的说,那么先诉本金、后诉利息的情况就不宜再作为部分请求对待了。因为此时已经涉及两个不同债权,而且从"三同说"("二同说"亦然)的角度看,当事人原本就是可以这样诉讼的(至少在本金之诉胜诉时是如此)。由此,对这种"分割诉讼"的准许,并不是"三同说"之例外。

(二) 基于诚信原则而允许的例外

立法者于2007年在《民事诉讼法》中确立了诚实信用原则,由于它是一项基本原则,而"三同说"不过是一项具体的规定,而且仅是出现在司法解释中的,所以应该认为,法官在具体个案中,在法律和司法解释明文规定的除外情形之外,可以基于诚信原则的适用,再认定少量的"三同说"之例外。

这方面域外有一些实例可供参考。一些国家在采"二同说"的同时,基于诚信原则,对可以再诉或不可再诉的范围作了微调。即以诉讼标的为基准,允许稍有扩大或缩减。换言之,在某些例外情况下,即便超出了诉讼标的也不可再诉;或者相反,在诉讼标的之内也可以再诉。

日本最高裁判所1976年9月30日的判决即是一例。该判决称:"尽管前诉与本诉(后诉)的诉讼标的是不同的……依据诚实信用原则,不能允许前地主方提起本诉。"该法院之所以在此案中动用诚信原则打破常规,一个重要的考量是:"考虑到本诉的提起距上述征收处分作出之时已经超过了20年,如果让前地主方提起本诉,那么就会不当地使基于该征收处分的土地受让人(或者继承人)的地位处于长期不安定的状态。"①

美国法院也承认请求排除规则之例外。如果是由于被告的欺诈或其他的虚假行为而导致请求权分离(分成两次或两次以上诉讼)的话,那么法院可能会认为既判事项没有阻止再起诉的效力。例如在 Hyyti v. Smith 案中,刚到美国不久不会说英文的原告诉称被告杀害了其父。她依赖被告律师的意见(自己未请律师),只就住院费、医疗费及丧葬费起诉。判决生效后,由于认识到自己有权以失去抚养方面的权利为由要求惩罚性赔偿,所以她再诉。被告提出既判力的抗辩,但被法院驳回。法院认为,被告对于原告在前案中遗漏丧失抚养权的诉因,负有责任。②

在德国,有法院认为,原告表示其提起的请求涵盖了所有损害,而且不会考虑其他请求权,在一定的情况下这意味着舍弃,如果此后原告提出其他请求,则是不正当的。③ 这也可谓是诚信原则适用的一个实例。

以上域外的实例可供我们参考,但具体如何在既判力客观范围方面基于诚信原则为"三同说"设定合理的例外,尚待实务上的积累。

---

① 前引高桥宏志书,第 549 页。
② 参见前引杰克·H. 弗兰德泰尔等书,第 621 页。
③ 参见前引罗森贝克等书,第 1170 页。

释明的法理逻辑[*]

一、问题的提出

在民事诉讼中,释明(阐明)是极为特别的一种行为。[①] 如果当事人的诉讼活动不明了、不充分或不正确,法官常会进行发问、提示。因此,释明有时会使一方当事人反败为胜。也正因为如此,释明制度虽小,却可谓兹事体大。有人将规定释明的《德国民事诉讼法典》第139条称为"民事诉讼的大宪章""帝王条款"。[②] 然而,关于释明的争议、困惑长期以来一直存在。德、日的法官和学者认为释明"界限的划定相当困难"[③],在这方面"存在激烈的争议"[④]。中国的法官也普遍感到:"阐明程度不明确……多数法官担心丧失中立地位,容易和一方或双方形成对立情绪,'出力不讨好'。"[⑤]

前述困惑或争议集中体现在若干积极度较高的释明上(对于在当事人的陈述或请求不明了时的释明很少有争议),尤以诉讼时效能否释明的问题为甚。

---

[*] 本文是在以下这篇文章的基础上修改而成。严仁群:《释明的理论逻辑》,载《法学研究》2012年第4期。

[①] 我国台湾地区区分释明与阐明。其释明是指当事人之举证"虽未能使法院达确信之程度,但可使其生较薄弱之心证,信其事实上之主张"。陈计男:《民事诉讼法论》(增订三版·上),三民书局2004年版,第469页。有人将日本的这种"释明"译为"疏明"。

[②] 〔德〕鲁特尔夫·瓦瑟尔曼:《从辩论主义到合作主义》,载〔德〕米夏埃尔·施蒂尔纳编:《德国民事诉讼法学文萃》,赵秀举译,中国政法大学出版社2005年版,第364页。

[③] 〔日〕中村英郎:《新民事诉讼法讲义》,陈刚、林剑锋、郭美松译,常怡审校,法律出版社2001年版,第178页。

[④] 〔德〕罗尔夫·施蒂尔纳、阿斯特里德·施塔德勒:《法官的积极角色》,载前引米夏埃尔·施蒂尔纳书,第420页以下。

[⑤] 贺小荣、王松:《法院释明权的方法及其合理限制》,载中华人民共和国最高人民法院民事审判第一庭编:《民事审判指导与参考》(总第23集),法律出版社2006年版,第83页。

这一问题是指当事人没有主张时效抗辩的意思表示,但法官发现时效期间很可能已经届满,此时能否释明。关于此问题,德国在2001年修改《德国民事诉讼法典》后仍然出现了意见相反的两种判决。① 我国的司法解释虽已明确规定不得释明,②然而其正当理由是什么,尚未见合理的解释。

若再考虑到最高人民法院对于原告的积极保护,实务者会更加感到茫然。根据2019年修改前的《民事证据规定》第35条的规定,原告主张的法律关系的性质或者民事行为的效力与人民法院根据案件事实作出的认定不一致的,人民法院应当告知其可以变更诉讼请求。即如果原告选择的诉讼路径有误,法官应告知其正确的路径。显然,这种释明的积极程度相当高。该条文经修订后(第53条)实际已经不再包含释明的内容。但是,与旧版《民事证据规定》第35条相似的释明条文不但"实质"上未受排斥,相反得到了"升华"。2015年6月23日公布的《最高人民法院关于审理民间借贷案件适用法律若干问题的规定》(以下简称《借贷解释》)第24条第1款规定:"当事人以签订买卖合同作为民间借贷合同的担保,借款到期后借款人不能还款,出借人请求履行买卖合同的,人民法院应当按照民间借贷法律关系审理,并向当事人释明变更诉讼请求。当事人拒绝变更的,人民法院裁定驳回起诉。"其中包含了释明规范。而2020年8月18日第一次修正后的《借贷解释》第23条第1款则规定:"当事人以订立买卖合同作为民间借贷合同的担保,借款到期后借款人不能还款,出借人请求履行买卖合同的,人民法院应当按照民间借贷法律关系审理。当事人根据法庭审理情况变更诉讼请求的,人民法院应当准许。"它跳过了"释明",直接按照法院认定的法律关系进行审理。

此外,《民事证据规定》中其他包含积极释明的条文仍然存在,例如其第2条第1款,即"人民法院应当向当事人说明举证的要求及法律后果,促使当事人在合理期限内积极、全面、正确、诚实地完成举证。"在大多数案件中,首先承担(主观)举证责任的是原告。

法官们不禁要问:释明的逻辑或准则何在?在遇到有争议的情形时,该如

---

① 德国柏林高等法院于2002年3月5日的裁判认为可以释明,而德国联邦最高法院于2003年10月2日的裁判则持相反意见。参见刘明生:《消灭时效抗辩阐明之研究》,载《法学新论》2010年第5期。

② 《最高人民法院关于审理民事案件适用诉讼时效制度若干问题的规定》第2条规定:"当事人未提出诉讼时效抗辩,人民法院不应对诉讼时效问题进行释明。"

何抉择？例如，对其他抗辩权应否释明？若原告的证据不足以证明其诉讼请求，应否告知其补充证据？同样，尽管《德国民事诉讼法典》第139条第1款规定："法院于必要时应就实体关系与诉讼关系，依事实与法律面，与当事人进行讨论与发问。法院应尽力使当事人及时且完全陈述所有重要之事实，特别是就不完足之事实陈述令其补充，声明证据，以及提出有助于纷争解决的声明。"①但所谓"必要时"当如何解释？何谓"所有重要之事实"？实际上，基于该条文的"释明的明确规则或标准并没有发展出来。尽管德国联邦最高法院自从20世纪80年代以来越来越赞同释明，该条文的适用仍然是因法官而异的"②。

学界为填补释明逻辑的空白已经作出了一些努力。一个较具影响力的说法是："作为判断法院是否产生释明义务一个大致的标准是，在因法院未进行释明而使裁判结果发生逆转之盖然性较高的情形下，上级审法院应当在斟酌当事人之间公平的基础上，来撤销违反释明义务的原审法院判决。"③也许是意识到该标准不敷使用或过于抽象，持此说者又称"这是个应当通过判例积累来予以确立的标准"④。但问题是，如果学界都赞同这种观点，则是在实务者渴求释明逻辑之时，将问题又踢回给了他们。早在1877年，德国民诉法就设立了释明制度，一百多年后的今天，学界仍称释明逻辑之明确有待实务积累，不免有失职之嫌。难道我们还应继续忍受释明的无序状况？⑤

就此放弃寻找释明逻辑的努力是不恰当的。如果我们能厘清重要的基础问题，并合理解决一些较为棘手的问题，找到释明通常应遵循的规则是可能的。本文将从为什么进行释明这个原点问题入手，探讨释明的正当目的，然后探求

---

① 吴从周：《阐明时效抗辩与法官回避》，载《台湾"本上"法学杂志》2005年第10期。

② Astrid Stadler, The Multiple Roles of Judges Judges and Attorneys in Modern Civil Litigation, *Hastings International and Comparative Law Review*, Vol. 27, No. 1, 2003, p. 76.

③ 〔日〕中野贞一郎：《过失的推认》，弘文堂1978年版，第223页以下。转引自〔日〕高桥宏志：《民事诉讼法——制度与理论的深层分析》，林剑锋译，法律出版社2003年版，第360页。这一说法在日本和我国都较有市场。

④ 同上书，第360页。

⑤ 日本有学者还提出了决定应否作积极释明时应考虑的其他因素，认为在当事人之间证据分布不平衡的情况下，法院敦促了解事实或持有证据的一方当事人解明事实更为公平。参见〔日〕新堂幸司：《新民事诉讼法》，林剑锋译，法律出版社2008年版，第316页。但这种表述有点文不对题，因为法院敦促不负有客观举证责任的当事人提供证据或说明事实，这是在对当事人明确课以义务，而立法者设置释明制度一般是为当事人提供援助。

释明在事实方面的范围,以及释明与辩论主义的关系,从而为释明确定两个合理的边界。通过对应当释明的权利、释明与处分权主义关系的分析,结合释明的目的边界、事实边界,可归纳出释明的基本规则。其后还将梳理释明与法官中立的关系,以消除对合理释明的疑虑。对关于举证失败的释明的分析,以及对一些观念的澄清,有助于更清晰地把握释明的逻辑。

二、释明的目的边界

(一) 释明的主旨

关于为什么释明,一般认为是因为释明可以补充辩论主义和处分权主义之不足。从《德国民事诉讼法典》第139条看也确是如此,它要求法官通过释明使当事人补充事实陈述、提出声明。

但是,补充之说并未涉及释明的根本目的,应当追问的是:为什么要补充处分权主义和辩论主义之不足?

所谓处分权主义是指原告有启动程序要求审判的权利,当事人有确定诉讼标的的权利,有一定的终结程序决定权。在实际诉讼中,当事人有可能因为对法律知之甚少而选择了错误的诉讼标的,提出了不当的诉之声明。例如原告基于买卖合同要求被告支付货款及逾期利息,而法官认为利息请求不当,应要求赔偿损失。[1] 此时,若该法官直接按照处分权主义裁判,原本可能拥有权利的原告将会败诉。这明显背离了实质正义。

辩论主义的不足与此相似。传统的辩论主义有三个命题:对于当事人未主张的事实,法院不得将其作为裁判基础;对于当事人不争执的事实,法院须将其作为裁判基础;法院不得依职权调查证据。问题是,有些当事人因为不懂法律未能完整主张事实。如果直接适用辩论主义,则会以当事人未尽主张责任及举证责任为由,判其败诉。这显然也会使原本可能拥有权利的当事人不能实现其权利,使得诉讼"脱离了国民的正义情感"[2]。

因此,通过释明补充处分权主义和辩论主义的目的(至少主要)在于保护权

---

[1] 参见潘文杰、俞新江:《本案不宜直接支持逾期利息》,载《人民法院报》2008年7月17日第6版。

[2] 前引高桥宏志书,第357页。

利、实现实质正义,而非纠纷的一次性解决,因为不能确定,在法院未释明的情况下,当事人"大概率"会再次起诉。事实上,德国立法者最初创设释明制度时就是希望"通过适切和及时的提示,法院可以帮助真理获胜"①。2001年《德国民事诉讼改革法》对释明条文作了较大调整,其"最上位目的"也是使当事人"透过诉讼程序迅速确定其于实体法上应享之权利"②。

在现实中,基于这种目的进行的释明较为常见。提示当事人修改或补充诉的声明、诉讼标的的释明,对实现这一释明主旨之追求最为明显。设置原《借贷解释》第24条、原《民事证据规定》第35条、现行《民事证据规定》第2条的主要目的大致也是如此。

(二) 其他正当目的

随着时间的推移以及立法者、司法者对于程序机理认识的深化,他们有可能基于其他正当目的扩大释明的范围。较为常见的是防止突袭裁判。基于这种目的的释明可以使当事人获得充分的程序保障。例如,在进行法庭调查前向当事人提示案件争点,在采用当事人未曾主张的法律观点前听取当事人的辩论意见。德、法的民诉法都有防止突袭裁判的条文,英国学者也认为法官若要根据双方当事人未明示的要点裁判就必须追加辩论。③ 防止突袭裁判显然也是保护当事人辩论权的需要。另一种较常见的正当释明目的是一次性解决纠纷。例如,法官若确认合同无效,则提示要求履行合同的原告将诉讼请求变更为请求返还已付价金,以防原告在败诉后再起诉。此种释明主要是基于诉讼经济方面的考量,所以相对较为次要。至于澄清性释明,即在当事人的陈述或主张不明了或有矛盾时对当事人发问,其目的主要是明确审理对象,为审理活动扫清障碍。它虽然只是较为消极的释明,但却是不可缺少的,比基于一次性解决纠纷目的的释明重要(但因争议很少可搁置不论)。④

---

① 〔德〕奥特马·尧厄尼希:《民事诉讼法》,周翠译,法律出版社2003年版,第129页。
② 转引自刘明生:《德国法院阐明义务之新进展——以公元2001年德国民事诉讼法修正为中心》,载《辅仁法学》2010年第1期。
③ 参见〔英〕J. A. 乔罗威茨:《民事诉讼程序研究》,吴泽勇译,中国政法大学出版社2008年版,第162页。
④ 这种发问甚至会对少数当事人不利。例如当事人无法澄清其陈述之矛盾之处,可能在法官的心证上对其产生不利影响。但这不是释明的目的。

(三) 不当目的

有观点主张应将保护弱者作为释明的目的。[①] 但基于这种目的进行释明是不正当的。因为,固然弱者在诉讼中可能有更多的释明需求,但对强者也可能有释明的必要,强者也有提出不当申请或主张的可能,基于保护权利之主旨,也应对其释明。

还有观点主张释明的目的应是实现当事人实质平等或武器平等。对此,有学者指出,实质平等、武器平等都是"极不确定的概念"[②],难以较准确地界定。其实,更关键的是,该目的并不合理。如果双方当事人的攻防能力都很弱,或都是所谓的弱者,则在其申请或主张不当时就不应释明?若双方诉讼能力都很强,就绝对没有释明的必要?

(四) 时效制度与释明制度主旨之冲突

在关于时效能否释明的讨论中,我们很少对比时效与释明两种制度之主旨。但这种对比有助于从根本上解决问题。

立法者设立时效制度的出发点是维护法的安定性,防止当事人之间的法律关系长期处于不确定状态。时效释明的肯定论者对此也是认可的,他们称消灭时效制度"系为保障交易安全与法的和平而设之规定,其并非提供债权人一般性之保护"[③]。从实质正义角度看,让债权消灭,或使之无法强制实现,甚至是"反道德"的。[④] 无论时效期间届满消灭的是胜诉权还是债权,就实际效果而言,只要当事人行使时效抗辩权,它就会使债权不能通过诉讼实现,这一点是确凿无疑的。所以这个制度的基本特点不是保护债权,而是(附条件地)消灭请求权或消灭债权强制实现的可能性。而对于被迫经由诉讼实现债权的债权人来说,消灭这种可能性与消灭债权通常没有什么实际差别。

[①] 协同主义的倡导者认为法官应借助释明保障处于下层的弱者的权利。参见刘明生:《辩论主义与协同主义之研究——以德国法为中心》,载《政大法学评论》2011年第4期。
[②] 吕太郎:《民事诉讼阐明之理论及其趋向》,载《法官协会杂志》2002年第2期。
[③] 转引自刘明生:《论补充处分权主义之法院阐明义务》,载《台北大学法学论丛》2010年第4期。
[④] 参见〔日〕山本敬三:《民法讲义Ⅰ(总则)》,解亘译,北京大学出版社2004年版,第345页。

由此可见,时效制度与释明制度的主旨是相冲突的。就时效抗辩进行释明(告知其可援用时效制度),将背离释明的主旨。这就在根本上决定了法院不能或不应就时效进行释明,[1]即便肯定论者所提出的某些理由有一定的合理性。[2]

但肯定论者可能仍有疑虑:既然释明制度的主旨在于保护权利、实现正义,那么债务人因时效完成而取得的抗辩权也是一种权利,为什么不予以保护?应当看到,若就时效进行释明,就意味着法院在试图保护时效抗辩权的同时,也在消灭请求权或债权强制实现的可能。即以消灭一个实体权利为代价来保护另一个实体权利。这仍然是有悖于释明主旨的。

所以,法官的释明活动不能基于不当的释明目的进行,尤其不能背离保护权利、维护实质正义的释明主旨。不具有正当目的的释明是不可接受的。

三、释明的事实边界

在明确了释明的目的边界后,需要讨论的是法官应当就哪些事实进行释明,应当以哪些事实为基础进行释明,即释明在事实方面的边界(事实边界)何在。

没有疑问的是,对于当事人主张的事实,如果其陈述不明了、不完整,则法官应进行释明。如果发现就当事人主张的事实有进行其他释明(例如补充处分权主义的释明)的必要,则也应当释明。因为此类事实正是传统辩论主义范围之内的事实。但应当释明的事实,以及应以之为基础进行其他释明的事实,并不仅以此种事实为限,还应包括虽非当事人主张但已经实际呈现的事实。

(一)合理扩张辩论主义

实务上有一种并不罕见的情况:有些重要事实虽未为当事人主张,但是经

---

[1] 但如果被告以原告多年未要求还钱为由拒绝还债,则应认为其已有时效抗辩之意。"当事人没有必要从法学角度来表达其决定。因为赋予当事人的意志以正确的法律形式属于法官的任务。"〔德〕鲁特尔夫·瓦瑟尔曼:《从辩论主义到合作主义》,载前引米夏埃尔·施蒂尔纳书,第364页。

[2] 例如陈荣宗认为:"被告本来已有消灭时效可以主张,只因为被告不懂法律,才不会主张,法官出于客观真实之要求,教被告提出抗辩也未尝不可。"骆永家等:《法院的诉讼指挥权和当事人之声明权、异议权》,载《法学丛刊》1997年第4期。

由某些证据材料，(无意中)已呈现于法官。例如，某证据表明交通事故的受害人(原告)也有过失，而双方都未主张该事实。通说认为民事案件一般应采辩论主义，家事案件等作为例外应采职权探知原则。但职权探知原则只是指法院应当"设法获取和证明对裁判具有显著意义的事实"①。而前述之新事实，既非当事人主张，又非法官"设法"(依职权)获取。② 由此可见，在职权探知原则和辩论主义之间存在中间地带。

类似的事实还有(至少在审判法院辖区内)众所周知的事实、法官于职务上获知的事实(从其参与处理的其他案件中知悉的事实)。对法官而言，它们都可谓是已呈现的事实。

由于这些事实处于辩论主义范畴以外，所以，以之为基础进行释明，或者直接将其采为裁判基础，是超越辩论主义的。但是，倘若法官就这些事实本身进行释明，说明其在本案中的法律意义，则这种释明并未突破传统的辩论主义(对照其第一命题)。而且，这种释明有一个重要的转换功能，即将这些事实的大部分纳入辩论主义之范畴。因为，果真这些事实对本案有重要意义，则当事人通常是会主张该事实的。很难想见该事实对其有利的一方当事人在理解其法律意义后，仍然不予主张。释明的这种扩张功能，似乎未曾被注意到。这类事实能否被采用，一直是协同主义与辩论主义争论的焦点之一。他们都固守于各自的立场。然而，通过释明的这种转换功能，大多数情况下可以消解两者之间的对立。

更关键的是，如果重要的事实已经呈现于法官，法院就不能无视其存在。因为，那样很可能会使当事人的权利得不到实现，有违实质正义，而且正义之失去就发生在法官眼前。而通过前述之释明，在大多数情况下可轻松地避免这种不正义情形之发生。同时，我们应该认识到，当事人未主张该类事实往往不是因为不愿主张，而是因为不懂法律，不知其在法律上的意义。他以为自己无从选择(只能不主张)，以为主张该事实是徒劳的。所以，在未主张之表象下，当事人往往并未真正行使其在事实方面的主导权，并无真正的意思自治。而前述这种释明则是对当事人自由意志的真正尊重，使其在知道其选择权的情况下自主

---

① 〔德〕汉斯-约阿希姆·穆泽拉克:《德国民事诉讼法基础教程》，周翠译，中国政法大学出版社 2005 年版，第 64 页。

② 本文的讨论不涉及程序性事实。辩论主义只适用于实体性事实，对程序性事实法官原本就是可依职权审查的。

作出决定。

(二) 合理突破辩论主义

然而,仍可能存在经释明后当事人依然不主张该事实之情形。① 如果这种少数情况真的出现了,则法院仍应将该事实采为裁判基础。此时便突破了辩论主义。

但传统的辩论主义不是绝对的教义。实际上,它的第三命题早已被突破了,德、日都允许法官依职权调查证据,而且范围比我们的要广。② 更重要的是,真相既然已"自行"呈现,法官就不能佯作不知,就不能再受制于当事人之主张。正如通说认为不能接受明显虚假的自认一样。③ 更何况德、日等国还是规定了当事人的真实义务的。所以,这种对辩论主义的例外突破是合理的。

从辩论主义的根据来看,既然认为利用当事人的对立与利己心可以方便地获取事实(合目的性考量说),就没有理由排斥这类不必法院费力就已获知的事实。另有观点认为之所以采辩论主义,是因为民事案件数量惊人,法院无力逐一主动调查事实。此说显然也无法排斥法院采用这类事实。

一些国家或地区已明确允许法官采用这类事实(不论当事人主张与否)。《法国民事诉讼法典》第 7 条第 2 款规定:"在辩论的各项材料中,法官得考虑当事人可能未特别加以援述、用以支持其诉讼请求的事实。"④这是关于证据呈现的事实的规定。《美国联邦证据规则》第 201 条之(c)则规定:"不管当事人请求与否,法院可以自由决定是否作出司法认知。"司法认知的对象通常是众所周知的事实。我国台湾地区所谓"民事诉讼法"第 278 条则规定:"事实于法院已显著或为其职务上所已知者……虽非当事人提出,亦得斟酌之。"它覆盖了前述三

---

① 在虚假诉讼中,或者虽非虚假诉讼,但该事实涉及案外人合法利益时,或会出现这种情况。
② 德、日的法官可依职权命令第三人提供证据、命令当事人到庭接受询问、委托鉴定。但原《民事证据规定》仅要求法官就涉及国家利益、社会公共利益或者他人合法权益的事实依职权调查证据。
③ 为了欺诈第三人的自认、荒唐的自认都不发生效力。参见〔德〕罗森贝克、施瓦布、戈特瓦尔德:《德国民事诉讼法》,李大雪译,中国法制出版社 2007 年版,第 829 页;前引奥特马·尧厄尼希书,第 237 页。我国修订后的《民事证据规定》也有这方面的规定。
④ 《法国新民事诉讼法典》,罗结珍译,中国法制出版社 1999 年版,第 4 页。

种已呈现的事实。由此,台湾地区民诉法"并非采古典的辩论主义"①。

从前述可见,已经呈现于法官的重要事实,最终都会被法官采用。如此看来前述之(转换性)释明似乎多余。但此释明可以减小突破辩论主义的范围,避免被指责过度突破辩论主义,还可凸显对当事人意思自治的尊重。

既然已呈现于法官的重要事实最终都可被采用,法官自然也就可以以之为基础进行其他合理的释明。另外,如果采用其作为裁判基础,有给当事人造成突袭的可能,则仍需再次就该事实进行释明。必要时应给当事人准备时间,并追加辩论。

(三) 越界的释明

当事人主张的事实和前述三种已呈现的事实共同确定了释明在事实方面的边界,超出此边界进行释明是不可接受的。

但是前述之转换性释明似乎表明它的转换范围不应仅限于已经呈现的事实,应当进一步扩大,从而为释明寻找更大的事实平台。但问题是,假设这种越界的释明可以进行,那么法官将要在很大范围内探寻事实。例如,询问已完整陈述了侵权各项要件事实的原告,是否还有其他损害结果发生;询问要求被告偿还借款的原告,是否与被告还有其他纠纷(是否有其他借款纠纷、要求还款时曾否发生冲突及损害等),并告知其可提出这些纠纷及相关请求;询问否认借款的被告,原告是否曾违约、合同是否曾变更、签约时有无导致合同无效的情况等。这一探寻过程与法官找法不同,后者是针对确定的事实寻找可适用的法律。生活中的事实是海量的,"法院不应探讨其他陈述的渺茫的可能性"②。这种对新事实的探询是摸索性的、无根据的,因此,它又是盲目、无规则的。在这种无规则的释明中,法官难免恣意、滥权。

但协同主义的倡导者认同这种释明,他们主张废弃辩论主义,主张由法官与当事人共同寻找事实,不必关注是从当事人还是从法院获得了事实。对此,有学者予以批判:"协同主义并不具有与其相对立之原则,如此一来无法辨识其于诉讼上可能存在之界限,而此于实际诉讼中必须被明确界定。协同主义仅为

---

① 邱联恭:《程序选择权论》,三民书局 2000 年版,第 100 页。
② 前引奥特马·尧厄尼希书,第 131 页。

一种带有绝对性格的要求。"①

此外,若要就各种"渺茫"的事实对当事人进行询问并解释其法律意义,将会使法官不堪重负,而且会严重拖延诉讼进程。

四、应当释明的权利的范围

关于法官应当就哪些权利进行释明,存在一些争议问题需要处理,也有虽无争议但却不当的做法需要检讨。

(一)可否就其他权利抗辩进行释明?

前文已经论述法院不能就时效抗辩进行释明,那么能否就其他抗辩权或留置权释明?笔者认为,如果抗辩的基础事实已经为当事人所主张或已经实际呈现,那么基于"法官知法"原则,法官应当就这些权利对当事人进行告知。而不能想当然地认为他处分(放弃)了该权利。权利人在释明前未表明行使权利的意思,原因往往是不知其有此权利,而非不愿主张权利。从经验来看,既然被告未放弃防御(抵抗),若其知道该权利,又无其他有效的防御方法,他是会主张该权利的。这种释明并非"敦促"其主张权利,而只是告知他拥有该项权利。这种释明并未超出释明的事实边界,而且契合于保护权利之释明主旨。这种释明的积极度实际并不很高,因为它并不会导致诉讼结果发生根本逆转。如果被告经释明后主张这些抗辩性权利,只会使原先将要完全胜诉的原告获得附条件的给付判决。②这种裁判结果对于双方当事人来说可谓是互有胜负。就这些权利进行释明只能使原告的权利暂时受阻,原告在履行了他对于被告所应履行的义务后仍然可以行使对被告的请求权。它可能产生的对原告请求权的阻滞效果并不违背实质正义,相反却合乎实质正义。因为,实体法一方面认可请求权,一方面又给另一方同时履行抗辩权等权利,正是基于公平正义的考量,而非如设置时效制度那样是为了维护法的安定性。这也正是应区别对待时效抗辩权与

---

① 转引自前引刘明生:《辩论主义与协同主义之研究——以德国法为中心》。
② 这方面可参考《德国民法典》第 274 条(留置权的效力)、第 322 条(同时履行给付的判决)。另外,即使判决原告败诉,原告在履行其义务后,仍然可以再起诉并可能胜诉。所谓同时履行给付的判决是指以下这种判决:"原告在给付被告 3000 元的同时,被告应将某物交付原告。"

其他抗辩权、留置权的原因。①

(二) 可否就形成权或形成诉权进行释明？

在原告要求被告履行合同义务的案件中，如果法官根据已有的案件事实，发现被告有解除合同的权利，此时应否释明？这就是应否就形成权释明的问题。对此，笔者认为，由于通知解除合同的行为是私法行为，更多发生于诉讼外，对此法院不宜进行释明。法院的释明活动是诉讼上的行为，是一个公法行为，与之对应，如果释明用于提示当事人为某种行为的话，应该限于当事人的诉讼行为，而非私法行为。

如果被告在诉讼中明确主张自己对原告也拥有债权，而且从其陈述来看可能符合抵销要件，此时应否释明？诉讼上的抵销是一种较具"个性"的行为，一般认为它具有双重性质，既是私法行为，又是诉讼行为。② 仅从诉讼行为的角度看，似乎是可以释明的，但这种释明实际必定"触发"私法行为，所以仍然不宜进行释明。

有些被告在诉讼中可能主张双方所签订的合同显失公平，或者主张是受胁迫而签订合同，但又未要求法院变更或撤销合同，此时涉及的是能否就所谓形成诉权进行释明的问题。③ 笔者认为，法院应当进行释明。因为法院所提示的是一种只能向法院为之的行为，而且未超出目的边界和事实边界。

---

① 有学者也支持这种释明，但给出了不同理由："对于同时履行抗辩权、不安抗辩权、先诉抗辩权、留置权等其他抗辩权利，由于不像诉讼时效抗辩权那样容易导致一方直接败诉，债权人还有反驳的空间，所以法院的释明范围似应更宽。"熊跃敏：《民事诉讼中法院释明的实证分析——以释明范围为中心的考察》，载《中国法学》2010年第5期。

② 这一观点被称为"一行为两性质说"，近似的观点则是"两行为说"，即认为涉及两个行为，分别是私法行为和诉讼行为。

③ 形成诉权是一种较为常见的用语。从当事人能否单方行使并产生法效力的角度看，它与（真正的）形成权有质的差别。它不过是立法者在民法（典）中规定了在某种情况下某些主体可以请求法院（而非当事人）撤销或变动某种法律关系，但这方面的法规范实际是介于纯实体规范和纯程序规范之间的"中间型法规范"。从抽象的诉权说的角度看，它对"诉权"概念的使用并不合理。准确的理解是，在它所涉及的情况下，原告是在以起诉的方式请求变更或撤销法律关系，它的诉讼请求较为特别而已，不同于一般的给付之诉、确认之诉。它与要求解除股东大会决议并无根本差别，而对后者较少有人使用形成诉权的概念。

（三）可否就请求额的增加进行释明？

如果法院在审理后发现原告提出的请求额低于其应得的数额，是否应当释明？对此，学界从未有过争议，(至少）绝大多数人认为不能释明。理由似乎是显见的：既然原告行使了处分权，法院就应当予以尊重。

然而这种理由不能成立。因为原告之所以提出了较低的请求额，实际的原因除了可能真的行使了处分权外，还可能是根本不知道自己有多少权利（到底是何原因法官一问便知）。在后一种情况下称其行使了处分权，显然是罔顾事实。如奥地利某著名学者所言，对于"不精通法律而又没有熟知法律的朋友可供委托的穷人而言"，当事人的权限及其对诉讼材料的支配根本是"一个很容易伤害到其自身的武器"[1]。实际上，对于并不贫穷的当事人来说也未尝不是如此，他们有时也很难提出准确的请求额。前述之对处分权的所谓尊重，实际是对权利的漠视。

其实，在司法实践中并非没有"反叛"者，有法院比释明走得更远，直接作出超请求裁判。[2]

从释明的主旨出发，就原告已经提出的权利主张而言，如果法院在审理后认为原告可以提出更高的请求额，则应当释明。这种释明显然未超出释明的事实边界。它可"保护诉讼当事人避免成为自己的自由和责任的牺牲品"[3]。

在这方面，一些司法区的规定或做法值得我们关注。德国联邦法院准许原告只明确请求额的等级，[4]美国加州民事程序法规定人身伤害案件的原告可以不主张具体的数额，[5]《法国民事诉讼法典》第40条也允许当事人提出数额不确定的诉讼请求。之所以如此宽容，是考虑到由于多种原因，原告有时难以准确确定请求额。例如计算损失或违法所得比较困难，难以预测法官对双方过失比例的判断，有关资料完全在对方的掌控中。

---

[1] 转引自〔德〕鲁特尔夫·瓦瑟尔曼：《社会的民事诉讼——社会法治国家的民事诉讼理论与实践》，载前引米夏埃尔·施蒂尔纳书，第91页。

[2] 参见江西省会昌县人民法院（2007）会民一初字第135号民事判决书。

[3] 〔德〕罗尔夫·施蒂尔纳、阿斯特里德·施塔德勒：《法官的积极角色》，载前引米夏埃尔·施蒂尔纳书，第420页以下。

[4] 参见前引汉斯-约阿希姆·穆泽拉克书，第39页。

[5] See California Code of Civil Procedure Section 425.10 (b).

更值得注意的是美国法。《美国联邦民事诉讼规则》第 54 条之(c)规定:在缺席判决以外的"其他任何终局判决中,都应当判给当事人应得的救济,即使其在诉状中没有要求该项救济"①。这种要求超请求裁判的规定,在我们看来是很激进的,似乎在公然挑战大陆法系普遍认可的处分权主义。美国有学者对该条文的解释是:"原告提出的请求额与裁判无关。裁判的恰当性是由证据决定的,而非起诉状中主张一定数额赔偿金的声明。"②证据所展示的往往就是原告应有之权利。我们固然可以不照搬该规定,但其展示的积极保护当事人权利的立法取向,值得我们深思。

(四) 正确看待释明与处分权主义的关系

以上所述补充处分权主义之释明,有的是针对原告,有的是针对被告的。此种释明既可能引起诉的声明的变更,也可能引起诉讼标的的变更。前者例如,在审理返还特定物之诉的过程中,若被告证明该物已灭失,或该事实虽未经当事人主张但已由证据呈现,则法官应提示原告变更请求。③ 后者例如,原告以其与被告存在项目转让关系为由请求责令被告支付 1000 万元,但法官告知双方之间仅是合作关系,原告经释明后变更的可能仅是诉讼标的(也可能一并调整请求额)。④ 补充处分权主义的释明还可能引起当事人的变更。例如,法院告知以自己名义起诉要求支付抚养费的妇女,她不是抚养费请求权人,应以其子女为原告。

关于补充处分权主义释明的基本考量是:基于"法官知法"原则,在不背离释明主旨的前提下,法官应告知所有契合于释明边界内事实的权利(但当事人主张或行使该权利的行为应当是诉讼行为而非私法行为)。这也契合于"你给我事实,我给你法律"之法谚。⑤ 当事人在给出事实后,有权期待法官全面给出法律。尤其在没有实施强制代理制的国家,更是如此。作为公设的专业裁判

---

① Fed. R. Civ. P. 54(c).
② Smith v. Brady,390 F. 2d 176.
③ 有人认为原请求和新请求所追求之利益通常是相同的,可认为新请求已包含于原请求中,所以应肯定此种释明。参见前引刘明生:《论补充处分权主义之法院阐明义务》。
④ 此为旧标的说下的诉讼标的,在新标的说下则仅为法律理由或攻击方法。
⑤ 尽管对此法谚有否定意见,但多是关于"你给我事实"的,认为法官在事实的给出上也是施加了影响的。

者,法官有义务满足这种合理期待。

在释明与处分权主义的关系上,也应当切实尊重当事人的意志。不能形式化地适用处分权主义,而应当在释明的边界内,让当事人在明白其有多少权利的情况下,真正自主地决定是否处分权利。

五、合理的释明不会使法官丧失中立性

(一) 合理释明的规则

至此,我们可以归纳释明的基本规则,即在释明的事实边界内,法官应进行一切合目的的释明,但法官不可提示当事人为某种私法行为。

这一基本规则契合于将释明界定为法官义务之通说,而这一义务根本上又源自"法官知法"原则。但作为例外,由于基于一次性解决纠纷目的的释明,无关乎实体正义和程序正义,且不是审理活动必不可少的,所以,可将这种释明义务弱化,或者将其相应的规范设置为许可性规范。

这一基本规则可细化为几个具体的规范。每一个释明的目的都对应于一个具体规范,法院在决定释明时就是在适用这些规范。就释明的主旨而言,它所对应的规范可表述为:在释明的事实边界内,如果不予释明将可能使当事人失去应得的权利,则应当释明,但不得背离释明的主旨。这一规范还可以进一步细化。例如,就关于事实的释明而言,它可以细化为:在释明的事实边界内,如果当事人的事实陈述不完整,或者有当事人未曾注意到的重要事实,则应予释明;就关于权利的释明而言,它可以细化为:在释明的事实边界内,如果法官发现有当事人未曾主张或未完全主张的权利,则应予释明,但不得背离释明的主旨。对于前述规范应加上"但书":但不可提示当事人为某种私法行为。

对应于其他正当目的的释明规范,也可以按照相同的方法加以表述。就防止突袭裁判的释明而言,其相应的规范是:如果法院不就某些事实及法律观点予以释明,就有给当事人造成突袭裁判的可能,则应当释明,但不得超越释明的事实边界和主旨。对应于一次性解决纠纷目的的释明规范是:在释明的目的、事实边界内,如果发现当事人有另行起诉的可能,法官可告知其依法变更、追加请求或提起反诉。

需要说明的是,前述之基本规则并不排斥立法者基于某些特别考量设置少

数例外规则。例如,要求法官突破事实边界,就某类案件中较常见的某种重要事实及相关权利进行释明。

(二) 释明与法官中立的关系

关于释明,有一个根本性的疑虑:释明是否会使法官丧失中立性?部分学者、实务者对释明持消极态度,主要原因就在于此。最高人民法院对原《民事证据规定》第35条的修改大致也是由于这一原因。但甚至连美国学者都认为,尽管大陆法系(德国)的法官会告诉当事人,如果想使其权利主张获得支持则必须提出哪些事实,他们仍然和美国同行一样是完全中立的。[1] 释明与法官中立性丧失之间并不存在必然联系,应当正确认识两者之间的关系。

其一,不能从法官是否帮助某一方或帮助之多寡判断其是否中立。

从释明补充辩论主义和处分权主义的角度看,立法者设立这种制度就是要求法院进行适度的干预,就是要求法官给予当事人帮助,甚至就是在"传授"诉讼技术(例如补充主张、证明何种事实)。这一点不必讳言。大多数释明,客观上都会有利于一方当事人,这可谓是释明制度运行之常态。如果仅因法官帮助了当事人,就认为法官是在充任当事人的律师,指责其丧失了中立性,则是对释明制度的根本否定。"不应误认为:基于双方当事人的对席状态,对一方当事人提供帮助就意味着是对另一方当事人不利。单纯这一点不能阻挡法官履行他的发问和指示义务。"[2]

也不能因帮助程度较高或很高,就认为法官不中立。积极度高的释明是不少见的。按照《德国民事诉讼法典》第139条(第1款第2句)的规定,法官"应使当事人……提出有助于事件解决之声明",即应在必要时提示原告变更或追加诉的声明。如果当事人主张的法律理由不能支持其请求,但有其他可支持请求的法律理由,即有"当事人明显忽略之观点或认为不重要的观点"(同条第2款),则法官应予释明。原《民事证据规定》第35条与之相似。英美法系的法官在这种情况下甚至会不经释明,直接依该观点判决。[3]

---

[1] See James R. Maxeiner, Pleading and Access to Civil Procedure: Historical and Comparative Reflections on Iqbal, a Day In Court and a Decision According to Law, 114 *Penn State Law Review*, Vol. 114, 2010, p. 1281.

[2] 前引汉斯-约阿希姆·穆泽拉克书,第64页。

[3] 但应该事先给当事人发表意见的机会。参见前引 J. A. 乔罗维茨书,第162页。

即便考虑到以下情形,也应对因法官帮助当事人而怀疑其中立性的思维进行反思。在有些案件中,法官可能会就不同事项分别对双方释明,例如告知原告可增加诉讼请求,告知被告可提起反诉,甚至告知其变更反诉请求。我们显然不能说法官既偏向原告,又偏向被告。

其二,法官中立不等于法官应消极裁判。

即使是最简单的提示或援助(例如因诉状不合格而指导当事人补正)往往都是对一方有利的,如果因此而认为法官丧失了中立性,就等于要求法官做极端意义上的消极裁判者。然而,如此消极的裁判者在两大法系都不存在。即使是普通法系的法官,在遭遇当事人陈述不清或前后矛盾的情况时,也是会要求其澄清的(这对表达能力差的当事人也可谓是一种援助)。美国法官甚至会强制一方向另一方开示证据,还可能会超请求裁判。他们的这种干预或帮助,显然要比释明激进得多,但他们并未因此而被指责丧失中立性。不能在法官中立与消极裁判之间画等号。我们应该认识到"诉讼不是足球比赛,法院也不是只重视游戏规则的遵守并在赛后给胜者颁奖的裁判","法官的发问和指示义务强迫他驾驭性地干预程序进程"①。

其三,合理的释明系依规则而行而非因人而异。

前述之基本规则并没有将当事人的程序地位、社会地位、经济状况等因素列为其要件,这就意味着只要符合适用该规则的条件,法官就应对当事人一视同仁地进行释明,而不问其是弱者还是强者,是原告还是被告,更不可能视当事人是否某种特定人而定。这样的释明对当事人是公平的。

如果法官与当事人或其律师并无亲友关系或其他利害关系,也没有其他应回避之情形,他通常就没有必要偏袒某一方当事人。合理的释明规则,也排除了法官根据其好恶或其他不当考量,偏袒某一方或不利某一方的可能。

其四,合理的释明不会在保护一方权利的同时损害另一方的权利。

就最易受质疑的以保护权利为目的的释明而言,虽然释明援助了某一方,不利于另一方,甚至可能使其败诉,但它并未把不应得的给一方,也没有剥夺或损害另一方应有的权利(如果法律允许就时效释明则是一个例外)。另外,这种释明虽是从实体角度考虑的,但它应是(对双方)公开、透明地进行的,也不会侵害(不利方)当事人的防御权、辩论权。因此,合理的释明在程序上也是公正的。

---

① 前引奥特马·尧厄尼希书,第 129、134 页。

其五,合理的释明是基于法律或程序政策的立场。

基于保护权利之主旨进行释明,依据的是实体法,法官是站在实体法的立场上行事的。防止突袭裁判之释明,则是站在程序法的立场上进行的,因为法官必须确保当事人充分行使辩论权。至于为了一次性解决纠纷而进行的释明,则是站在程序政策的立场上,在合理的事实边界内,促使当事人一次性解决纠纷。简言之,合理的释明不是基于个人的立场,而是基于法律或政策的立场。这样的释明无损于法官的中立性,不应受到指责。

六、举证失败之释明

关于举证的释明,争议主要集中在法官在当事人举证失败时,是否应当提示进一步提交证据。依照前述之基本规则可以妥善处理该问题。

对于失败的举证,应区分情况进行分析。举证失败的情况大致有两种。第一种是当事人未就全部要件举证。例如原告称其送货至被告工地,被告未付款,原告向法庭提交了送货回单,回单上并无被告单位公章,只有某人的签字,但原告并未就该人的签收行为是职务行为提供证据。[①] 此时法官应告知原告补充证据,因为签收人有权签收是原告主张的请求权成立的一个要件。与此相似,我国台湾地区有学者认为应作如下释明:"你手里持有某乙签发的票据这一事实……依照经验法则尚不足以认为交付金钱借款事实、乙同意返还的事实一定存在。所以,你还需要再提出其他关联事实来。"[②]这种释明实际是告知举证责任如何分配,并且是很详尽地告知。而关于应否就举证责任分配进行释明,争议应该不大。如果当事人因不知己方应举证而未举证,从而被判败诉,则有违实质正义。所以,应予释明。此释明未超出事实边界。[③] 更何况,《民事证据规定》第 2 条已明确规定"人民法院应当向当事人说明举证的要求",而"举证的要求"应当包括就哪些要件举证。再者,最高人民法院也早已要求受案法院发

[①] 参见席建林:《法官在证据交换中应充分行使释明权》,载《人民法院报》2003 年 8 月 8 日。

[②] 邱联恭:《集中审理与阐明权之行使》,载民事诉讼法研究基金会编:《民事诉讼法之研讨》(十一),元照出版有限公司 2003 年版,第 30 页。

[③] 原告应该是主张了该人有权签收的,如果未主张,则法官应认为其事实主张不完整,应予释明。

送举证通知书,而要使该文书不流于形式,就应该明确各方应就哪些具体事项承担举证责任。如果关于举证责任分配的释明是具体到各待证事实的,在前两例中,就不会有什么争议。

第二种情况是当事人就所有要件事实提供了证据,但不足以证明其主张。这种情况下应否释明,争议很大。在我国台湾地区,正反两种案例都有。在案1中,原告以被诈欺而为买卖意思表示为由,请求涂销土地所有权移转登记,三审法院否认法官在当事人所提供证据不足以证明待证事实时,有告知补充证据之义务,理由是:"审判长之阐明义务或阐明权之行使,亦应限于辩论主义之范畴,不得任加逾越,否则即属违背法令。"[①]而在案2中,原告X主张Y向其借款3万元未还,Y财产已被Z申请查封拍卖,X请求参与分配,为证明Y无其他财产可供清偿,X向法庭提交了里长证明书,二审法院认为该证明书为私文书,Y既有争执,即无采证价值,遂判决X败诉。三审法院则认为:"纵该证明书为私文书,并为他造所争执,然依法自应命X证明其真正,原审未命X举证证明,遽谓无采证价值,亦与阐明义务有违。"[②]

案1中三审法院的论理存在问题。因为补充提供证据并不必然意味着提出新的要件事实,该证据可能只是证明当事人已主张的事实或强化对它们的证明,这种释明并不违背辩论主义。这点在案2中也可清楚看出。倘若X依释明补充了证据,证明的仍然是Y无财产可供清偿这一已被主张的事实。另外,此时的释明仍然只是提示,而非代替当事人提出新的证据。

从保护权利的释明主旨看,如果主张权利者(原告或被告)所提供的证据并不充分,法官应当提示其补充证据。这种提示也没有超出释明的事实边界。

其次,如果负有举证责任的当事人在证明某一事实时失败,[③]通常意味着法官不能就该事实之存在形成心证(除非另一方的举证强而有力使法官形成了相反的心证),在这种情况下,为了尽可能查明真相,维护实质正义,法官也应当释明。我国台湾地区所谓"民事诉讼法"第288条甚至允许法官主动调查证据,它规定:"法院不能依当事人声明之证据而得心证,为发现真实认为必要

[①] 我国台湾地区1982年台上字第2808号民事判决书。
[②] 我国台湾地区1966年台上字第602号民事判决书。
[③] 为叙述之简洁,这里姑且不论由负有举证责任的一方证明某事实不存在的情况。

时,得依职权调查证据。"①

但这种释明与一般释明不同,它是法官向双方当事人公开心证(状况)的行为,双方因此都有机会补充证据。当然,补充证据的压力主要在负有举证责任的一方。另外,这种释明是符合多项目的的,它既可能有助于维护实质正义,又能防止突袭裁判,使当事人获得充分的程序保障。

可以想见对于这种释明有一种担心:如果进行这种释明,法官势必要给当事人新的举证期限,这样是否会使程序过分拖延?这种担心是不必要的,因为指定新的举证期限通常不必很长,此前至少已经有过一个举证期限。另外,即使因为这种释明而使程序有所拖延,为了查明事实真相、维护正义,也是值得的。更何况我国的举证期限相对较短,审前程序也很粗糙。在这种情况下确如学者所言,"宁可慢些,但要好些"②。

七、需要澄清的观念

有一些观念有碍于我们对释明逻辑的把握,需要予以澄清。

(一) 释明是例外

有学者认为:"因为释明权的这种矫正作用是一种例外的、非原则的,因此我们不应当将释明权的行使扩大化。我们应当充分相信当事人的'学习机制'。为了生活和自己的利益,人们在自由竞争中是很容易自动学习规则的,我们不能从愚民的观念去理解当事人。释明权的行使毕竟在性质上是对当事人主导原则下的一种职权干预,如果将这种干预上升为一种普遍情形和原则,将使已经转型的诉讼体制又回归到原有的职权干预型体制上,这无疑是一种倒退。我们知道职权干预的诉讼体制在心理基础上始终潜伏着一种愚民意识,从而否认

---

① 大致认同此种释明的日本学者中有人认为应当根据具体状况综合判断,不宜一律作为法官的义务。参见〔日〕金子文六:《释明权(释明义务)行使的标准》,载〔日〕竹内久雄主编:《民事诉讼的法理》,敬文堂1965年版,第264页以下。转引自前引熊跃敏文。这种"综合判断"大概是很难准确进行的。与其这样,不如一律释明,尽管当事人未见得能补充证据。

② 李浩:《宁可慢些,但要好些——中国民事司法改革的宏观思考》,载《中外法学》2010年第6期。

人们的自主性和主导性。"①此一表述存在以下一些问题：

其一，就现实而言，释明制度已经在实践中得到了广泛运用。另外，我国多数案件是当事人本人诉讼，许多当事人不知道如何诉讼，至少不是这方面的专家，他们对释明的需求是普遍的。只要释明依合理的规则进行，就是正当的。这就决定了释明并非仅是例外，并非仅可偶尔为之。从德国的情况看也是如此，法官的工作倾向是"将释明义务置于辩论的核心地位"②。判例和文献中的趋势是更加宽松地适用其阐明规范。③

其二，经历了一次诉讼或会使当事人在诉讼技巧上有所长进，但很难指望这种长进会被带到下一次诉讼中。因为对大多数当事人而言，一生有一次进入法庭的"机会"已是难得。即便对于少数多次涉讼的当事人存在所谓的"学习机制"，那些复杂的实体、程序规则未见得是其"很容易"学会的。

其三，法官进行释明是在合理的边界内履行其作为"知法"者的义务，而非因为认为当事人是愚民。更何况，因释明而受惠的当事人大概也是愿意被当作这种"愚民"的。

其四，广泛释明未见得是倒退。绝对的当事人主导原则对当事人可能不但没有好处，还是有害的。如果当事人主导原则只是意味着法官对权利的漠视，那么这种原则不要也罢。合理的释明不会违背当事人的意志，因为是否响应释明的决定权在当事人手中。另外，我国民事诉讼体制的转型实际是很有限的，除了使法院卸下一些重负（例如收集证据的负担，而这种所谓职权主义的削弱是法官乐见的）外，那种不尊重当事人程序主体地位的职权主义仍然是较为浓厚的。

（二）不可就新诉讼资料的提出进行阐明

所谓新诉讼资料的释明既可能涉及对事实的释明，又可能涉及对权利的释明。例如，法院在审理侵权纠纷的过程中，发现双方当事人之间曾达成过和解

---

① 张卫平：《民事诉讼"释明"概念的展开》，载《中外法学》2006 年第 2 期。
② 〔德〕鲁特尔夫·瓦瑟尔曼：《从辩论主义到合作主义》，载前引米夏埃尔·施蒂尔纳书，第 364 页。
③ 参见〔德〕罗尔夫·施蒂尔纳、阿斯特里德·施塔德勒：《法官的积极角色》，载前引米夏埃尔·施蒂尔纳书，第 420 页以下。

协议,法院就该事实及权利进行阐明。① 法院告知原告可代位行使某项权利,告知被告可以反诉,一般认为也属于这种阐明。

对这种阐明,台湾地区1982年台上字第2808号判决(案1)持否定态度,认为审判长无阐明令当事人提出新诉讼资料之义务,否则就违反了辩论主义。但学界对此早就有反对意见,认为"法院虽加阐明,当事人如不提出,法院亦不得采为判决之基础,法院之阐明并不代替当事人之陈述,故新诉讼资料之阐明,并不违反辩论主义"②。事实上,对于所谓新诉讼资料之提出也应区分不同情况分析。如果所谓新诉讼资料只是当事人经法官阐明后提出的新的诉的声明,并没有主张新的事实,则显然这种释明并未突破辩论主义。即便可能涉及新的事实,如果该事实虽未经当事人主张,但实际已经呈现,法官依然可以就该事实的法律意义提示当事人。

我国台湾地区早前就有数个判决(例如1954年台上字第12号判决)肯定法官可就代位权进行阐明,此种释明显然会导致新诉讼资料的提出(但仍在辩论主义范围内)。2000年新设的所谓"民事诉讼法"第199条之1更是要求法官(主要是在请求权竞合之情形下)告知原告可以追加主张新的法律关系(请求权),"此项积极阐明义务之明认,已改变审判实务向来所认法官就诉变更、追加等新诉讼资料之提出并无阐明义务之见解"③。台湾地区最高司法审判机关的民事庭会议也已决议不再援用1982年台上字第2808号判决,并且不再援用认为"提起反诉,非属审判长行使阐明权之范围"之1978年台上字第425号判决。这些对于新的诉之声明、新的法律关系、代位权、反诉的释明,④均符合释明的主旨,只要未超出释明的事实边界,均应为之。

(三) 有律师代理诉讼就不需要释明

学界有人主张应否释明可以因当事人是否委托律师而异,⑤还有人主张,

---

① 参见吴从周:《阐明之界限变迁》,载《台湾"本土"法学杂志》2005年第7期。
② 骆永家:《民事诉讼法》,三民书局1976年版,第121页。转引自许士宦:《接近正义与阐明义务》,载《台湾"本土"法学杂志》2002年第9期。
③ 许士宦:《法律关系之晓谕义务》,载《台湾"本土"法学杂志》2007年第9期。
④ 大陆法系法官时常提示被告可反诉,并且对此提示似乎从未有过疑虑,学界也未提出过异议。至于代位权的释明,似没有出现过相关案例。
⑤ 参见尹腊梅:《抗辩权的法官释明问题》,载《比较法研究》2006年第5期。

"可以考虑在简易程序中强调关于举证的释明权,而在普通程序淡化,甚至不强调释明权的行使……(因为)适用简易程序的案件大多是没有聘请律师以及涉及身份关系的案件"[1]。最高人民法院也有类似的倾向。《最高人民法院关于适用简易程序审理民事案件的若干规定》第 20 条规定:"对没有委托律师代理诉讼的当事人,审判人员应当对回避、自认、举证责任等相关内容向其作必要的解释或说明,并在庭审中适当提示当事人正确行使诉讼权利、履行诉讼义务,指导当事人进行正常的诉讼活动。"但基于以下几点考虑,这些观点及规定是有问题的:

其一,当事人聘请律师是其权利,司法者或立法者不应因其正当行使权利而使其遭受不利益,减少对其援助。只有在其确实不需要援助时才可不予援助。

其二,律师的水平参差不齐,有些律师缺乏严格的职业训练。水平较低的律师,可能不能正确地为当事人选择诉讼路径和主张权利。遇到这种情况,从保护权利的主旨出发,仍然应当释明。"那种只是耸耸肩告诉那些因为律师未发挥作用而败诉的当事人本应委托更好的律师的讽刺行为已经不再能够获得有良知的人的支持了。"[2]

其三,即便当事人委托的律师水平较高,也不能完全排除释明的必要。好律师也难免出错或疏忽。而且,法官与律师在疑难法律问题上认识有差异是很正常的。例如,关于不当得利案件举证责任应如何分配的分歧在具体个案中可能会凸显,[3]审理法官可能认为被告应证明其取得利益有合法根据,但被告并未提供证据(因其律师认为己方没有举证责任),此时法官应进行释明。

其四,基于前两点考虑,不能因为有律师代理诉讼就期待其能提出适当的申请或主张,进而决定不释明。法官很难确保这种"猜测"式期待的准确率。[4]

其五,如前文所述,在法官不能形成心证时,即便有律师代理诉讼,也应释

---

[1] 前引张卫平:《民事诉讼"释明"概念的展开》。
[2] 〔德〕鲁特尔夫·瓦瑟尔曼:《从辩论主义到合作主义》,载前引米夏埃尔·施蒂尔纳书,第 364 页。
[3] 关于这方面的分歧,参见李浩:《民事证明责任研究》,法律出版社 2003 年版,第 278 页以下。
[4] 日本有人主张如果能够期待当事人提出适当的申请或主张,则不必释明,"可期待性"是判断应否作积极释明的一个考虑因素。参见前引新堂幸司书,第 316 页。

明。因为律师往往也难以准确预测法官的心证状况。

其六,即便有时被释明方的律师早已明白或已考虑到了释明的事项(内容),释明显得多此一举,但法官一旦确认是这种情况就可以立即停止释明,不会因释明而浪费司法资源。

八、结　　语

归结而言,由于释明可能会扭转案件的结果,因此必须寻找其应有的逻辑。普通法系的法官并非绝对消极的裁判者,他们甚至会超请求裁判,这促使我们反思我们是否已经真的把握了处分权主义。当事人往往只是因为不懂法律才遗漏主张一些重要事实和权利,法官应当在释明的边界内及时予以告知,让其自主决定是否补充主张。这才是真正尊重当事人的处分权和在事实方面的主导权。释明尽管有较强的职权色彩,但依据正当规则进行的释明既有助于实质正义、程序正义的实现,有助于合理程序政策的实现,又能充分尊重当事人的程序主体地位。我们应当欢迎这种有限、正当、强调与当事人对话的职权主义,而非近乎极端的当事人主义。

部分请求之本土路径[*]

一、部分请求在本土之出现

有这样一种起诉方式在国内已经出现。

例1：李某起诉冷某，声称对被告拥有1000万元债权，但由于得知被告只有几十万元的（资产）履行能力，所以本次诉讼要求被告先偿还50万元。[①]

例2：某金融资产管理公司起诉时声称对被告拥有1亿元的债权，但因该被告净资产仅约100万元，所以请求法院判令被告暂先偿还100万元。[②]

显然，原告的第一次起诉是应该受理的（除非不具备其他诉的合法性要件），问题在于以后的起诉是否应该予以受理。换言之，这类案件提出了这样一个问题：原告是否可以将其所主张的（单一）金钱债权分割成数次进行诉讼？

在大陆法系，这种起诉方式被称为部分请求（我国台湾地区称之为"一部请求"）。曾几何时，我们认为部分请求离我们很遥远，甚至认为这种问题在本土根本不会发生。然而，现在它已经真切地摆到了我们面前。

发生在侵权案件中的以下这种诉讼也可能被归入部分请求的范畴。

例3：[③]原告就某一交通事故起诉被告，要求被告支付医疗费、残疾赔偿金、交通费等共计49395.39元，但在胜诉判决生效后不久，原告又以前案遗漏主张

---

[*] 本文是在以下这篇文章的基础上修改而成。严仁群：《部分请求之本土路径》，载《中国法学》2010年第2期。

[①] 笔者在参加江苏某法院的一次案例讨论会时得知该法院就遭遇了这样一个案件。

[②] 以下这本书对此类案件有简略叙述。吴庆宝主编：《最高人民法院专家法官阐释民商裁判疑难问题》，人民法院出版社2007年版，第244页。

[③] 参见广东省佛山市中级人民法院(2006)佛中法民一终字第334号民事判决书。

医疗费10700元和住院95天的伙食补助费2850元为由再次向法院起诉。①

相比而言,例1、例2是最典型意义上的部分请求诉讼,也最容易受到排斥。因为,这类案件的当事人试图就明确、单一的金钱债权(本金债权)进行分割诉讼,它不免让人心生忧虑:如果可以这样起诉,难道1000万元的债权可以分成1000万次诉讼?

例3属于弱式意义上的部分请求。这类侵权案件所涉债权,是单数还是复数,实际是有争议的。日本目前"一般认为单一之加害行为或为侵害权利原因之各种损害赔偿请求权只有一个(继续性侵权行为除外)"②。而在我国台湾地区则可能认为请求权是多个,因为他们往往将损害分为财产损害和非财产损害,③"权利→权利被侵害→请求权,乃从来之理论图型","人身损害与物品损害,其实体法上之性质完全不同"④。在单一债权之认识下,例3就类似于例1、例2,但人们对它的排斥感可能并不十分强烈。因为原告在第一次诉讼时对他可能拥有多少债权并不很清楚,可能不知道可以要求支付伙食补助费,部分医疗费可能还未实际发生。而在复数债权之认识下,例3便类似于分别提起本金之诉与利息之诉的那种情形。

本土部分请求问题之凸显虽然较迟,但却不是完全步大陆法系后尘的,它有一些特点。首先,在大陆法系,原告之所以以部分请求方式起诉,有的是考虑到诉讼胜败难以预料,提出全部请求往往意味着要承担较高的诉讼费用方面的风险,有的则是由于无力就全部债权承担诉讼费。在国内,虽然这样起诉的原告往往也考虑诉讼费,但最直接的原因却可能是被告的履行能力低。例1、例2中原告为部分请求所提供的理由,在大陆法系(文献中)很少被提及。其次,例2那种案件所涉债权多数(原本)是金融机构的不良资产,尽管数额往往较大甚至巨大,但收取这些债权的成功率却很低。并且,这类债权往往是(典型)部分请求案件中最常见的。最后,本土部分请求的问题还因相关的实体法规范而有

---

① 一审法院支持原告的诉讼请求,而二审法院则仅支持医疗费的请求,理由是原告在前案中确实已经就此笔医疗费表示保留其诉讼权利,而伙食补助费2850元在前案起诉前已经发生,但原告在前案并未主张,而原告对未主张的辩解理由不充分,原告就此项费用再行起诉,违反了"一事不再理"原则。

② 王甲乙等:《请求损害赔偿之诉讼标的》,载民事诉讼研究基金会编:《民事诉讼法之研讨》(四),三民书局1993年版,第316页。

③ 此为二分法。甚至有人将财产损害再分为积极损害与消极损害,此即为三分法。

④ 前引王甲乙等文,第315页。

了更多的特殊性。对于例 3 这类案件,《最高人民法院关于审理人身损害赔偿案件适用法律若干问题的解释》(以下简称《人身赔偿解释》)明确规定了应赔偿的诸项目费用,如医疗费、误工费、营养费、残疾辅助器具费等。这些项目是如此的清晰可识别,这在大陆法系也是不多见的。

对于例 1、例 2 这类案件,法院之间的分歧最大。但最高人民法院在前不久的一个案件,即中国长城资产管理公司乌鲁木齐办事处与新疆华电工贸有限责任公司等借款合同纠纷案(以下简称"乌鲁木齐案")中,是默许这种部分请求的。[①] 该案原告基于借款合同要求偿还本金及部分利息,并交纳了相应的案件受理费。一审法院称对其未交纳案件受理费部分的利息 1700181 元,不予审理,但原告可以另案起诉,[②] 即准许原告单就利息债权进行分割诉讼。最高法在二审中默认了一审法院的这种处理方式。

对于例 3 这类案件,最高法的态度大致是肯定的。《人身赔偿解释》第 6 条第 2 款规定:"医疗费的赔偿数额,按照一审法庭辩论终结前实际发生的数额确定。器官功能恢复训练所必要的康复费、适当的整容费以及其他后续治疗费,赔偿权利人可以待实际发生后另行起诉。但根据医疗证明或者鉴定结论确定必然发生的费用,可以与已经发生的医疗费一并予以赔偿。"[③]

在部分请求问题上,(国内)司法实践可谓走在了学界的前面。这一问题显然不是无足轻重的,它关系到各方当事人和司法机构(社会)的利益,我们必须认真对待这一问题。另外,尽管大陆法系在这方面早已有所实践,学理也已有广泛讨论,但由于本土部分请求之种种特性,以及相关制度的特点,所以,我们需要基于本土之情境寻找适切的因应之道,而不能对大陆法系之通说或通行做法采取简单的拿来主义。

需要说明的是,本文的讨论对象不包括所谓后遗症的问题,即在侵权诉讼结束后,原告因为发现未预料到的病症而再次起诉要求赔偿,此诉应否准许。对该问题不作讨论的原因是,对于是否应该接受此种后诉,学界和实务界在结

[①] 参见最高人民法院(2008)民二终字第 79 号民事判决书。

[②] 有疑问的是,该案的原告在起诉时是否有意识地只要部分利息,还是因计算错误而少主张了利息。如果是后一种情形,则后续的情况大概是,原告在诉讼中知道少算后,未补交诉讼费,只是声称先仅要求支付部分利息。

[③] 对这一条文也可从既判力时间范围的角度考虑,判决后新发生的费用可以认定为"新事实",基于该事实可以另行起诉。

论上大致有肯定性共识,有争议的只是如何从理论构成上加以说明。①

二、否定论是否有说服力?

由于部分请求容易使人产生 1000 万元的债权被分成 1000 万次诉讼的担忧,所以,有较多的人对部分请求持否定态度也就不足为怪。然而,对于到底为什么要否定部分请求,否定论者给出的理由不尽相同。

(一) 理由之一:增加被告的应诉之累②

这种观点认为部分请求会迫使被告就同一债权多次应诉,从而增加被告的讼累。这实际也是在指责肯定论者过于偏向原告。

然而,一概称部分请求会增加被告的讼累是失之偏颇的。对于那些真的是债务人的被告来说,部分请求对他们来说可能不但不是负担,甚至还是件幸事,因为他们可以暂时只面对命令其偿还部分债务的判决,而不必去靠另外借贷满足原告的所有债权,③也不必被指有未完全履行的判决。更重要的是,债务人可能会因为部分请求而获得喘息并东山再起的机会。另外,对于作为真实债务人的被告来说,即使真的被数次起诉,他应该做的至少不是首先指责原告的起诉方式,而是应该设法尽快还清债务。更何况,他完全可以在第二次起诉时不应诉,这样,他也就没有所谓的再次应诉之累。

另外,这里还存在一个如何正确对待债权人和债务人的问题。我们不妨将视线集中在部分请求案件的第二次诉讼上,因为如前所述,第一次诉讼通常都是会被受理的。如果原告在第一次诉讼中胜诉,则从法律上讲他就是真正的债权人,而被告则是债务人。这时,允许债权人进行第二次诉讼,是合理的。因为

---

① 本文也不讨论债权之一部分存有特定区分标准(特别标识)的情形,因为,对这类债权(例如分期履行之债),即使是否定论者,多数也认同应准许分段诉讼。但即使是这类部分请求,美国法上仍有所谓的累积的违约规则(the rule of accumulated breaches)予以规制。参见〔美〕杰克·H. 弗兰德泰尔等:《民事诉讼法》(第 3 版),夏登峻等译,夏登峻校,中国政法大学出版社 2003 年版,第 633 页。

② 本文述及的前两项否定理由在域外也很常见。参见〔日〕高桥宏志:《民事诉讼法——制度与理论的深层分析》,林剑锋译,法律出版社 2003 年版,第 90 页以下。

③ 当然,就现代法律(而非道德)而言,债务人即使不具有全部的履行能力,也不会被逼迫去靠举新债而还旧债,更不会因不能履行债务而受到监禁。

在面对真实的债权人、债务人时,司法者或立法者更应考虑的是平等原则的另一面,即不同事物应不同对待①,或卡尔·恩吉施所谓的"不同事物应为不同的处理"②,着重应该考虑的是如何给债权人以充分、便利的救济。例如,如果债权人因无力承担全部诉讼费,或因债务人没有足够的偿还能力,而在第一次诉讼时仅提出了部分请求,则应准许其再次起诉。这时不必过多考虑债务人的所谓重复应诉之累。因为这种重复应诉其实正是债务人自己造成的,如果他能够主动履行债务,债权人自然就不必起诉,更不必分次起诉。就他们各自的法律地位而言,公权力首先应该做的就是尽力确保债权人实现债权,尽力促使债务人及时履行债务。这样才是所谓的各得其所,才符合正义原则。

对于那些可能并非债务人的被告来说,所谓的多次应诉之累,也并没有否定论者所想象的那般沉重。其一,可以预见的是,这些被告多数会在第一次部分请求中胜诉,而此次胜诉对后续的诉讼来说是有决定性意义的。在例1中,往往意味着原告所主张的基础的借贷关系已被法院否定。而在例3中,则可能意味着侵权法律关系已被法院否定。即使在现行法下,这些否定就有所谓的预决效力。③尽管原告仍可借助证据来推翻预决效力,但是这种可能性通常很小,因为被否定的事项对于案件来说多是基础性的,是至关重要的,原告通常应该已经尽力进行了攻击。因此,被告不必在后诉中付出多少防御努力,通常可以放心地静观诉讼结果。甚至,如果司法者在第一次诉讼时就明言原告若败诉就不可再诉(参见本文第四部分),被告则不会被再诉(再审之诉除外)。其二,对于有实力的被告来说,他在面对部分请求时,一方面可以否认原告的请求,另一方面还可以对原告所谓的剩余债权提起消极确认之诉。如此,他也可避免重复应诉。

(二) 理由之二:因重复审理而增加法院负担

这一理由考虑到的是法院的利益,但它同样不具有说服力。

---

① 参见〔德〕考夫曼:《法律哲学》,刘幸义等译,法律出版社2004年版,第228页。
② 转引自〔德〕卡尔·拉伦茨:《法学方法论》,陈爱娥译,商务印书馆2005年版,第54页。
③ 虽然严格而言,只是前裁判中的事实认定部分有所谓预决效力,但这两个案件中法律关系的定性并不复杂,(很可能)并无争议。所以若事实认定有预决效力,大致也可谓法律关系的定性(否定)也"连带"有了类似的效力。另外,若我们认同或引入这方面的规则、理论,此种否定还可能有争点排除效力或争点效力。

首先，由于第一次诉讼中法院已经对基础或核心的（事实）问题作出了判断，而且该判断具有预决效力，所以，法院在后续诉讼中的审理负担是很轻的。更不用说可能并不存在后续诉讼（若采原告败诉就不准其再诉的举措）。

其次，在法院再次审理的负担较轻的情况下，如果当事人有合理的理由要求以部分请求的方式进行诉讼，那么应该优先考虑当事人的利益，毕竟诉讼制度是为解决当事人之间的纠纷或保护当事人的权利而设立的。

最后，原告在第一次诉讼中可能只是就其容易举证而又迫切需要赔偿的部分提出诉讼请求，如果被告"并无坚决期待一次解决时，如将当事人未要求解决部分作为审判之对象者，势必增加法院及当事人之劳力与时间"①。因为，未要求解决的部分可能需要耗费很长的时间，进行更复杂的证据调查。

（三）理由之三：违反纠纷一次性解决原则 ②

这种否定理由是很常见的，似乎也是强有力的。确实，谁都无法否认纠纷的一次性解决是一项重要的程序原则，在可能的情况下，我们都应该遵循这一原则。但尽管如此，我们仍应对它作具体而审慎的分析。

首先，我们应该认识到的是，我国现行法并未规定此一原则，它更多的只是学理上的一种主张。

其次，在我们的司法实务上，强调纠纷一次性解决的声音是很微弱的，至少并不响亮。相反，我们却能看到不少背离此原则的做法。例如，在诉讼标的上，较多法官采旧说，因而允许原告在败诉后基于另一个不同的实体请求权再诉（除非涉及请求权竞合）。对反诉要求过严（必须与本诉有很紧密的牵连关系），导致被告常常不得不另诉；如果被告用以主张抵销的债权与原告的债权不是出自同一法律关系，则不允许抵销。③ 如果原告不承认被告的债权，通常也不准许抵销，而这往往迫使抵销通过多个诉讼才可能实现。同一原告对同一被告提

---

① 前引王甲乙等文。
② 参见蒲菊花：《部分请求理论的理性分析》，载《现代法学》2005 年第 1 期。其实，这一理由与前两项理由有所交叉。被告期待纠纷的一次性解决，也就是试图避免重复应诉之累。而纠纷不能一次性解决，也就意味着法院可能要就同一纠纷进行数次审理。
③ 原告诉被告，被告诉原告；各自都拿到确定判决后，某一方主张抵销，若对方不承认，则会有第三次诉讼。在执行程序中主张抵销，可能会被执行机构否决，则又会引发执行异议（在域外是债务人异议之诉）。

出数个并无担保人(或担保人为同一人)的借贷纠纷时,许多法院坚持要求原告分别起诉。在这样一种本土之现实情境下,独独在遭遇部分请求时,高举一次性解决纠纷的旗帜,这至少是缺乏说服力的。在我们举起这面旗帜之时,若反思我们对于反诉、抵销、客体合并的苛刻态度,我们就应该感到底气不足。

另外,我们应该注意的是,一次性解决纠纷原则固然很重要,但归根结底,它主要强调的是诉讼效率,它不过是效率这一价值(追求)在程序中的具体化。而在司法活动中我们有更应重视的价值,即公平正义,它通常是第一位的,除非对于正义的追求已经严重损害效率。所以,如果出于公平的考虑,应该允许部分请求这种起诉方式,那么一次性解决纠纷原则通常就应退后。

(四) 理由之四:部分请求与诉讼标的原理相矛盾

否定论者另一种可能的论据是诉讼标的。即认为,在部分请求诉讼中,诉讼标的是全部债权而非部分债权,[1]所以,后诉系就同一标的起诉,属于重复起诉。如果根据国内对诉讼标的的通常界定("国内旧说"),也会得出同样的结论,因为前、后案诉讼标的被认为是同一法律关系(在例1、例2中是借贷关系,在例3中是侵权法律关系)。

然而,对于诉讼标的的这两种界定,并非不证自明。如前所述,在诉讼标的方面存在多种学说。否定论者从诉讼标的角度进行的论证,在说服力上可能还有所欠缺。关于部分请求,我们应当"要认识到其并非采旧诉讼标的理论或采取新标的理论即可直截了当加以解决的问题","此一问题与诉讼标的的理论到底有无呼应之关系,相当错综复杂,非单纯之诉讼标的理论而已"[2]。至少在这个问题上,应该"舍弃将诉讼标的作纯粹概念性演绎之思考方法"[3]。

另外,有人将新标的说与部分请求否定论相对应,声称"以新诉讼标的理论为依托的否定说与纠纷一次解决和诉讼经济原则相契合,能够有效避免当事人讼累和法院重复审理,显然更值赞同"[4]。其实,这是一个误解。前已述及,若按新标的说,更应将诉讼标的与部分债权相对应,因此就应采部分请求肯定论,而非否定论。我们不应忘记,在德国学界和实务界通行的是新标的说,然而,他

---

[1] 参见前引高桥宏志书,第96页。
[2] 邱联恭:《口述民事诉讼法讲义》(二),2006年自版,第174页。
[3] 骆永家:《既判力之研究》,三民书局1994年版,第88—89页。
[4] 前引蒲菊花文。

们却是广泛认同部分请求的（分歧仅在于或主要在于原告未明示部分请求且败诉时应否准许再诉）。日本学者新堂幸司曾是彻底的否定论者，然而后来他的立场发生变化，他认为在部分侵权诉讼中应准许部分请求，①但他长期以来一直是新标的说的倡导者。

（五）理由之五：部分请求与既判力原理相矛盾

否定论者通常还认为部分请求违背"一事不再理"原则，即从既判力的角度论证应当否定部分请求。然而，既判力原理同样也不能支持部分请求否定论。

具体而言，设若例1中的原告胜诉后，就剩余债权再次起诉，从既判力角度考虑是否受理后诉，就会面临这样的问题：前案判决的既判力范围是怎样的？

一种可能的看法是：既判力及于全部债权，②所以后诉应予驳回。然而，这种看法并无法律依据。《民诉法解释》第247条所规定的认定重复起诉的标准——"三同说"（三个要素相同则为重复起诉），不能支持这种看法。因为，即便认为这种情况下前、后案件的诉讼请求相同，该标准的使用也面临障碍：诉讼标的是它提及的三要素之一，而如前所述，它本身就是充满争议的。至于大陆法系的民事诉讼法，一般只是规定既判力仅及于主文中的判断和关于抵销抗辩的实质判断，而主文判断的只是原告在第一次诉讼中主张的部分债权。退一步讲，即使这种看法正确，那也不是法院不受理后诉的理由。"终局判决一旦获得确定，该判决对请求之判断就成为规范今后当事人之间法律关系的基准，当同一事项再度成为问题时，当事人不能对该判断提出争议，不能提出与之矛盾的主张，法院也不能作出与该判断相矛盾或抵触之判断。这种确定判决之判断被赋予的通用性或拘束力，就是所谓的既判力。"③也就是说，如果前判决确认全部债权存在，那么既判力要求的是后诉法院不能作相反确认，（就既判力的消极作用而言）仅此而已。所以，面对胜诉原告的再诉，后诉法院应该予以接受，并基于前判决之既判力支持原告的诉讼请求（除非时效已过或者后诉不具备诉的合法性要件）。

如果认为既判力仅及于前诉所请求的50万元，则显然更应准许原告再次

---

① 参见〔日〕新堂幸司：《新民事诉讼法》，林剑锋译，法律出版社2008年版，第234—235页。
② 日本一些学者就持此观点。参见前引高桥宏志书，第96页。
③ 前引新堂幸司书，第472页。

起诉。只不过,后诉法院在进行实体审理时,并不受前判决关于剩余债权是否存在的判断的拘束,后诉法院有权根据自己所进行的证据调查的结果,作出判断。

三、肯定论的合理论据与不合理论据

既然否定论不能成立或说服力较弱,我们就需要转而考虑肯定论。相比之下,肯定论的基本立场还是值得肯定的。

(一) 肯定论的基本理由

认同肯定论的最主要原因是原告可能有正当理由要求分段起诉。

这种正当理由在例 1、例 2 这类案件中有最明显的展示。在例 1 中,如果被告真的只有大约 50 万元的履行能力,那么规定原告只能起诉一次,是不公平的。因为,债权人显然不愿意只就 50 万元起诉而放弃其余债权,但就 1000 万元起诉,又很可能意味着对(或收回可能性较小的)950 万元的债权作无意义的诉讼,并且要白白支付高额诉讼费。在例 2 中,这种不公平更加凸显。若令原告就全部债权起诉,则诉讼费更高,若考虑到还可能有保全申请费、申请执行费和律师费等,原告方很可能得不偿失。也就是说,原告之所以以部分请求方式起诉,最直接的原因是被告自身的原因(履行能力低),原告这样起诉可谓是不得已而为之,并不是在滥用权利。部分请求有利于给予债权人实质性救济,有利于维护债权人的程序利益。如果某一诉讼制度自称要保护当事人的实体权利,但与此同时,却逼迫当事人为少量的诉讼成果支付高昂的程序代价,则这样的诉讼制度有悖于公平正义原则。

总之,部分请求是攸关公平正义的问题,在它与一次性解决纠纷原则相冲突时,应该后退的是一次性解决纠纷原则。更何况,如前文所述,准许部分请求未见得一定对被告不利,被告未必有严重的再次应诉之累,法院也不太可能有沉重的审理负担。

(二) 辅助性理由

1. 债权人通常更希望一次性实现债权

如果原告真的是债权人,而被告又有相应的履行能力,那么债权人通常不会也不必以部分请求的方式起诉,因为,这样起诉通常是违背其利益的,债权人通常希望的是一次性收回全部债权。

当然,有人会说,可能有一部分原告并非真实的债权人或有少部分真实的债权人,他们正是试图通过部分请求的方式来骚扰、折磨被告。这样的理由似乎有些道理,我们确实不能完全排除有这样的原告。但是,那不是因此而否定部分请求的理由,我们完全可以在允许部分请求的同时,进行较周到的程序设计(见本文第四部分),使这类原告难以得逞。

另外,据早就准许部分请求的地区的实务人士介绍,"原告故意降低赔偿金额,玩弄被告及法院之案例,可谓鲜见"①。

2. 我国的诉讼费标准较高

我国的诉讼费收费标准虽然此前曾作过修订,但总体上来说,与大陆法系国家相比,仍然偏高,至少就大额诉讼请求来说是如此。② 如果与美国相比,则更是高出很多,因为美国是计件收费的,而且标准很低。在这样的现实之下,对我国当事人来说,诉讼费常常是他们优先考虑的问题,也就不足为怪。不仅经济能力很差的当事人是如此,银行等财力雄厚的机构往往也是如此。在某种程度上,部分请求是高标准诉讼费制度的副产品。如果要从根本上消除这种起诉方式,应将诉讼费降到很低的标准。

有否定论者针对肯定论者对于诉讼费之考虑,声称:"至于在损害赔偿之请求,为恐原告缴纳太多裁判费,此一问题应已依照健全诉讼救助之制度予以解决。有此诉讼制度存在,故不能因为可能有人无法缴纳裁判费或缴纳太多,即认为可以分割请求。"③但是,至少就当下的情况而言,诉讼费用救助的获得并不容易,门槛还比较高。即使将来修改费用救助制度,大概也不太可能将例1、例2中的那类债权人纳入救助范围。所以,打算依靠诉讼费用救助制度来解决有部分请求之需的原告的实际困难,总体上来说是不现实的。

3. 部分请求可能也正符合某些被告的利益

如前文所述,对于那些真正的债务人被告来说,部分请求对他们可能是有

---

① 前引王甲乙等文。
② 2006 年《诉讼费用交纳办法》的修改,主要是小标的额的案件的诉讼费有所降低,而大额请求的标准基本未变。
③ 前引邱联恭书,第 177 页。类似的观点在日本也有。参见前引高桥宏志书,第 92 页。

利的。其实,对于那些不能确信自己是否义务人的被告来说,[①]也是有利的。因为,他们不但可以通过第一次诉讼探知自己是否真的是义务人,而且还可以为败诉承担较少的诉讼费。

(三) 不恰当的理由

值得注意的是,有些论者为肯定论给出了一些不恰当的理由,从而使得肯定论的说服力不必要地受到了削弱。例如,有观点认为既然实体法允许债权人要求债务人部分履行,那么在程序上原告也可以分段起诉。[②] 这种理由中潜伏着一种思维,我们可以称之为实体性思维。它的特点是将实体法中的一些规范直接照搬到程序中来,用来考虑起诉方式。这种思维是有害的。因为,实体规范不是程序规范,实体法不应混同于程序法。实体规范的(肯定性)适用是有其条件的,即应具备它所规定的构成要件,而这通常是有待实体审理的,在起诉之时,通常不可能确认实体要件是否已具备。另外,债权人在诉讼外就其债权分段向债务人要求履行,无论对债权人还是债务人来说,其成本是很低的,或谈不上什么成本。然而,通过诉讼来收债则不然。诉讼通常既耗费原告也耗费被告的财力与精力,而且会耗费司法资源。简言之,诉讼外的部分请求与诉讼上的部分请求是不可以简单类比或等同的。

四、肯定论的具体实施

(一) 实施办法

在确立了肯定论这一基本立场后,我们需要考虑应具体如何来贯彻这一立场,即应从以哪些方面构筑部分请求制度。

1. 原告有明示的义务

如果原告想要采用部分请求的方式进行诉讼,则应该在第一次起诉时就明确向法院和被告声明。当然,如果原告在起诉时对于某些影响债权范围大小的

---

① 在一些疑难案件中,当事人往往不能确信自己是否债权人或债务人,或不能确信自己有多少债权,应承担多大责任。

② 参见前引高桥宏志书,第85页。

事项(例如后遗症)无法预知,则即使他将来就这些事项再次起诉,也不因未明示而被禁止。

这种明示有两个方面的作用。其一,防止被告对于纠纷的一次性解决抱有不实际的期待,促使其进行积极、充分的防御。因为某些被告在原告仅就债权的一部分提出请求时,有可能认为原告已经放弃了其余债权,从而产生懈怠心理,不作积极的防御。这种情况尤其在原告先就少量债权起诉时会发生。其二,使受诉法院明确意识到本案与可能的后续诉讼的关系,从而在本案的范围内,对可能影响到后诉的问题(共通问题),让双方进行充分的攻击防御。

2. 原告有述明正当理由的义务

原告在明示部分请求的同时,还应明确说明为什么仅提出部分请求。这种说明应该是一种疏明,即通过解释和提供必要的证据让法官大致认为这样起诉是有正当理由的。[①] 前述"乌鲁木齐案"的一审法院似乎就没有要求原告说明正当理由,这是该案的一个瑕疵。[②] 这里所谓的正当理由包括以下几种情况:

(1) 被告没有全部履行的能力

对这种理由的正当性,本文第三部分已作说明。就操作层面而言,仍需补充说明以下几点:

其一,法院应审查原告所述是否属实,必要时应询问被告。如果被告否认,则应要求其作出说明,并提供必要的证据;如果被告认同,则法院大致可倾向于准许部分请求(当事人双方通常没有必要在这个问题上串谋)。

其二,如果原告所提出的请求额与全部债权数额相差不大,应劝说原告就全部债权起诉,因为部分请求与全额诉讼的诉讼费相差不大。

其三,如果全部债权数额很低(例如在1万元以内),则不允许部分请求。[③] 按照现行收费办法,标的额在1万元内的诉讼,只需交纳50元的诉讼费。

[①] 疏明不同于严格的证明。疏明指"通过证据等予以印证,虽未达到证明之程度,但可以使法官作出大致确定之推论的状态,或者是指为了使法官达到这种状态而提出证据的当事人行为。"前引新堂幸司书,第373页。

[②] 从二审判决书中无法看出被告是否对这种起诉方式表示了异议。

[③] 可能有人会问如果是1.1万元是否准许部分请求?这表面上看是个问题,但实际上没有多少实际意义。其一,就类似的数额进行分段起诉的原告应该很少;其二,法院应可行使自由裁量权,如果全额起诉与部分起诉的诉讼费很接近,则可以否定部分请求。

(2) 全部损害额在短时间内难以确定①

如果从双方的陈述看,原告(可能)是某侵权案件(例如交通事故)的受害人,且根据其病情看,预计治疗周期可能超过本次诉讼(一审)的审理期间,则应考虑准许部分请求。但应要求其就已经产生的全部费用提起诉讼,除非他同时具备前一项正当理由。

(3) 原告不能承担全部诉讼费用

如果原告能够以适当的证据疏明自己无力就全部债权的起诉承担诉讼费用,则法院应审查原告是否符合法定的诉讼费用救助条件,如果不符合,则应准许部分请求。如果这样,则"对于行使权利之人,即不会构成因为欠缺诉讼费用而放弃50万元整个损害赔偿债权此种苛酷之结果"②。

司法者在具体把握这一项正当理由时无疑有一定的弹性,但立法者或准立法者(最高人民法院)可就此制定一个较为确定的标准。

(4) 当事人双方达成试验诉讼的合意

肯定论者中有人认为,出于"减少程序申请费缴纳"之考虑,原告采用"先以部分的小额请求来提起诉讼(缴纳小部分程序申请费),并以此来了解法院对于原告这部分请求作出的判断结果,如果法院承认原告的这部分请求,那么就提起剩余请求的再诉"之战术就具有相当的合理性。

这一观点遭到了否定论者的反对,他们认为原告可以在预测法官心证之时扩张其请求额。但是,这一反对理由至少在国内是不切实际的。因为,虽然有部分法院对于部分案件实行所谓的判前释法,但多数当事人还是无法较准确地预测法官心证的,而且也很难想象我们的法官多数会愿意告知原告其可提高请求额。更何况,即使一审法官开示了心证,其心证结果也可能被二审法院推翻。

尽管否定论者的理由不切本土之实际,但我们并不能因此而认为应该允许原告单方决定以部分请求的方式进行试验诉讼。原告进行试验诉讼的目的仅仅是为了减少诉讼费用方面的风险。如果一概允许原告这样起诉,则可谓只是单方面考虑了原告的利益,有过于偏向原告之嫌。

但如果被告同意以部分请求的方式进行试验诉讼,则可以认为部分请求也

---

① 我国台湾地区有学者考虑到损害赔偿案件可能存在的证明困难等问题,认为至少对于请求损害赔偿之事件应承认明示的一部请求诉讼,以保障受损害之当事人权益。此说对这类案件一般性准许部分请求,而本文则施加了限制。

② 前引邱联恭书,第176页。

是符合被告利益的。换句话说,此时的部分请求已经兼顾了当事人双方的利益,法院应该准许这种合意性的试验诉讼。但是,若原告败诉就不应再次进行诉讼,这样才符合试验诉讼之意。原告胜诉后若要再次起诉,也应仅以一次为限,因为第一次诉讼结束后,试验诉讼的目的已经达到。除非在进行第二次诉讼时仍然具备其他正当理由。对试验诉讼的这些限制同时兼顾了司法的利益。

(5) 其他正当理由

如果在上述理由之外,原告能给出其他正当理由,足以使法官认为不允许部分请求有违公平正义,那么法院也应准许部分请求。例如,在持续侵权或持续违约的情况下,受害方或非违约方只能就已经发生的侵权行为或违约行为进行诉讼,这种诉讼就极可能是部分请求(甚至可因此而免除原告的明示义务),且应被准许。因为在判决确定后,侵权行为或违约行为可能仍然存在,并给原告造成了新的损失,原告自然应该有权就新的损失再次起诉。[①] 在一起建筑工程合同纠纷中,双方因工程逾期的责任分担发生争议,发包方起诉施工方要求支付违约金并继续履行合同。被告败诉后在执行阶段仍然不履行,发包方委托其他单位施工,竣工后再起诉,要求赔偿损失。[②] 在此纠纷中,如果不允许原告分段起诉,[③]则原告要么放弃就起诉后或判决后因被告继续违约而造成的新损失求偿的权利,要么等到被告良心发现停止违约才起诉。

需要说明的是以上诸项理由可能会同时具备,若如此,则不允许原告以不同理由分次进行主张。另外,可以想见的是,随着时间的推移和社会情况的变化,前述的正当理由,必定需要适时予以增减或调整。

3. 被告可以提出异议及反诉

被告在遭遇部分请求时,有权提出质疑和反驳,例如证明原告有足够的经济能力承担全额起诉时的诉讼费用。另外,如前文所述,被告可以就原告未起诉的剩余债权提出消极确认之诉。

---

① 当然,如果持续侵权行为(例如房客在租期届满后拒不搬迁)所造成的损失是可以明确预测的(按日租金计算侵权造成的损害),不妨告知原告一并提起将来给付之诉。
② 参见浙江省宁波市中级人民法院(2008)甬民一终字第 56 号民事判决书。
③ 当然,对于这种再诉,也可以从新事实的角度加以解释。即再诉是基于判决(或既判力之"标准时")后新发生的损失而提起的,所以并不违背"一事不再理"原则。但对于例 1、例 2 那类案件而言,却不存在进行这种解释的可能性。这便是它们的差异所在。所以例 1、例 2 是较为纯粹意义上的部分请求案件。

4. 法官应积极释明

为了促进纠纷被有效率地解决,法院在遇到部分请求时应提高释明的积极度。

(1) 在原告没有明示部分请求时要求其予以说明

如果原告没有明示是部分请求,则法院应询问其是否部分请求(尽管在某些诉讼中似乎多此一举);如果是,则要求其说明正当理由。

(2) 告知被告可以就原告所谓的剩余债权提起消极确认之诉

如果被告否认原告的债权存在或否认其剩余的债权存在,或反对原告以部分请求方式起诉,则法院应告知被告可提出消极确认之诉。

(3) 告知本案诉讼结果对可能的后诉的影响,提醒双方进行充分的攻击防御

法官应该提醒当事人,本案判决对于案件核心问题的判断,将对后诉产生重大影响。例如,在侵权诉讼中,应告诉双方当事人,本案关于被告是否有过失、因果关系是否存在等基本问题的判断,在后诉中将予以维持,除非有相反证据加以推翻。这种释明,将可促使双方在本次诉讼中尽力攻防。

5. 法院应宽待请求额的增加

在部分请求案件中,如果原告方在诉讼后期要求增加诉讼请求额,而且所增加的请求是基于本案纠纷而产生,则即使变更请求提出较迟,也应尽量允许。在一审言辞辩论结束前提出的,都应准许。甚至在二审中提出的(例如将原请求的精神损害赔偿的数额从1万元扩张到20万元),也应准许。[①] 因为,对于此种单纯的量的变动的宽容有可能使原告不再有提起后诉的必要和动力,从而可能实际消解了部分请求。[②]

6. 法官应充实第一次诉讼的审理

在可能的情况下,受理第一次诉讼的法院应该有意识地将部分请求案件的

[①] 如果原告在起诉时就精神损害赔偿明确声称仅是部分请求,则即使原告在一审中胜诉,也不妨允许其在二审中增加诉讼请求。这似乎有悖于一般的上诉程序原理,但考虑到应鼓励原告尽可能将原本的部分请求改为全额请求,作适当的变通是值得的。

[②] 我国台湾地区所谓"民事诉讼法"在2000年增列第244条第4项,允许请求金钱赔偿损害之诉的原告在起诉时仅先表明最低请求金额,待言辞辩论终结前再扩张请求金额(不需被告同意),而且审判长就此负有阐明义务。

重心放在本次诉讼上,也就是力求对于案件的主要问题做到"一次性"解决。有了这种重心前置,即使有后续诉讼,法院也可以快速处理。这种重心前置包括两个方面,其一,充实对案件基础事项的审理。由于法院已就第一次判决对后诉的重大影响对当事人作出了"预警",所以,这一点法院通常是应该能够做到的。其二,应尽量一次性确定全部债权额。至少在那些原告在第一次诉讼时已明确提出全部债权数额的案件(例1、例2)中,法院应让双方就此数额进行攻防和辩论,并在此基础上作出判定(只在判决理由中说明)。

7. 原告胜诉后方可再诉

既然准许部分请求,那么原告在第一次诉讼胜诉后,他自然就可以再次起诉。但是否还可以进行第三次诉讼,则应看其在第二次起诉时是否仍具备前述的正当理由。

但原告在败诉后能否再诉?对此,大陆法系争议较大。之所以有人认为可以再诉,应该是因为大陆法系的民事诉讼法不承认判决理由中的判断有既判力(有关抵销抗辩的实质判断是例外),也不承认中国法上的所谓预决效力。即基于这样一种逻辑:既然剩余部分债权未被既判力所覆盖,自然就可以再诉。

在本土的实际情境之下,对败诉后能否再诉的问题,笔者认为应该持否定的立场。① 主要原因在于以下四点:其一,如果准许再诉,则按照现行法,前判决中关于基础事实的判断(例如被告有无实施侵权行为、被告有没有向原告借款)具有预决效力,尽管现行法规定这种预决效力可以用证据加以推翻。但是,我们应该将这种推翻放到再审程序中。因为,《民事诉讼法》明确将"有新的证据,足以推翻原判决、裁定的"规定为再审事由。如果原告有新的证据能够推翻预决效力,实际也就意味着可以推翻第一次判决了,既然如此,他就应该申请再审,②而不是试图在后诉中推翻前判决的判断。更何况,司法者或立法者仅是因为原告有诉讼费等方面的正当理由,才允许原告就债权在量上进行分割诉

---

① 值得注意的是,在大陆法系存在着第三种观点,即认为若原告败诉后再诉,则不应驳回起诉,而是因前判决有先决效力以诉无理由驳回诉讼请求。参见〔德〕汉斯-约阿希姆·穆泽拉克书,第330页。但这种独特的解释实际是直接违背其现行法的,只有部分学理承认前判决理由中的判断有先决效力。

② 在前、后诉当事人完全同一的情况下,这样处理是恰当的。如果前、后诉当事人不同一,在这种情况下,要求后诉当事人必须申请再审是不恰当的。因为将前判决的效力无正当理由地扩张到非当事人,本身就违反了程序保障原理。

讼,至于案件的基础性问题却不存在允许其多次(按照通常诉讼程序进行)争讼的必要。所以,原告即使再诉也必将败诉,既然如此,就不应准其再诉。其二,如果原告败诉,通常说明法院已经认定他主张的借贷关系、侵权行为并不成立,或者他的债权已经因时效等原因而消灭。① 这是一种根本性的败诉。② 既如此,就没有必要准其再诉。其三,由于法院前述之种种释明,当事人应该已获充分的程序保障;由于前述之"重心前置",法院也应该已对案件进行了充分审理。其四,如果原告败诉后再次起诉,倘若并无特别事由,则可认为其违背了诚信原则。③ 其五,就常识而言,既然关于部分债权的诉讼请求都得不到支持,那么关于所谓全部债权的请求也不应支持。

然而,我们尚需区分部分败诉与全部败诉。前面所说的败诉后便不能再诉,仅是指完全败诉,而且是就非弱式的部分请求而言的。如果是弱式部分请求,则原告就未曾起诉的项目进行起诉,不应视为重复起诉。因为,此时应认为前、后诉的诉讼请求不同。

因此,在部分请求案件中,法院在遇到部分败诉的原告再次起诉时,较为妥当的做法是,先受理起诉,然而再作具体甄别。如果前、后诉仅涉及一个债权(项目),则驳回起诉;反之,则就前次诉讼中未涉及的债权(项目)进行审理。

(二) 抛开顾虑

在采取了以上若干措施后,我们应该能放开那种对于 1000 万元债权被分

---

① 较为特殊的是同时履行抗辩。可能原告会因被告的这一抗辩而被判败诉。如果是这样,那么此败诉将不阻止再诉,但此再诉不同于本文所讨论的再诉,因为它实际仍是针对第一次诉讼所主张的部分债权的诉讼。另外,对于被告同时履行抗辩成立的情况,法院更恰当的做法应是作同时履行判决或交换给付判决。这方面可参考《德国民法典》第 322 条第 1 款:"一方基于双务合同而诉请履行对其负担的给付的,另一方对自己所享有的、到对待给付被履行时止拒绝履行给付的权利的主张,仅仅有使该另一方被判决同时履行给付的效力。"《德国民法典》(第 2 版),陈卫佐译注,法律出版社 2006 年版,第 120 页。

② 似乎还有一种情形:原告在第一次诉讼中全部败诉但其主张的(全部)债权未被根本否定,例如未根本否定侵权之债,仅原告提出的数个赔偿项目被完全否定。但这种情况似乎不太可能发生,原因是在部分请求诉讼中,原告通常应该是采取先易后难的策略。而且,若法院事先告知败诉即不可再诉,他更会采用此策略,也就更不可能发生前述之情形。

③ 日本最高裁判所 1998 年 6 月 12 日判决就曾依据诚信原则驳回败诉原告的再次起诉,认为只要不存在特别的事由,就应当认定这种再诉违反了诚实信用原则。参见前引新堂幸司书,第 93 页。

成 1000 万次诉讼的恐惧。其原因前文多已述及,这里再作简单罗列和补充。

其一,由于要求原告具有正当理由才可以提出部分请求,所以,就使恶意进行分割诉讼的原告很难得逞。

其二,尽管在正当理由之下的部分请求,仍有多次诉讼的可能,但我们应正确看待这种可能性。

(1)由于败诉即不能再诉,所以有正当理由的部分请求实际往往并未变成现实,仅以一次诉讼而告终。这应该能大大降低多次诉讼的数量。

(2)对于胜诉后的再诉来说,我们也不必过分担心有多次诉讼。

首先,进行第二次部分请求诉讼仍需有正当理由。侵权案件中"全部损害额在短时间内难以确定"的情况应该是少数,而且,在进行第二次诉讼时仍存在这种正当理由的情况更是极少。以"原告不能承担全部诉讼费用"为由进行的部分请求,原告在拿到第一次判决的赔偿款后,可能已有能力就剩余债权的诉讼承担诉讼费用。另外,原告在试验诉讼成功后已没有再次进行试验诉讼的理由。

其次,如果是由于被告没有全部履行的能力而进行多次诉讼,则这是被告(债务人)应当承受的。我们对此不必顾虑。而且,事实上这种被告还可以不应诉。

最后,原告也会要计算其诉讼成本,诉讼次数越多,成本越大,他应该会尽量减少诉讼次数。

相应的,我们也不必担心司法负担过重。即便因某些纠纷而产生多次诉讼,由于前、后诉双方当事人相同,由于审理重心前置,由于被告在前诉中已获充分的防御机会,因此不应允许其就案件的基础性问题再作争执(若有新证据足以推翻前判决则应申请再审),在后续诉讼(尽量交由同一法官或合议庭审理)中,法院不需要就原告债权的基础性问题重新调查证据,而且被告还可能不应诉。所以,后续诉讼的审理是很快捷的,甚至可以说是批发式的。即便准许在后诉中以新证据推翻预决效力,这种可能性也很小,绝大多数部分请求的后续诉讼仍然可以快速进行。

五、肯定论的关联问题

(一)管辖

与部分请求有关的管辖问题主要是:按照原告在每次诉讼中所提出的请求

额,还是按照全部债权的金额,确定级别管辖?

有关司法解释确定级别管辖的依据是"诉讼标的额"。① 通常理解的(给付之诉)诉讼标的额就是指原告在诉讼请求中明确要求法院判给的数额。部分请求虽然有其特殊性,但似乎并不存在突破这种通常理解的紧迫需要。所以,仍然应该按照实际请求的金额确定级别管辖。

但这样确定级别管辖,可能会引发质疑。

质疑之一:尽管请求的只是部分债权,但法院却要审理全部债权。

这一质疑并非全无道理,确实,在例1、例2这类案件中,由于审理的重心前置,法院确实可能在第一次诉讼时就审查债权总额。但是,原告毕竟没有请求确认债权总额,法院对债权总额的表述充其量只会在判决理由中出现,而不会在主文中交代。② 另外,在例3这类案件中,法院在第一次诉讼中通常不会确定债权总额。

质疑之二:原告可能利用部分请求规避上级法院的管辖。

这一质疑是担心原告将本该由上级法院管辖的案件通过部分请求的方式交由下级法院管辖。我们不能排除有这样的原告,但是,部分请求不是原告可以任意而为的,他必须有提出部分请求的正当理由。所以,对于这种规避之担心是不必要的。

其实,按照通常的理解确定级别管辖,还出于以下两点考虑:

其一,如果按照债权总额确定级别管辖,则可能会诱使一些原告故意虚报债权总额,以获得更高级别法院的管辖,而且,原告在获得这种管辖上的"不当得利"的同时,还不必承担任何风险,不必支付更多的诉讼费。因为部分请求案件的诉讼费是按照实际请求额计算的。

---

① 有关司法解释中的用语并不统一。《全国各省、自治区、直辖市高级人民法院和中级人民法院管辖第一审民商事案件标准》和《最高人民法院关于案件级别管辖几个问题的批复》中的用语都是"诉讼标的金额",而《经最高人民法院批准各高级人民法院辖区内各级人民法院受理第一审民事、经济纠纷案件级别管辖标准》中的用语则是"争议标的金额"。

② 这是因为原告即使主张债权总额,往往也只是在事实和理由中叙明,而不是在诉讼请求(诉的声明)中叙明。否则,例1中的诉讼请求就会变成下述表述了:请求判令被告支付1000万元中的50万元。它就包括两个部分:一是请求确认1000万元(确认之诉),二是请求判令被告给付50万元(给付之诉)。这样起诉的话,原告就应当按1000万元而不是50万元支付诉讼费。显然,这不是以部分请求方式起诉的原告所期望看到的。

其二,在例3这类案件中,原告在第一次起诉时可能无法确定债权总额,①所以也就无法以债权总额确定级别管辖。

(二) 诉讼时效

与部分请求有关的诉讼时效问题是,如果原告仅就部分债权起诉,是否仅该部分债权的诉讼时效发生中断？严格来讲,这主要是个实体法的问题。但由于它是因部分请求问题而引起,所以在此予以简略讨论。

日本曾有判例认为剩余债权的诉讼时效不发生中断。这种观点遭到了日本学界的批评,有学者指责这是一种"左手给右手夺"的态度,②即一方面准许部分请求,一方面又不认同其余债权的时效中断,而后者导致原告再诉时往往会因时效已过而败诉,考虑到这一点,原告可能就不敢以部分请求的方式起诉。

我国《最高人民法院关于审理民事案件适用诉讼时效制度若干问题的规定》第9条规定:"权利人对同一债权中的部分债权主张权利,诉讼时效中断的效力及于剩余债权,但权利人明确表示放弃剩余债权的情形除外。"尽管这似乎是针对诉讼外请求的规定,但由于起诉实际也是一种行使请求权的方式,而且是一种更为正式的方式,且现行法明确认同起诉有中断时效之效力,所以,也应该认为剩余债权的时效一并中断。而且中断的效力应维持到判决确定之时,即剩余债权的时效从此时才开始重新起算。③

(三) 抵销

1. 债务抵销抗辩

在部分请求案件中,如果原告所主张的债权并非侵权之债,被告有可能主张以自己的债权与之相抵销。具体而言,又有两种情况:一是被告在法庭外向原告主张抵销,这是一种诉讼外抵销(尽管它是在诉讼过程中主张的);二是被告在开庭时当面向原告主张抵销,这是一种诉讼上的抵销。

如果被告用以抵销的债权在量上少于原告的债权,则会有一些处理上的麻

---

① 这既包括受害人治疗周期长的案件,也可能包括原告难以证明损害数额的案件。例如,原告遭受火灾,其财产及证据均已灭失。

② 前引高桥宏志书,第99页。

③ 参见马俊驹、余延满:《民法原论》(第3版),法律出版社2007年版,第260页。

烦。例如，原告就 1000 万元借款债权中的 400 万元起诉，而被告则主张以其 600 万元的债权与之抵销，假设经审理后认定符合抵销的条件，法院应如何处理？是用原告未起诉的 600 万元抵销（如果是，则将支持原告的诉讼请求），还是用原告起诉的 400 万元及剩余债权中的 200 万元抵销（如果这样，则应驳回原告的诉讼请求），还是在起诉的 400 万元和未起诉的 600 万元之间按比例分摊抵销数额？

从攻防的角度看，原告提出的诉讼请求中要判给的是 400 万元，而被告的抗辩通常针对的就是该请求（抗辩的目的就是要使原告的请求不能成立），所以，也应该先就请求的 400 万元进行抵销。

但从原告的角度看未必如此。原告可能说我只是要法院判给我 1000 万元中的 400 万元，既然被告主张抵销，只要抵销后我的债权还有剩余，法院就应该（部分或全部）支持我的请求。

前述第二种说法较为合理，它对原告诉讼请求的解释可能更符合原告的本旨。即使不能这样理解，原告也可以及时将自己的诉讼请求修正为，若被告的抵销抗辩成立，则我要求就抵销后剩余的债权判令被告支付 400 万元。另外，就债务抵销而言，主张抵销者通常无权选择就对方的哪一部分债权进行抵销。而且，1000 万元借款（本金）债权本来就是单一债权，根本无法特定哪个是原告要的 400 万元，哪个是剩余的 600 万元，原告要的仅仅是"量"，即只要法院判给他 400 万元就行，至于这 400 万元是哪一个部分的，他无意特定，也无从特定。所以，法院应该支持原告的诉讼请求，但需在判决理由中说明剩余的债权已全部被抵销。①

2. 过失抵销

在原告以部分请求的方式提起侵权之诉时，还可能面临过失抵销的问题。这里的抵销虽然名为过失抵销，但其实是责任抵销。例如，法院确认原告自己应就损害负担 60% 的责任，而侵权之债的总额是 1000 万元，则法院在判令被告赔偿时就应依据职权主动扣除 600 万元。但假如原告在第一次诉讼时请求的是 400 万元赔偿，这 600 万元应怎样扣除？这一问题就和前述债务抵销抗辩的问题一样了。对此，应该采用同样的立场，即应先在未起诉的部分中扣除。

---

① 本文的观点在结论上等同于日本学界所谓的外侧说（另有内侧说和按份说）的观点，但在论证上有所不同。

需要说明的是,由于是先就未起诉部分的债权进行抵销,所以,尽管原告的起诉并未以之为目标,本不需就这部分债权(剩余债权)的存在及其数额进行证明,但由于需要用它来抵销,所以,原告就应该将他的证明范围扩大到剩余债权(除非他愿意先以他所请求的这部分债权进行抵销),这样,法院才能审查这部分债权是否足够抵销。这个问题对于侵权之诉更为突出,因为在侵权之诉中,原告往往不如第一类案件那样言明债权总额,也不能很方便地就债权总额进行举证。简言之,如果先就原告未起诉的部分债权进行抵销,会迫使原告扩大证明范围,也会使法院扩大审理范围。

六、结　　语

归结而言,无论是决定应否准许部分请求,还是设计部分请求的具体程序路径,都应立足于本土之特殊情境。肯定论在当下就是可以实施的,不必等待立法作统一、明确的规定,现行法中并无与之抵触的一般性规范。[①] 当然,立法者如能在部分请求的正当理由上作较为细化、刚性的界定,则显然有助于部分请求诉讼的良性运行。

[①] 有实证研究表明,实务上已经有不少法院认同部分请求,虽然也有若干法院持否定态度。参见占善刚、刘洋:《部分请求容许性的"同案不同判"及其规制——基于107份裁判文书的文本分析》,载《华东政法大学学报》2019年第2期。

实体法对程序法之僭越

——以《民法典》第 186 条为例[*]

　　《民法典》已经公布,这是法学界的重大事件。但是,如何处理好实体法与程序法的关系仍然是一个有待深入探讨的问题。至少曾经在相当长时间内,民诉法学界及实体法学界较少从微观层面探讨实体与程序的关系。实体规范可否直接转换为程序规范,在程序中应如何适用实体法,诸如此类的问题在我们看来远没有实体正义和程序正义的关系那般宏大和重要。但从民事司法的实际状况观之,它们并非如我们想象的那样简单和无关宏旨。因为我们在这些问题上已出现严重的错误,并已实质性地危及当事人的诉讼权利和实体权利,而且错误还有进一步扩散的危险。《民法典》虽然已经颁布,但这种危险仍然存在,没有减缓的迹象。而《民法典》需要民诉法教义学支持。如果实体法规范缺乏恰当的民诉法观念的配套,可能会流于形式,甚至会阻碍权利的实现。有关民事责任竞合的实体规范(《民法典》第 186 条)就是如此。本文探究民事责任竞合的实体规范如何在诉讼过程中适用,探讨它与起诉的合法性、竞合合并(重叠合并)的关系。这有助于揭示、排解前述这类错误。

　　需要强调的是,本文的讨论主要是解释论而非立法论层面的。[①]

一、现实的入侵

　　众所周知,我国《民法典》第 186 条是承认侵权责任与违约责任竞合的。与

---

[*] 本文是在以下这篇论文的基础上修改而成。严仁群:《实体法:请慎入程序法之域》,载《法律科学》2010 年第 3 期。

[①] 《民法典》第 186 条(即现已废止的《合同法》第 122 条)的立法原意大概也是排斥竞合合并的,这仍然是由立法者缺乏民诉法教义学有关知识所导致的。本文不探究此"原意",只就这两个条文的文本本身进行讨论。这种讨论即便在方法论上也有重要意义。

此相关的一个问题是：当事人可以在一个程序中就同一纠纷同时提起侵权之诉和合同之诉吗？

许多人（包括少数民诉法学者）会毫不犹豫地给出否定的回答，甚至有人会认为根本就不应该提出这样的问题，言下之意，否定的答案是不言而喻的。

首先，法官们在遇到这种起诉时通常会要求原告在两个诉之间作出选择。最高人民法院的态度大致也是如此，其发布的《最高人民法院关于适用〈中华人民共和国合同法〉若干问题的解释（一）》（以下简称《合同法解释（一）》，该司法解释现已废止）第30条规定："债权人依照合同法第一百二十二条的规定向人民法院起诉时作出选择后，在一审开庭以前又变更诉讼请求的，人民法院应当准许。对方当事人提出管辖权异议，经审查异议成立的，人民法院应当驳回起诉。"①法官们排斥这种起诉方式的主要理由是《合同法》第122条，即："因当事人一方的违约行为，侵害对方人身、财产权益的，受损害方有权选择依照本法要求其承担违约责任或者依照其他法律要求其承担侵权责任。"虽然该条文已失效，但《民法典》第186条基本"照搬"了该条文，它规定"因当事人一方的违约行为，损害对方人身权益、财产权益的，受损害方有权选择请求其承担违约责任或者侵权责任。"《合同法解释（一）》第30条显然是从《合同法》第122条"衍生"而来。

其次，实体法学界对这种起诉方式也普遍持排斥态度。例如，有学者称："按照《合同法》第122条受害人有权选择违约或侵权责任，意味着在发生责任竞合的情况下受害人只能选择一项请求权，而不能同时基于违约责任与侵权责任进行请求……在绝大多数情况下，受害人选择一种对其最为有利的方式提起诉讼，是能够使其损失得到充分补救的。"②有人更直白地宣称："我国《合同法》第122条规定在违约责任与侵权责任发生竞合的情况下，受害人一方可选择提起违约之诉或侵权之诉。"③显然，他们否定侵权之诉和合同之诉并行的依据也是《合同法》第122条。

---

① 至少从字面看，这个条文也并未明确规定原告只能择一起诉。但多数法官偏偏认为必须或只能择一起诉。另一个文件也常被认为持相同态度，即《全国沿海地区涉外、涉港澳经济审判工作座谈会纪要》。实际上，它也没有明确否定在一个程序中提出两个诉因的做法。

② 王利明：《再论违约责任与侵权责任的竞合（续）》，载《中国对外贸易》2001年第4期。

③ 王志华：《浅谈违约责任与侵权责任竞合的处理——兼评我国〈合同法〉第122条之规定》，载《法学论坛》2000年第4期。

然而，民诉法学理是认可这种起诉方式的，并且视不同情况，分别称之为重叠合并、选择合并或者预备合并。① 但较为常见的是重叠合并（为简化起见，本文主要论及重叠合并）。② 它们都是诉之客体（客观）合并中的重要类型。③ 当然，如果在诉讼标的论上持诉讼法说或事件说，则不会承认有所谓的诉的合并。德国实务或学理上会换一个称谓：诉讼理由的聚合。所谓重叠合并是指诉讼标的不同而诉之声明相同的客体合并。例如，原告诉称自己乘坐公交车时受伤，主张公交公司侵权且（或）违约，即在一个程序中同时提起侵权之诉与合同之诉，但仅提出一个诉的声明：请求法院判令被告赔偿损失×元。显然，此处的诉讼标的是指原告主张的实体权利或实体法律关系，是旧标的说下的诉讼标的。而所谓诉的声明则相当于《民事诉讼法》第119条中的"诉讼请求"，即原告在起诉时声明的请求法院判决的事项。

是仅提出侵权之诉还是一并提起合同之诉，这是个起诉方式的问题，是如何设定诉讼标的的问题。但在这个主要属于程序法的具体领域里，实体法或实体思维居于主导地位，程序原理完全被抛在了一边。《合同法》第122条被直接引入程序，并用以限制起诉方式。这种做法实可谓是对程序法领地的入侵。这种入侵有现实的危害。

危害之一是强迫当事人作两难选择。

如果原告认为案件涉及侵权与违约的竞合，并要求被告赔偿损失，那么他在诉讼中的主要任务就是向法院证明侵权或违约责任的诸要件已具备，除非某要件（事实）的证明责任应由对方承担。但证明侵权责任的诸要件可能相对较困难，就此而言，原告可能更愿意提起合同之诉。但是就可能获得的赔偿数额

---

① 选择合并是指原告主张数个不同的请求，由法院择一作出支持性判决的客观合并。而所谓预备合并是指原告将主请求与预备请求以特定顺序一并提出，若主请求成立，法院就不必就预备请求作出判决。

② 传统上，涉及请求权竞合的合并一般仅被作为重叠合并（竞合合并）。但是，也不妨允许以选择合并或预备合并的方式起诉。但笔者认为最好采重叠合并，因为其诉讼请求（诉的声明）的表述显然最为简便，且可避免被人指诉讼请求不明确（尽管此指责并无道理）。

③ 关于客体合并的分类、用语并不统一。例如，我国台湾地区的学者有的认为重叠合并就是竞合合并，有的则不以为然。在日本，有人将竞合合并归入选择合并，也有人将它列入预备合并。参见〔日〕中村英郎：《新民事诉讼法讲义》，陈刚、林剑锋、郭美松译，常怡审校，法律出版社2001年版，第125页；〔日〕新堂幸司：《新民事诉讼法》，林剑锋译，法律出版社2008年版，第522页。当然，我们不应为这些分歧所困扰，重要的是认识到他们都认同侵权之诉与合同之诉的并行。

而言,原告则可能更愿意提起侵权之诉,因为两种责任的赔偿范围不同。① 因此,要求原告在两个诉之间作出选择,实在是强其所难:若选择侵权之诉,则面临较高的诉讼风险,可能最终一无所获;若选择合同之诉,即使胜诉可能也仅获得较少的赔偿。而究竟哪一种诉可能会成功,未见得是容易预料的。当事人在判决前要了解或预测法官的心证通常也是困难的。

危害之二是妨碍当事人实体权利的实现或引发再诉,而后诉有可能不被受理。

如果原告本想同时提起侵权之诉和合同之诉却被法院阻止,那么他很可能在侵权之诉败诉后再提起合同之诉。这就给我们提出"难题":要不要受理这样的后诉?

从大陆法系的旧标的说("传统旧说")的角度看,这个问题的答案是很确定的,即当事人可以再诉。在前案中,原告提起的是侵权之诉,双方围绕侵权之诉进行攻防,法院也是围绕它进行审理。因此合同之诉是一个新诉,自然不能否定其合法性。

某种程度上,这种观点也是契合于我国的司法实践的。多数法院实际仅是就原告提起的诉进行审理,可谓是"心无旁骛"。② 多数或较多法官就是将诉讼标的界定为实体法律关系的。

实践中存在准许当事人基于另一个实体法理由再诉的案件。例如,前案中原告以合同应被宣告无效为由要求返还某一款项,败诉后再以合同应予撤销为由要求返还同一款项,法院不但受理而且支持了后诉请求。③

但就实在法而言,这个问题曾经在相当长时间内没有答案。实务上也未形成共识。

2015 年发布的《民诉法解释》第 247 条已经初步提供判断的"准据"。根据

---

① 有些国家例外时准许交叉。例如美国有的法院考虑违约的性质,并在违约行为有可非难性时,判予原告精神损害赔偿。参见〔美〕E. 艾伦·范斯沃思:《美国合同法》(原书第三版),葛云松、丁春艳译,中国政法大学出版社 2004 年版,第 782 页。

② 例如有法官称"原告选定诉因后,人民法院审理案件的范围也就确定了,法院只能在原告的诉因范围内'就事论事'地对案件作出裁决。"参见邬文辉:《浅谈对当事人诉因选择权的限制》,https://www.lawtime.cn/info/minshi/mssslunwen/201009135990.html,访问日期:2021 年 5 月 8 日。

③ 参见张华、方芳:《合同诉讼有技巧,无效不同于撤销》,载《人民法院报》2004 年 7 月 4 日。

它所规定的"三同说",由于前、后案中的当事人、诉讼请求(都是请求赔偿若干元)是相同的,只要在诉讼标的上持旧说(无论是"国内旧说"还是"传统旧说"),就应该认为诉讼标的不同,所以后诉不构成重复起诉。

然而,即便如此,部分实务者考虑到《民法典》第186条的存在,便会否定前述之"初步"结论。

由此可见,实体思维在国内可谓是根深蒂固。

但是,无论是受理还是不受理,都有明显的弊端。如果拒绝受理,则意味着那些本可赢得合同之诉的原告的实体权利,仅因法院对起诉方式的限制而无法实现;如果受理,那就意味着被告要就同一事件再次应诉,法院要对同一事件再次进行审理,甚至不同的法官还会对相同事项作出不同的判断。[1] 这是背离诉讼经济原则的。

二、实体规范之错用与纠正

我们在实体上虽然是承认责任竞合的,但在诉讼之路上却与不承认竞合的国家取得了一致:都只准许原告提起一种诉。[2] 但是,我们应该考问自己:实体法真的可以作为排斥重叠合并的依据吗?

(一) 实体规范如何被错误适用

之所以依据《民法典》第186条否定重叠合并,无非是基于这样的思维:既然受害人不能要求加害人既承担侵权责任又承担违约责任,那么在诉讼中受害人就不能同时提起侵权之诉和违约之诉。这一实体思维的特点是:将相关的实体法条文照搬于诉讼程序,用于规制起诉方式。但这种照搬有着严重的逻辑缺陷。

---

[1] 虽然从现行法关于判决的预决效力的规定看不可能发生此种矛盾,但此规定本身有严重缺陷。事实上,并非所有法院都在严格执行该规定。参见欧海鸥:《依据生效判决认定的事实免除证明责任探究》,载《人民法院报》2006年5月24日第B02版。

[2] 但即使在法国,也有人对此限制提出异议,认为从技术角度讲,契约诉讼和侵权诉讼的竞合是一种正常的诉讼秩序制度,个人有权使用法律规定的一切手段来维护自己的利益,这是符合正义要求的。参见张民安:《现代法国侵权责任制度研究》(第2版),法律出版社2007年版,第30页。

如法理学所言,法律规范的基本结构是:事实构成与法律后果。①《民法典》第 186 条的事实构成是"当事人一方的违约行为,侵(损)害对方人身、财产权益",其法律后果则是"受损害方有权选择要求其承担违约责任或者侵权责任"。因此,如果我们希望适用该条文,要求当事人作出选择,我们就必须首先确认该条文所规定的要件或事实构成已经具备。但问题是,依据这两个实体法条文排斥重叠合并的裁判者是何时适用该条文的?他们在起诉(立案)阶段或稍后的阶段就适用了,而不是在经实体审理已能确认被告的行为既构成违约又构成侵权之时才适用。简言之,他们在适用实体法条文时并没有确认其要件已经具备。这便是他们所犯的错误。

《合同法解释(一)》第 30 条是最高人民法院解释或适用《合同法》第 122 条的结果,但也犯了同样的错误。因为它也明确要求原告在起诉时就在侵权之诉和合同之诉之间作出选择(只不过为表示对原告的宽容,又准其在一审开庭前变更选择)。或许有人会说它是要求"债权人"而非"原告"作选择。这种辩护似乎是有道理的。但是,我们除了认为它要求原告在起诉时就作出选择外,还能对它作别样的理解吗?除了原告之外,我们在起诉时还能要求谁作选择?在这类案件中,在诉讼的前期阶段,我们通常到哪里去找已被确认是"债权人"的原告?除非被告明确承认原告是其债权人或者有生效裁判作此确认。

(二)《侵权法建议稿》第 12 条之误

《民法典》第 186 条本身并不排斥重叠合并,只是被我们误解和误用了。②但《侵权法建议稿》第 12 条却是明确排斥重叠合并的。因为它使用了"诉讼请求"这样的程序用语,我们有理由认为它所谓"选择根据侵权责任或者根据违约责任提出诉讼请求"就是指选择侵权之诉或合同之诉。由此可见,该条文并非纯粹的实体规范,而是一个兼有程序内容的混合规范,且有明确的规制起诉方式之意。

但是我们需要探究一下它的来源,它是如何被拟就的?笔者认为起草者在拟订该条文前头脑里是有明确的关于责任竞合的实体法观念的,并且与《民法

---

① 国内的二要素说多认为法律规范包括行为模式和法律后果两个要素。〔德〕伯恩.魏德士:《法理学》,丁小春、吴越译,法律出版社 2003 年版,第 63 页。

② 或许从实体角度看《民法典》第 186 条是可质疑的,例如可能有人会认为应采法条竞合说,甚至认为应采规范竞合说。但从程序法的角度看,它本身没有什么问题。

典》第 186 条的内容相似,即承认竞合。但是,起草者太性急了,直接将此实体观念转换成了规制起诉方式的规范。问题恰恰就出在这种转换上。这种转换就如同《合同法解释(一)》第 30 条对《合同法》第 122 条的转换一样,同样犯了不顾实体要件是否具备而直接适用实体法的错误。本文第一部分所引的排斥重叠合并的表述也都包含有这种转换,都是在从实体角度讨论责任竞合时"无意识地"转换到了对程序问题的讨论。在竞合问题上,我们常常就是这样很轻松地完成了从实体到程序的跨越,但需要检讨的正是这种跨越。

单独分析该条文的内在构成,也可看出它的问题。它的程序性部分是规制起诉方式的,这就决定了它只能适用于诉讼的前期阶段;而它的实体性部分却规定了适用它的实体性条件,该条件是否具备通常只能在实体审理后才能确认。简言之,它的实体部分与程序部分是相冲突的,它是一个自相矛盾的条文,是一个无法适用的条文。

(三) 通常应如何适用实体法?

可能有人会提出质疑:难道在诉讼中仅在确认实体要件已具备的情况下才可适用实体法吗?① 只可以作如此严格的适用吗?在我们的印象中似乎是有对实体法作模糊性适用的情形的。但这种印象是真实的吗?或者这种印象如果是真实的,它就能为前述的错误适用作辩护吗?要解开这方面的疑问,需要对实体法在程序中的适用作较全面的分析。

就广义而言,在诉讼中对实体法的适用大概有三种类型。

第一种是肯定性适用。这种适用方法是我们最熟悉的,是指法官认为某实体规范的诸要件都已经具备,从而认为它所规定的法律后果已发生或应予认可。显然,法院在支持原告的诉讼请求或支持被告的实体性抗辩时通常就是这样适用实体法的。这种适用都以实体审理为前提。

第二种是否定性适用。它是指法官认为某实体规范的部分或全部要件不具备,从而认定该实体规范并不能被肯定性地适用于本案,从而不认可它所指示的法律后果。如果仅将法律规范中的行为模式与法律后果之间的关系看成是 p→q 的关系(蕴涵),那么就无法进行这样的推理。但如果法院经审理认为

---

① 这里的"实体法"指仅规定实体权利义务的法律规范,不包括那些兼有程序法因素的混合型规范。

能够适用于该案的法律规范仅此一个,则行为模式与法律后果之间的关系就实际变成了 p↔q 的关系(当且仅当),此时作这种否定性推论则是可以的。

否定性适用不太为我们所关注,但其实并不少见。例如,法官经过实体审理认定构成侵权的过错要件不具备,从而判决驳回原告要求被告承担侵权责任的请求。这种否定性适用的最终结果是实体判决。再如,某法院通过审理认定双方当事人签订的合同不符合实体法对联营的界定,案件所涉的合同并非如原告所主张的那样是联营合同,而是借款合同,本院对借款合同纠纷并无管辖权,从而裁定将案件移送至有管辖权的法院。[①] 这种否定性适用的最终结果是程序性裁判。

第三种是假定性适用。这是指法官考虑到相关实体法有可能被肯定性适用于本案,从而决定启动诉讼程序或启动某项审理活动。例如,原告声称与被告签订合同时受到了欺诈,因此根据合同法的相关规定要求撤销合同。对这样的起诉,法官认为若原告所述为真,依据实体法他是有可能胜诉的,所以,只要该诉在合法性上没有问题,法官就应决定对其进行实体审理以审查诉是否有理由。法官在决定对当事人的请求进行实体审理之前也可谓是适用了相关实体规范。但与肯定性适用、否定性适用不同的是,假定性适用对实体法的适用仅仅是对实体法的一种简略考量,是将当事人的主张与有关实体规范作简单对照,考察其是否有成立的可能,从而决定是否对其作实体审理。在这一过程中,法官对实体要件既不作肯定性认定也不作否定性认定。所以,它只是对实体法的一种广义上的适用(这也正是前文使用"广义"一词的原因)。

但是,我们在排斥重叠合并时试图采用的是哪一种适用方法?显而易见,是肯定性使用。以《合同法》第 122 条为据的法官们是如此,最高人民法院在制定《合同法解释(一)》第 30 条时也是如此。而肯定性适用是应以确认实体要件已具备为前提的,但我们在排斥重叠合并时偏偏没有作此确认。所以,尽管在诉讼中可能有多种适用实体法的方法,但这并不能为排斥重叠合并的错误提供辩护。

[①] 关于审查管辖权异议时应进行实质审查还是形式审查,有争议。但最高人民法院有关官员要求在特殊情况下进行必要的实质审查。参见郭士辉:《苏泽林在民商事审判管辖实务研讨会上要求进一步提高管辖司法水平》,载《人民法院报》2006 年 5 月 25 日第 1 版。

三、竞合合并或诉讼理由聚合的正当性

(一) 承认重叠合并或诉讼理由聚合的理由

其一，重叠合并或诉讼理由聚合是一种合乎逻辑的论证方法。从论证的角度看，重叠合并不过是原告为其同一结论(诉的声明)提供了多个法律理由而已(就此而言，诉讼理由的聚合这个名称更为"直观")。原告就同一事件同时提起侵权之诉和合同之诉，只是既从侵权法的角度论证被告应赔偿×元，又从合同法的角度论证被告应赔偿×元。即使法官认为两种责任的赔偿额不可能一样，那也只是他在作实体裁判时所要回应的，而不是否定这种起诉方式的理由。① 同样，如果原告(诉称被告在借用合同到期后拒不交还借用物)同时基于所有物返还请求权和契约上的返还请求权，要求被告交付同一物，那也不过是原告为同一诉的声明同时提供了物权法和合同法上的理由而已，不应强迫其删除一种理由。简言之，重叠合并往往只是原告为确保其结论的可靠性而为的多角度强化论证。从逻辑上看，这是很合理的，且毫无新奇之处。

其二，当事人不是法律专家。我国民事诉讼并未实行强制律师代理制，大量的案件都是当事人本人进行诉讼，而他们绝大多数又不是法律专业人员，往往难以准确把握案件的性质。例如，案件到底是侵权还是不当得利，还是两者的竞合，可能在他们看来是很模糊的。因此，对他们来说，以重叠合并方式起诉往往是不得已而为之。

其三，法律的不确定性加大了确定诉因的难度。由于某些法律具有不确定性，原告及其律师在选择诉因时可能举棋不定。就法官而言，法律的不确定性也常折磨着他们。如果我们不是过于自大的话，就应承认疑难案件的存在，总有一些法律问题目前尚难有定论，也总会出现一些立法者根本未曾料及的新型案件。某些案件，法官可能只是在最终不得不裁判之时才无奈地给出一个他自己也并不确信的结论。具体就责任竞合而言，究竟哪些情形构成竞合、竞合的

---

① 正如即使原告提出某一极不合理的赔偿数额，法官也只能在审理后按合法、合理的数额进行判决，而不能强迫其变更请求，更不能就此驳回起诉。

条件到底有哪些,这些问题法官们也未见得敢保证能说得很清楚。① 既如此,裁判者就应对原告设定诉因之难感同身受,不应强迫其作单一选择。

其四,原告有权设定诉讼标的。处分原则是民事诉讼法上的一项基本原则,传统学理认为它是意思自治原则在民事诉讼中的延伸。而处分原则的含义之一便是原告有权设定诉讼标的。即诉讼及审理的对象通常应由原告确定,② 只要原告对诉讼标的的设定不违背禁止性规定,在逻辑上并无缺陷,通常就应予尊重。具体而言,如果案件可能涉及侵权与违约的竞合,原告有权将侵权法律关系和合同法律关系均设定为诉讼标的。原告这样设定诉讼标的并不会使被告无从防御,被告只是有两个防御对象而已;也不会使法院无所适从,法院只需分别按照侵权责任和合同责任各自的构成要件进行审理即可。③ 如果裁判者不是将自己的便利放在第一位,而是能充分尊重当事人的处分权,他就更能接受重叠合并。当然,毋庸讳言,法官的审理负担和被告的防御负担确是因重叠合并而加重了。但是,主要的证明负担通常仍是落在原告身上的。更何况,一次性解决纠纷对于被告和法院来说何尝不也(应)是值得期盼的?④

其五,化解新、旧标的说之争。如前所述,关于诉讼标的存在争论,而现行法在这方面可谓是空白。在此情况下,重叠合并实际是有化解争议之功效的。因为,如果原告主动将可能竞合的数个实体请求权一并提出,被告就其存否进行充分的争讼,法院也予以充分审理,那么在判决生效后,原告或被告自然无从再就这些请求权进行诉讼。因此,至少对这些案件而言,新说和旧说之争就失去了实际意义。而如果大多数责任竞合的案件,当事人都能以此种方式诉讼,那么诉讼标的(论)之争也就基本可画上句号了。⑤

此外,从本文第一部分的阐述可见,重叠合并还有利于纠纷的一次性解决,

---

① 这方面的详细说明,可参见叶名怡:《〈合同法〉第 122 条(责任竞合)评注》,载《法学家》2019 年第 2 期。

② 作为例外,在涉及公益时,允许法院在标的外裁判,但仍应注意防止裁判突袭。

③ 有法官称:"原告在提出一个具有违约责任之诉和侵权损害赔偿之诉的双重诉因的诉讼时,法院对于本案是应适用合同法或是侵权行为法,绝无可能作出决定。"前引邵文辉文。此说显然不能成立。

④ 就一般而言,被告的防御负担通常不都是原告所施加的吗?法院的审理负担不也是源于原告的起诉吗?

⑤ 有人还曾提及另一理由:由于某些现实的原因,某些证据往往为被告所控制,原告无法在诉前取得。参见〔美〕杰克·H.弗兰德泰尔等:《民事诉讼法》(第 3 版),夏登峻等译,夏登峻校,中国政法大学出版社 2003 年版,第 251 页。

符合诉讼经济原则,并且能够防止矛盾裁判的发生。总之,重叠合并是有其充足的合理性的,我们应该以包容的态度去接纳它。

(二)"一案一诉"之说不能成立

在国内的实务上,排斥重叠合并的法院除了以《合同法》第122条为据外,还给出了一些程序上的理由。

理由之一是"一案一诉"。此说在国内的裁判书中比较常见。[①] 法官们写的文章里也有所表述。但所谓"一案一诉"既无法律根据,也不见诸诉讼学理。它只不过是较普遍地存在于国内部分实务者头脑里的一种观念而已。相反,在美、德、日等国,客体合并是一项重要的原理或制度,而客体合并往往就意味着一案多诉。[②] "一案一诉"之说显然违背诉讼经济原则,不利于纠纷的一次性解决,也有违赋予原告诉讼标的设定权的处分原则。我们甚至还可以作一点横向比较:刑事诉讼中也实行"一案一罪"或"一罪一诉"吗?[③]

(三)"不同法律关系不能合并审理"之说不能成立

另一种排斥理由是:不同的法律关系不能合并审理。例如有法院称:"起诉的四个合同,是四个完全不同法律关系的合同……应该个案受理。"[④] 有法官称:"增加或者变更诉讼请求只能是基于先前提出的民事法律关系或者民事行为。"[⑤] 此种理由实际是"一案一诉"说的翻版,因为"一案一诉"之"诉"在实务上

[①] 例如广东省高级人民法院(2004)粤高法民四终字第53号民事判决书、云南省昆明市中级人民法院(2005)昆民四初字214号民事判决书。时至今日,此表述仍然较为常见。在"无讼案例"中可以检索到1340份使用或涉及该"术语"的裁判文书,虽不能肯定所有的裁判法院都认同此表述,但必定有一些是持肯定态度的。例如,广东省深圳市中级人民法院(2019)粤03民终182号民事裁定书。而在行政裁判文书中,法院似乎更经常性使用这种表述。"无讼案例"中可检索到3296份裁判文书(截至2020年8月28日)。例如,福建省宁德市中级人民法院(2018)闽09行赔初69号民事判决书。

[②] 虽然,基于同一法律关系的多种请求也常被归入客体合并。但客体合并并非仅此一种,更有讨论意义的是同一事件下的多个法律关系(诉)的合并,以及基于多个事件的多个请求的合并。

[③] 当然,刑事法上有数罪并罚制度,它使得刑事诉讼必须实行强制合并。但没有此强制合并必要的民事诉讼,也不应就此走向另一个极端——不准合并。

[④] 最高人民法院(2001)民四终字第41号民事裁定书。

[⑤] 何建华:《增加、变更诉讼请求时限制度若干问题探讨》,载《人民法院报》2004年5月19日第?版。

常被理解为或对应于实体法律关系。它同样没有实在法上的依据和法理上的支撑。即使从常识的角度来看，它也是不合理的。例如，曾有某银行就其与被告之间的两笔贷款起诉，要求偿还本金和利息，这种很平常的起诉方式，竟然也受到质疑，而质疑的理由大致就是两笔贷款代表两个不同法律关系，不能合并审理。① 我们有必要在如此简单的问题上背离常识吗？②

(四) 部分实在法文本的支持

我们甚至可以说重叠合并是有个别法规范作为依据的，至少从其文义看是如此。

《最高人民法院关于审理期货纠纷案件若干问题的规定》第 6 条："侵权与违约竞合的期货纠纷案件，依当事人选择的诉由确定管辖。当事人既以违约又以侵权起诉的，以当事人起诉状中在先的诉讼请求确定管辖。"可能我们当中的大多数人会这样理解该条文：如果原告既以违约又以侵权起诉，则法院根据在先的诉讼请求确定管辖，并仅审理该诉讼请求。它的制定者大致也是这样理解的。③ 但实际上，对它还可以作另一种理解：当事人既以违约又以侵权起诉的，由对在先的诉讼请求有管辖权的法院对违约之诉和侵权之诉一并进行审理。我们甚至可以说这后一种理解更为恰当。其一，此条文并未声称对在后的请求不予审理。其二，如果其制定者本意就是要否定重叠合并，他完全可规定："当事人既以违约又以侵权起诉的，仅审理起诉状中在先的诉讼请求。"这样既可消除歧义，又可使管辖问题不言自明。其三，后一种解释更合乎客体合并的原理，也合乎牵连管辖的原理。

当然，遗憾的是，这个条文制定者的"原意"大概是不认同重叠合并的。至少在制定条文时，制定者很可能是缺乏相关法理或教义学知识的。

---

① 参见最高人民法院(1999)经终字第 347 号民事判决书。该案中两笔贷款的当事人完全相同。

② 此外，还可能有其他理由。例如，准许合并将使法院少收取诉讼费。即使有些许道理，那也只是调整诉讼收费办法的理由。实务上还有不少法院认为无牵连关系的法律关系不能合并审理，这种观点也是值得商榷的，限于篇幅本文不作讨论。

③ 参见吴庆宝主编：《期货诉讼原理与判例》，人民法院出版社 2005 年版，第 132 页。

(五) 少数实务者已有近似的"意识"

稍可令我们欣慰的是,实践中已出现准许就竞合的请求权一并起诉的个案。[①] 例如,史泰博商贸有限公司与祁连峰商标侵权及不正当竞争纠纷案[②]和南京雪中彩影公司诉上海雪中彩影公司及其分公司商标侵权、不正当竞争纠纷案[③]。这两个案件的原告都主张被告的行为既构成商标侵权,又构成不正当竞争,要求被告停止侵权和不正当竞争行为,法院都未否定原告的起诉方式。后一案件(该案的客体合并是通过诉的追加而形成的)的受诉法院还明确宣称原告"有权增加诉讼请求,有权请求法院对两个不同性质的法律关系分别作出认定"。

四、导致僭越的原因

大概以下几个原因导致了重叠合并在国内广泛受到排斥:

(一) 实体与程序的多方面的混同

1. 主体身份的混同

民事实体法和民事诉讼法自然是有很多差异的,差异之一是法律关系主体的身份不同。这是一种基础性的差异,是逻辑起点上的差异。在程序的空间里,较常见的场景是某一实体地位不明者向法院提交了一个诉,叩开了程序之门。法院不知道起诉者是否实体权利主体,但基于司法之职责不得不接受该诉,并可能进而迫使另一个实体地位不明者(被告)应诉。法官如果认为诉的合法性没有问题,则应进行实体审理,让当事人双方充分进行攻击防御。诉讼的过程就是一个努力使事实真相逐步得以再现、使系争的实体法律关系渐趋明朗的过程,民事诉讼法所规制的就是这一过程中各程序主体的诉讼活动。而民事实体法则不然。它通常不必为谁是权利人、义务人所苦,不必为事实真相究竟

[①] 严格来说,这两个案件与传统的重叠合并尚有距离。因为,被合并提起的两个诉的目标不完全一致。但两个受诉法院都准许就被告的同一行为同时设定两个诉讼标的,这是关键所在。

[②] 参见上海市第二中级人民法院(2006)沪二中民五(知)初字第 298 号民事判决书。

[③] 参见《最高人民法院公报》2006 年第 5 期。

是什么而费心,它通常要做的是为各种私法关系定性,为民事主体合理配置实体权利和义务。换言之,民事诉讼法律关系中的非职权主体是原告与被告、上诉人与被上诉人,法官往往只是在判决时才不得不确认当事人的实体身份。而民事实体法律关系的主体则通常是债权人、债务人等实体地位明确者。但自以为已经充分认识到实体法与程序法差异的我们,偏偏有时会忘记这种基础性的差异。在将实体法观念直接转换为限制起诉方式的(前述)《侵权法建议稿》第12条时是如此,在直接将《合同法》第122条照搬进诉讼早期阶段时也是如此,在根据《合同法》第122条制定《合同法解释(一)》第30条时还是如此。当然,前两例的错误或许可以因被告在诉讼开始时就承认原告是受损害人而消除,但《合同法解释(一)》第30条所包含的错误通常是无法弥补的。因为被告不太可能在诉讼开始或开庭前就承认对方是债权人,承认了这一点就等于承认自己有法律责任(而承认对方是受害人则不一定如此),这与承认原告的诉讼请求已经相差不远了(或许在赔偿数额上尚有分歧)。

2. 将选择诉的类型混同于选择民事责任的类型

伴随着将债权人或受害人混同于原告的是,我们还将要求原告在侵权之诉和合同之诉之间作选择,混同于要求受害人在侵权责任和违约责任之间作选择,却没有意识到两者之间的差异,没有意识到这种混同对原告来说可能是致命的。如果当事人双方的实体地位已经明确,已确定侵权责任和违约责任都成立,此时,让受损害方在两种责任之间作出选择,通常对其没有什么损害(只是赔偿数额有所不同而已)。但是,要求尚未被认定是赔偿权利人的原告作出选择则不同,那样可能会使其最终完全败诉。

3. 实体请求与诉讼请求的混同

我们在排斥重叠合并时还可能存在一种误解:认为同时提起两个诉就是要求被告承担双重责任。实际上,就同时提起侵权之诉与合同之诉的多数原告而言,他们并不奢望被告既承担侵权责任又承担违约责任,他们提出的赔偿额往往只是两种责任中的较大的数值。就当事人的攻防和法院的审理来说,原告提起的是何种诉,当然很重要。但就原告的最终目标而言,他更看重的通常是能获得多少赔偿、能否收回特定物或其他争讼目的能否实现。在重叠合并中,原告关注的是实现诉的声明——它可能是不作实体定性的、纯粹的诉讼上的请求

(例如请令被告赔偿 10 万元)①——而不是被告所承担的责任的性质(侵权责任还是违约责任)。侵权之诉和合同之诉不过是原告追求其最终利益的工具。多个诉指向同一个诉的声明,这正是重叠合并的鲜明特点。认识到这一点,我们就能发现另一种实体和程序的混同。我们指称某诉为侵权之诉或合同之诉,实际是指该诉背后的实体法律关系或实体请求权,即认为原告提出的是基于侵权法或合同法的实体请求权,是要求被告承担侵权责任或违约责任的实体请求。但诉的声明却可能是纯粹的诉讼上的请求。显然这是两种性质的请求,一为实体性的,一为程序性的。两者不无关系,但绝非同一概念。在重叠合并中两者是二(多)对一的关系。但我们在排斥重叠合并时偏偏把它们混同了,偏偏认为它们是一对一的关系,从而认为同时提出侵权之诉和合同之诉就是要求被告既承担侵权责任又承担违约责任。② 即便有部分原告"奢望"被告承担"双份"责任,那也不能以此为由否定原告的起诉(的合法性),法官可以就实体法作必要的说明。若原告坚持这样起诉并且诉讼请求可以得到部分支持,则最终只判给他一份责任所对应的赔偿即可(通常取较大值)。

(二) 对民诉法原理的陌生

固然我们很难要求某一部门法的研究者对其他领域也有准确的把握,但如果我们试图跨入另一部门法的领域,我们就应接受这样的要求。遗憾的是,在讨论程序中应如何处理责任竞合时,我们并没有达到这样的要求。在这方面,或许是由于"重实体轻程序"的传统,实务界及实体法学界对民事诉讼法的相关原理似乎相当陌生。

首先,最缺乏的是对诉的客体合并的了解。③ 我们可能很少听说重叠合并、预备合并和选择合并,更不用说有较深入的了解。"一案一诉"在实务上有较高或一定的认同度也反衬了这种遗憾的现实。实务上还有法院称"诉因必须

---

① 类似于法国有人对标的的界定:标的是被请求的经济或社会性质的结果。参见〔法〕雅克·盖斯旦、吉勒·古博:《法国民法总论》,陈鹏等译,法律出版社 2004 年版,第 536 页。当然,肯定有一些原告的诉讼请求是不纯粹的,包含了实体定性。即便如此,如果是(物的)给付之诉,他们可能更看重的是数额。

② 如果原告是以选择合并或预备合并的方式同时提起侵权之诉和合同之诉,则从其诉讼请求(诉的声明)看,他显然只是要求被告承担一种责任,而非两种责任。

③ 此前在国内判决书里很难见到"诉的客体合并"一词,但还是有的。例如广东省高级人民法院(2004)粤高法民四终字第 100 号民事判决书。

固定",并据此排斥诉的追加或合并。① 诉因即便应相对固定,但如何能将其等同于诉因必须单一?再者,从诉的变更的原理看,"诉因应固定"之说也是有问题的。

其次,对诉讼标的原理了解较少。有学者在评论某观点时说它"不符合民事诉讼法关于诉讼标的与既判力的通说。因为,尽管请求权是两个但纠纷本身只是一个,不能就一个纠纷两次交由法院解决"。而所谓"尽管请求权是两个但纠纷本身只是一个,不能就一个纠纷两次交由法院解决",其实只是诉讼法说的观点。德国的通说采诉讼法说。日本实务上主要采用的仍是旧说。美国多数司法区采用的则是事件说或交易说,我国实务上主要采用的也不是诉讼法说。此外,在既判力问题上各国也有较大差异。②

我们同样缺乏了解的还有相关的比较法信息。虽然各国实体法对请求权竞合的态度差异较大,但在具体的程序处理上,许多国家却有着惊人的一致。在大陆法系承认竞合的国家中,在同一程序中同时提起侵权之诉和合同之诉这样的起诉方式是被广泛认可的。在希腊、德国、奥地利和葡萄牙,在请求权竞合时,权利人可以不同的基础为依据进行诉讼,"原告不必对其权利基础作出陈述"③。德国虽没有重叠合并的概念,但德国学理和实务界都准许就同一诉的声明同时主张侵权法和合同法上的理由,这种起诉方式即为前述的诉讼理由的聚合。他们认为"从合同、不当得利或侵权行为中要求某一数额。根据民法应当作为一个请求权还是多个请求权,在诉讼上无关紧要"④。当今美国的大多数司法区允许选择性诉辩文书,只要权利主张系善意提出,基于假定作出的、选择性或相互不一致的权利主张均可获得准许。⑤ 例如《美国联邦民事诉讼规则》规定:"当事人可以就一项请求或抗辩以替代性或假定性方式提出两个或多

---

① 例如,广东省高级人民法院(2004)粤高法民四终字第 53 号民事判决书。
② 尽管德、日都采主文说(认为通常仅主文中的判断有既判力,作为例外,关于抵销的实体判断也有既判力),但由于各自采不同的标的说,所以其主文覆盖的范围实际并不相同。
③ 〔德〕克里斯蒂安·冯·巴尔、乌里希·德罗布尼希:《欧洲合同法与侵权法及财产法的互动》,吴越等译,法律出版社 2007 年版,第 178 页。
④ 〔德〕罗森贝克、施瓦布、戈特瓦尔德:《德国民事诉讼法》,李大雪译,中国法制出版社 2007 年版,第 706 页。
⑤ 参见前引杰克·H.弗兰德泰尔等书,第 251 页。

个主张,不论是一个还是多个诉因或防御方法。"①实际上,在美国,由于多数司法区采请求排除规则,所以,若某请求有多种法律理由,②原告不但可以而且必须一并提出,否则以后就不能再提出(失权)。即所谓"要么现在就说,要么永远闭嘴"③。在英国,许多律师在起诉时可能既提出侵权法的理由也提出合同法方面的理由。有判例声称:"只要原告不提出双份的请求,他就有权以他选择的任何(诉因)请求赔偿损失。"④而且,"英格兰自1875年起,民事诉讼当事人就不再有将其请求或防御与某种法律规则或原理联系起来的义务"⑤。

五、结　　语

归结而言,基于对当事人处分权的尊重,基于切实保障当事人实体权利的需要,我们应该认可重叠合并或竞合合并这种起诉方式。基于诉讼经济和防止矛盾裁判方面的考虑,我们甚至应该鼓励重叠合并。实体法与程序法的界分在当今似乎已不是一个需认真对待的问题,但我们在处理民事责任竞合时出现的种种错误,说明我们仍会不自觉地混同实体与程序,我们仍会下意识地走回实体与程序不分的年代。因此,我们仍应重视实体法与程序法的关系,并且这种重视不能如过去那样只局限于实体正义与程序正义的层面,还应"屈尊"重视二者在具体适用上的关系。就本文所论的主题而言,我们务必要认清两者之间的差异,认识到它们各有自己的思维空间和适用对象,在处理程序问题时至少应与实体思维保持一定的距离。如果我们需要在实体法中就相关的程序问题设立规范,应首先确保自己对有关的程序原理已有充分了解,否则我们就无法担当起为该问题立法的重任,便可能是对程序法的僭越。

---

① FRCP. Rule 8(e)(2). 该条文中的"alternately"大致对应于大陆法系的选择合并或竞合合并,"hypothetically"则大致对应于大陆法系的预备合并。

② 在美国,某一行为也可能同时构成违约与侵权。参见〔美〕文森特·R. 约翰逊:《美国侵权法》,赵秀文等译,中国人民大学出版社2004年版,第2页。

③ 〔美〕斯蒂文·N. 苏本等:《民事诉讼法——原理、实务与运作环境》,傅郁林等译,中国政法大学出版社2004年版,第762页。

④ 〔德〕克雷斯蒂安·冯·巴尔:《欧洲比较侵权行为法》,张新宝译,法律出版社2001年版,第522页。

⑤ J. A. Jolowicz, *On Civil Procedure*, Cambridge University Press, 2000, p.187.

"吴梅案"之教义学分析[*]

最高人民法院公布的第一批指导案例中就有一个是民诉法的案件,即第 2 号案例——吴梅诉四川省眉山西城纸业有限公司买卖合同纠纷案(以下简称"吴梅案")。

该案的起点是二审中当事人达成和解协议,涉及的问题横跨诉讼程序与执行程序,但最高法只注意到了和解协议与生效判决的关系问题。实际上除此之外尚有其他多个问题:撤诉与撤回上诉的区分、执行立案条件的设置、异议处理程序的正当性、《民事诉讼法》第 207 条的类推适用、裁判理由与裁判要点之吻合、案例名称之妥当性。由于最高人民法院及裁判法院未能厘清二审和解后的法理逻辑,所以,该案在这些问题上都出现了错误或瑕疵,并形成了错误的裁判结果和裁判要点。本文将对这些问题逐一进行分析,以期揭示其背后应有的法理逻辑,并有益于案例指导制度的完善。

一、案情与要旨

裁判要点:民事案件二审期间,双方当事人达成和解协议,人民法院准许撤回上诉的,该和解协议未经法院依法制作调解书,属于诉讼外达成的协议。一方当事人不履行和解协议,另一方当事人申请执行一审判决的,人民法院应予支持。

基本案情:吴梅起诉眉山西城纸业有限公司,请求法院判令其支付货款及利息。一审法院判决被告在判决生效之日起 10 日内给付吴梅货款 251.8 万元

---

[*] 本文是在以下这篇文章的基础上修改而成。严仁群:《二审和解后的法理逻辑:评第一批指导案例之"吴梅案"》,载《中国法学》2012 年第 4 期。

及违约利息。被告提起上诉。二审期间,被告与原告签订了一份还款协议,原告则放弃了支付利息的请求。上诉人以自愿与对方达成和解协议为由申请撤回上诉。眉山中院裁定准予撤诉后,因被告未完全履行和解协议,吴梅申请执行一审判决。一审法院予以支持。被告向眉山中院申请执行监督,主张不予执行原一审判决。眉山中院作出(2010)眉执督字第4号复函:一审法院受理执行已生效法律文书并无不当,应当继续执行。

裁判理由:被告对于撤诉的法律后果应当明知,即一旦法院裁定准许其撤回上诉,一审判决即为生效判决,具有强制执行的效力。虽然二审期间双方在自愿基础上达成的和解协议对相关权利义务作出约定,被告因该协议的签订而放弃行使上诉权,吴梅则放弃了利息,但是该和解协议属于双方当事人诉讼外达成的协议,未经法院依法确认制作调解书,不具有强制执行力。被告未按和解协议履行还款义务,违背了双方约定和诚实信用原则,故对其以双方达成和解协议为由,主张不予执行原生效判决的请求不予支持。

二、撤诉与撤回上诉皆有可能

该指导案例中同时出现了"撤诉"与"撤回上诉"两个概念。《最高人民法院关于发布第一批指导性案例的通知》(以下简称《通知》)使用了"撤诉"一词,称"对于当事人在二审期间达成诉讼外和解协议后撤诉的,当事人应当依约履行"。但在基本案情部分,则称在上诉人(被告)"申请撤回上诉"后,眉山中院"裁定准予撤诉"。这些表述给人的感觉是在二审中这两个概念是可以换用的,二审中的"撤诉"就是"撤回上诉"。① 然而这种混同是错误的。

从现行法看,《民事诉讼法》共有三个实质性的条文(第124、143、145条)出现了"撤诉"一词,其含义都很明显,仅是撤回起诉之意,根本无法用撤回上诉来替换。② 例如第124条第5项规定,"对判决、裁定、调解书已经发生法律效力

---

① 与此相似,个别实务者认为称"二审因和解而撤诉,不管是一审原告申请还是一审被告申请,均是撤回上诉"。宋满尚、曾庆纲:《检察机关对民事二审和解撤诉案件的监督盲区》,载《中国检察官》2008年第5期。

② 它们都是有关撤诉的条件、后果等实质问题的,而第154条仅规定了准许撤诉的裁判形式(裁定)。该条中的"撤诉"似乎可用撤回上诉替换,但是能够适用裁定的事项有很多,显然不能就此说它们是可以混同的。

的案件,当事人又起诉的,告知原告申请再审,但人民法院准许撤诉的裁定除外"。另外,对比两个条文也可发现《民事诉讼法》是区分撤诉与撤回上诉的。其第 145 条第 1 款规定:"宣判前,原告申请撤诉的,是否准许,由人民法院裁定。"而第 173 条则规定:"第二审人民法院判决宣告前,上诉人申请撤回上诉的,是否准许,由第二审人民法院裁定。"如果撤诉包括撤回起诉和撤回上诉,那么第 173 条就是多余的。由此可见,认为撤诉包括撤回起诉和撤回上诉,是对现行法的曲解。从法理的角度看,"撤诉"是"就'诉'本身全部之撤回",而撤回上诉则是"仅就上诉为撤回"①。这一点在国内外学理及国外的实务上从无争议。诉的提起者仅是原告,申请撤诉者也只能是原告。而上诉的提起者与撤回者既可能是原告也可能是被告。撤诉与撤回上诉更重要的差别是在法效果上。② 准许撤回上诉将导致一审裁判生效。而(准许)撤诉则使诉讼系属自始消灭,因为诉讼系属是因起诉(及受理)而引发的。③ 对一审而言,准许撤诉将导致案件未经实体判决而终结;对二审而言,准许撤诉则将导致一审裁判失效。④

　　混同撤诉与撤回上诉的原因之一在于对于(撤回)诉和上诉的区别没有深刻的认识,但根本原因则在于认为二审程序中根本没有撤回起诉的可能。实际上,司法解释中准许二审(有条件)撤诉的条文早已出现。《民诉法解释》第 339 条⑤规定:"当事人在二审程序中达成和解协议的……因和解而申请撤诉,经审查符合撤诉条件的,人民法院应予准许。"但部分实务者认为此条文中的撤诉即为撤回上诉,或者认为此中的撤诉含义不明。⑥ 而他们之所以主张二审不能撤

---

① 李木贵:《民事诉讼法》,元照出版有限公司 2010 年版,第 9—15 页。
② 国外有学者认为在是否需要对方同意上,它们也有区别。上诉的撤回不需要得到对方当事人的同意。而撤诉,只要对方已经开始本案防御,一般就应征得其同意。参见高桥宏志:《重点讲义民事诉讼法》,张卫平、许可译,法律出版社 2007 年版,第 413 页以下。在德国法上,上诉之撤回也不需对方同意。
③ 撤诉还有私法上的效力。此前因起诉而中断的诉讼时效(消灭时效),因撤诉而视为不中断。这在德、日民法中都有规定。
④ 例如《德国民事诉讼法典》第 269 条第 3 款规定:"诉撤回后,视为未发生诉讼系属。如判决已经宣判而尚未确定,则因撤诉而失效,且无须经过撤销。"
⑤ 即现已废止的《最高人民法院关于适用〈中华人民共和国民事诉讼法〉若干问题的意见》第 191 条。
⑥ 参见李海涛:《论民事二审程序中原告申请撤回起诉的几个问题——以现行法律框架下的民事审判实践为视角》,载《法律适用》2011 年第 2 期。

诉,是因为他们认为:"二审中原告撤回起诉,不符合民事诉讼法对撤诉时间限制的规定;而且诉之撤回相当于诉未提起,争议的法律关系恢复到原来的状态,对被告来说将会造成一种潜在的威胁。"①

《民事诉讼法》第 145 条确实将申请撤诉的时间设定为"宣判前",但这并不表明二审中不可撤诉。因为,对于一审的撤诉申请而言,它只能在一审宣判前提出,一审一旦宣判则该审级的程序即告终结。在二审(甚至三审)中若可撤诉,同样也只能在该审级的法院宣判前提出撤诉申请。此外,《民事诉讼法》第 174 条明确规定二审可适用一审普通程序。② 从下述之法理看,这种适用并无不妥。

二审中的撤诉虽然发生的概率较小,但并非不可能。撤诉牵涉到当事人双方利益的平衡,一般而言,在诉讼刚开始时,原告或许可以较自由地提出撤诉申请。但随着诉讼的推进,撤诉会影响到对方当事人的利益,因为对方可能已经进行了防御,甚至已经到了可合理期待胜诉判决的程度,此时的撤诉应征得被告的同意或法院(基于合理考量后)的同意。至于在二审阶段,更不可能允许原告随意撤诉,否则,就等于允许原告单方面决定废弃一审判决,这显然不可接受。但是,倘若双方当事人达成了和解协议,并就撤诉达成了合意,尽管准许撤诉会使一审裁判失效,但毕竟该裁判是针对民事争端而为的,既然双方当事人已经停止争讼,又不希望一审判决生效(实际是希望以和解协议取代一审裁判),则法院应尊重他们的意愿。如果不允许撤诉,当事人可申请制作调解书,仍可实际达到废弃一审判决的目的。二审法院不应有坚持让一审判决生效的意愿,它唯一合理的担心是原告在撤诉后会再次起诉,浪费司法资源。所以,为了防止原告滥用撤诉制度,应当对于二审中的撤诉施加更多的限制,③例如,不准许原告在撤诉后就同一诉讼标的再次起诉。即便无此限制,原告这样再次起诉也是有实际障碍的。因为原告往往是因与对方达成有实体内容的和解协议而撤诉的,原告若就原诉讼标的再次起诉,被告可以以存在和解协议为由抗辩。

---

① 钟家玉、程慧:《二审程序中原告撤回起诉问题探析》,http://rcxfy.chinacourt.gov.cn/article/detail/2011/11/id/2068442.shtml,访问日期:2021 年 5 月 8 日。

② 尽管立法者在制定《民事诉讼法》时并未考虑到二审中原告撤回起诉的问题,在《民诉法解释》也未就此作出规定的情况下,如果在二审中有原告实际提出了这样的申请,被告也同意,且不涉及公共利益、案外人合法利益,法官可考虑进行合理的法续造,予以准许。

③ 参见陈计男:《民事诉讼法论》(下),三民书局 2009 版,第 110 页。

只要该协议有效,争议的法律关系就不会"恢复到原来的状态",对被告并不构成实质的"威胁"。

从比较法角度看,前述之法理是普遍被接受的,甚至有些国家或地区是有相应条文的。例如《日本民事诉讼法》第 261 条第 1 款规定:"在判决确定之前,诉讼可以撤回其全部或一部。"这意味着在第三审程序中也可撤诉。① 第 262 条第 2 款则规定:"对于本案已作出终局判决后撤诉的,不得提起同一诉讼。"②

仅就该案而言,混同撤诉与撤回上诉可谓是一种无害错误,因为本案被告实际撤回的是上诉(被告不可能撤回起诉),所以它对结论的形成并无影响。但如果本案是原告申请撤诉,就根本不会涉及生效判决与和解协议的关系问题,结论也会完全不一样。

三、执行立案与和解协议无关

由于二审法院准许被告撤回上诉的申请,导致一审判决生效,该给付判决因而具有了强制执行力。但对于应否接受原告(债权人)的强制执行申请,裁判要点称:"一方当事人不履行和解协议,另一方当事人申请执行一审判决的,人民法院应予支持。"这一表述为执行立案创设了一个条件:当事人不履行和解协议。

然而,现行法中并没有这样的立案条件。《民事诉讼法》第 236 条所设置的申请执行的条件是:一方拒绝履行应当由人民法院执行的生效法律文书。《最高人民法院关于人民法院执行工作若干问题的规定(试行)》(以下简称《执行规定》)第 16 条第 1 款规定的相关条件则是"义务人在生效法律文书确定的期限内未履行义务"。这两个条文所设定的条件与"吴梅案"裁判要点所设置的执行条件有质的差异,因为和解协议并非执行根据(执行名义)。而这一点即便是《通知》及"裁判理由"也是认可的,它们都称该和解协议仅是"诉讼外达成的协议","不具有强制执行力"。所以,该指导案例设置这样的立案条件不仅是自相矛盾的,而且是不合法的。

实际上,《民事诉讼法》和《执行规定》所设置的执行立案条件本身就是有问

---

① 参见〔日〕新堂幸司:《新民事诉讼法》,林剑锋译,法律出版社 2008 年版,第 626 页。
② 白绿铉编译:《日本新民事诉讼法》,中国法制出版社 2000 年版,第 97 页。

题的。其一,它要求法院在决定立案时审查执行根据确定的债权是否已经消灭,而这显然是一项实体审查。若被告声称已经履行,这种审查就不可避免,而且可能还很复杂。例如双方各自提出相反证据,甚至债务人会主张已经发生债务抵销(也是一种债的履行方式)。这种实体争议(一方要求还债而另一方却坚称已经履行)即使在一般民事诉讼程序中也是很常见的,而它们都是经由正式的实体审理程序加以处理的。《执行规定》第 16 条第 2 款却要求法院在 7 天内以裁定方式处理完毕,而且不允许上诉。这是不合理的。[①] 但如果在决定是否受理执行案件时,就按照实体审理程序审理这种争端,又可能会耗费较长或很长的时间。恶意的债务人也将会借此拖延执行,债权人在进入执行程序前就不得不再次进入诉讼,这无形中贬损了生效判决的效力。实务上有观点认为对这一条件只需作形式审查,但从现行法看,这种主张是无根据的。从法的适用的一般原理看,也是如此。即便是形式审查,如何进行也是有疑问的,仅仅根据申请执行人的陈述吗?债权人在申请执行时是否通常不声称债务人尚未履行给付义务呢?就根本而言,不应设置这样的条件(至少应将其改为"申请人声称被执行人尚未履行执行根据确定的义务")。其二,债务是否已经履行,不应由债权人证明(哪怕是较为简单的疏明)。这方面如果存在争议,应该由债务人提出抗辩,并由其证明。对于时效的争议,也应如此处理。

该案裁判要点的前一表述也有同样的问题,因为它所设置的条件也是实体性的。执行机构或立案机构若要按这一表述行事,就必须审查是否存在和解协议、和解协议是否有效、和解协议是否已经履行。

因此,只要执行根据未被推翻,其执行力未被限制或取消,执行机构就应依债权人的申请启动强制执行程序。这才是如《通知》所要求的那样"维护了人民法院生效裁判的权威",[②]也才符合现行法。也正是基于前述之考量,以下理念

[①] 即使在《民事诉讼法》增设了执行异议程序后,较多实务者仍然认为不可申请上一级法院复议(更不用说上诉)。在目前有关规范不完善的情况下,应该宽松地准许当事人援用它请求救济。

[②] 但部分实务者可能会担心:若确实有未履行的和解协议,且可能最终是要按该协议确定的数额执行的,直接启动执行程序,将来岂不是要执行回转?这种担心是不必要的。因为若执行人员确信有未履行完毕的和解协议存在,可暂且按该协议确定的债权数额执行。而且,进入执行程序并不意味着立即采取执行措施,执行机构通常会向对方发送执行通知书,如此一来,债务人很快就会提出异议。即便直接采取了执行措施往往也是预备性的措施(例如冻结、查封),而非直接的划款、拍卖或变卖。

已成两大法系的共识:执行机构"应依执行名义实施强制执行,以实现债权人之权利,但对于当事人间实体法之权利是否存在,不能审查认定"①,"执行机构是受执行名义约束的,因此,它并不审查被执行名义确定的请求权事实上是否存在"②。以美国为例,其执行令状是由法院的书记官而非法官签发的,③有些州甚至允许债权人的律师签发令状。④ 显然书记官只是法院内部的行政人员,没有(实体)审理的权利。

当然,如果债务人确实已经履行了债务,或(如本案这样)已经与债权人达成了和解协议,那么他完全可以在得知执行程序已启动(接到执行通知书)时提出异议。对这种实体性异议,法院自然是应予审理的,且应依正当程序进行(参见本文第四部分)。

就本案而言,既然《民事诉讼法》和《执行规定》明确规定了执行立案条件,在接到债权人的执行申请时就应依此进行审查。这是法的适用者应有的基本立场。由于原判决显然没有履行完毕,所以,法院应启动执行程序。这一过程与和解协议是否履行完毕无关。

该指导案例的公布有一个细节值得注意。该案的裁判理由中并没有设定"和解协议未履行"这样的执行条件,只是认为因债务人未履行协议所以不能排除正在进行的强制执行。而裁判要点中却有这样的条件。眉山中院面对的情境是:执行程序已然启动,被执行人以已达成和解协议为由请求停止或排除强制执行。该法院考虑的不是应否接受执行申请(那是一审法院在决定是否立案时所要考虑的),而是停止执行的请求是否有理由。所以,它的裁判结论是"继续执行",而非受理执行申请。但裁判要点更像是从一审法院(决定是否立案)的角度进行表述的。简言之,该指导案例裁判要点的编写也是有问题的,它偏

---

① 杨与龄编著:《强制执行法论》(最新修正),中国政法大学出版社2002年版,第186页。类似的表述还有:"执行事件之债权人有无执行名义所载之请求权,执行法院无审认判断之权。"我国台湾地区1974年台抗字第376号民事裁定书。

② 〔德〕汉斯-约阿希姆·穆泽拉克:《德国民事诉讼法基础教程》,周翠译,中国政法大学出版社2005年版,第408页。

③ See Gini Graham Scott, Stephen R. Elias, Lisa S. Goldoftas, *Collect Your Court Judgment*, California: Nolo Press, 1997, p.7/5. 债权人需填申请表,其上有一栏需叙明其判决债权已经实现的数额。

④ 参见〔美〕杰克·H.弗兰德泰尔等:《民事诉讼法》(第3版),夏登峻等译,夏登峻校,中国政法大学出版社2003年版,第706页。

离了裁判理由。这是该指导案例的又一个较为隐蔽的问题。

四、债务人可基于和解协议请求部分排除执行力

生效判决与和解协议的关系问题与本案的裁判结果直接相关。就此而言，它确可谓是本案的核心问题。然而，最高人民法院与裁判法院对这一问题的认识是错误的，由此直接导致了错误的裁判结果的形成，完全驳回了债务人的（执行）异议。细究而言，之所以出现这一错误，是因为它们未能对以下几方面的正当理念形成认知：

（一）和解协议不能改变生效判决的既判力和执行力

本案中的和解协议确实只是诉讼外的协议，因为法院对其形成未予介入，也未根据它制作调解书。它不同于德、日等大陆法系国家或地区所谓的诉讼（上的）和解，后者是指"于诉讼系属中，在受诉法院、受命法官、受托法官前，约定互相让步，以中止争执或防止争执之发生，同时又以诉讼终结之全部或一部为目的之合意"①。诉讼和解记入法庭笔录即与确定判决有同样的效力。② 学界对于诉讼和解的性质向来有争议，有四种学说，即私法行为说、诉讼行为说、两行为并存说及一行为两性质说。其中，一行为两性质说相对占上风。但对于本案这种诉讼外和解协议的性质，并无争议，都认为它是私法行为，是一种民事合同。③

尽管从尊重当事人合理行使处分权的角度，我们应当承认和解协议的效力，但由于它只是一种民事契约，所以它没有强制执行力。不但如此，还应肯定的是，这种私法契约并没有直接的程序法上的效果，它既不能改变生效判决的既判力，也不能冻结或限制判决的执行力。民事契约的效力在合同法上早已有明确规定，它从来没有这种公法上的效力，也不存在因债务人不履行义务而使已被冻结的执行力恢复之说。生效判决的执行力只有具有相关权限的法院才能够基于正当理由，经由合法的程序，通过裁判加以限制或取消。确认这一点

---

① 前引陈计男书，第112页。
② 参见《德国民事诉讼法典》第794条第1款、我国台湾地区所谓"民事诉讼法"第380条第1款。
③ 参见陈荣宗、林庆苗：《民事诉讼法》（修订七版），三民书局2009年版，第565页。

也有助于维护法院生效裁判的权威。

(二) 和解协议可以改变判决确定的债权

本案的和解协议是在一审判决作出后达成的,而它又不能推翻生效的一审判决,这就形成了和解协议与一审判决并存的状态。因此也就似乎形成了公文书与私文书,或所谓"公法方案"与"私法方案"的重叠、竞合状态,从而似乎必须回答何者的效力优先、何者效力更高的问题。

这种认识是错误的。尽管判决是行使公权力的结果,而本案这种和解协议完全是当事人的私法行为,但它们有一个交接点(共同点),即它们都指向当事人之间的同一债权债务关系。民事诉讼法(一般认为)是公法,法院是公权机构,但该机构经由民事诉讼程序所作出的民事(给付)判决所确定的仍是民事之债,而非公法之债。而和解协议所针对的是当事人之间的同一债权债务关系。在这种状况下,如果和解协议(还款协议)是在一审判决确定后达成的,而且没有应予确认无效的情形,它就改变了一审判决所确定的债权数额和履行期限。这种改变是合法的,不应对此有疑问。其一,既然判决所确定的债权(判决债权)是民事债权,它就仍然是可由当事人处分的。民事裁判是法院应原告之请求作出的,某一债权获得判决之确认,意味着它可以获得更直接的公权力的保护,而非因此受到更多的束缚或限制。其二,债权人在判决确定后通过和解部分放弃债权,与债务人履行或部分履行债务一样,都是在以自己的私法行为对判决确定的债权进行正当的变动或予以消灭。

那么该案的一审判决究竟是何时确定生效的?直观来看,既然撤回上诉会导致二审程序终结,并导致一审判决生效,那么也就应当认为一审判决是在二审法院裁定准许撤回上诉后才生效的。

从(域外)学理及实务之通说来看,一审判决应该是在上诉期间届满后生效。因为,撤回上诉将导致二审程序溯及性地消灭。从根本上讲,二审程序是因上诉而引发的,因此,若准许撤回上诉,就意味着整个上诉程序被撤回(类似于撤诉导致诉讼系属的消灭)。简言之,上诉经撤回后应视同未上诉。"自愿的撤回上诉使得当事人处于其在上诉提起前所处的位置。"[1]而在未上诉的情况下,一审判决是在上诉期满后生效的。所以,"因控诉的撤回,导致控诉追及性

---

[1] Safeway Ins. Co. v. American Arbitration Ass'n, 247 Ill. App. 3d 355(1993).

的消灭,一审判决得以存留,待控诉期间届满,一审判决生效"①。当然,对通说的这种见解存在反对意见。②

即便对和解协议的生效时间晚于一审判决的生效时间存在疑问,从另一角度考虑,和解协议变更了判决债权的结论仍能成立。因为可以肯定的是,该案的和解协议是在一审的最后一次言辞辩论终结后形成的,而一审判决显然是针对最后一次言辞辩论终结时——既判力的"标准时"——所发生的事实作出的(如有二审判决,也是如此),③因为在此之后发生的事实当事人通常无法向法官提出或证明,法官通常也无从予以考虑。④ 所以,本案当事人所达成的和解协议对于生效的一审判决而言是发生在既判力"标准时"后的新事由(新事实),在既判力的时间界限之外,它不能被该判决遮断,不受其既判力的拘束。倘若一方当事人起诉请求确认他们之间的新的债权债务关系,法院是应予受理的,不能以"一事不再理"为由驳回起诉。⑤ 不但如此,由于它相对于一审判决确定的债的关系而言,是一个新的债的安排方案,所以基于前述之论理,仍然应当认为它是改变了判决之债的。

所以,尽管和解协议不能改变生效判决的既判力和执行力,却能改变其确定的债权。但仍需说明的是,确认这一点与维护裁判的权威并不冲突(因为既判力与执行力仍存在)。生效判决是针对最后一次言辞辩论终结时的事实作出的,其所遮断的事项的范围是(由此点)前溯的,而和解协议对判决确定债权的变动是事后的("标准时"后的变动)。

和解协议这一所谓的"私法方案"之所以有此效力,并非因其有高于"公法方案"(生效判决)的效力,而只是因为它是在言辞辩论终结后发生的,而且它们

---

① 前引高桥宏志书,第416页。这实际也是《日本民事诉讼法》第292条第2款的规定。控诉在德、日是指向二审法院上诉。

② 参见前引李木贵书,第7—37页。

③ "在事实审口头辩论终结时之前,当事人都可以提出有关事实的资料,终局判决也必须在口头辩论终结前提出的资料之基础上作出,因此在这个时间点上有关权利关系的判断,将产生既判力。"前引新堂幸司书,第479页。考虑到我国现行《民事诉讼法》允许二审不开庭审理,所以将此"标准时"引入国内时应适当修正。

④ 若有三审,双方当事人对新事实无争议,或该事实对法院是显而易见的,则在裁判时也可予以考虑。

⑤ 此案之后发布的《民诉法解释》第248条已经承认了这一点。法院受理该诉后作出的新裁判并非对前判决的否定,它是基于新事实和新法律关系的判决,它们各有自己的裁判对象,其既判力也各有自己的时间范围。

都指向同一民事之债。倘若它在言辞辩论终结前发生,它就将被生效判决所遮断,即便当事人未就此向法官提出主张。在这后一种情况下也不宜说"公法方案"的效力高于"私法方案",有此状况只是因为既判力而已。

(三) 执行根据与实体状况不符时应限制原判决的执行力

和解协议对判决债权的变动导致了如下状况的发生:执行名义所示的权利(请求权)与权利的实际状况(实体状况)不符。此时如果继续按原判决强制执行,会使执行的结果背离实体状况。换言之,"若执行名义所表彰之权利……已发生消灭、妨碍之事由,即与债权人实际存在之权利状态不符,执行法院仍依债权人之声请实施强制执行者,在程序上虽属合法,在实体法上则使债务人蒙受损害,自属不当执行"[①]。所以,此时应当根据权利的变动情况,基于当事人的请求,通过裁判对原判决的执行力予以相应的限制或排除。作为私法契约的和解协议固然不能限制生效判决的执行力,但由有管辖权的法院(立法者一般在执行法院和发布原判决的法院之间择一)基于判决确定后或言辞辩论终结后新发生的实体性事由,以判决的形式变动判决的执行力却是无可非议的。

就本案而言,在确认和解协议确实存在并且改变了判决确定的债权和履行期限后,就应以裁判对原一审判决的执行力予以限制,而非如本案裁判法院那样完全驳回被执行人的异议。从案情来看,和解协议确定的履行期限已经届满,所以,法院只需裁判不准就已放弃的债权和已经实现的债权进行强制执行,即排除原判决这部分的执行力。当然,如果还款协议约定分批履行,则还应作相应的裁判。

前述之裁判实际等同于命令执行机构按照和解协议执行(需扣减已履行的部分),给人过于迂回的感觉(表述上似乎较为拗口),不如在判决书中直接宣告或命令"按和解协议执行"。但是,法院不能这样裁判。因为,其一,和解协议只是私法契约,不是执行根据,当事人也没有申请将它转化为类似于调解书那样的执行根据。其二,如果判决按和解协议执行,则须先完全取消原一审判决的执行力。法院显然不能一方面命令按和解协议执行,一方面又置原判决于不顾(那样就相当于有了两个执行根据)。原判决没有被推翻或被限制效力,就不能无视其存在。而完全取消原判决的执行力并无合法理由。如前所述,作为私法

[①] 前引杨与龄书,第 186 页。

契约的和解协议并没有这样的程序效力;就实体状况而言,判决所确定的债权只是因和解而部分被放弃而已,所以不能完全排除原判决的执行力。其三,本案的起因是债务人在执行程序中提出异议,它的请求是停止执行原判决,法院的裁判应针对该请求作出,只能判决(部分)停止或不停止执行。如果法院判决"按和解协议执行",则是判非所诉。通常情况下,不能也没有必要违背处分原则。①

(四) 不能滥用诚信原则否定和解协议的效力

和解协议一旦生效,就改变了判决确定的债权,法院就应依债务人之请求限制原判决的执行力。这一逻辑进程显然与当事人是否违约或协议是否履行无关。但"裁判理由"却称:被告"未按和解协议履行还款义务,违背了双方约定和诚实信用原则,故对其以双方达成和解协议为由,主张不予执行原生效判决的请求不予支持"。其言下之意是,如果当事人不违约,则承认该协议的效力,不再执行原判决;如果违约,则否定协议的效力,继续执行原判决。

此外,这一表述等于是在声称,合同是否有效取决于合同是否得到了履行。这显然是荒谬的。合同是否有效仅取决于它是否具备成立要件和生效要件,与合同是否履行无关。至于因一方当事人违约导致另一方的缔约目的不能实现,该方当事人行使合同解除权,则是另一回事。

对裁判理由的这一表述可能有一种辩护:违约是一种不诚信行为,可予以特别处理,施以惩戒,而否定和解协议的效力并执行原判决,正是对违约者的惩戒。但这种辩护不能成立。在现实中,当事人违约的情况很常见,但规制这种私法契约的合同法从未因此而否定协议的效力,从未因此而施加这种所谓的惩戒。

《通知》声称应"强调协议必须信守履行的规则"。但我们不能在强调协议必须信守履行的同时,却以未履行协议为由否定协议,这样做本身就是自相矛盾的。如果强调协议必须信守,法院只需在债务人请求停止执行原判决时,限制原判决(因和解而放弃的债权)部分的执行力,这样就可(在继续执行时)使和

---

① 尽管此种异议(债务人异议之诉)有一定的特殊性,例如它是在执行过程中提起的,目的在于停止公法程序。但一般认为对该异议或该诉的审理通常仍采辩论主义和处分权主义。

解协议的内容实际得到执行。如果债权人认为他因对方违约遭受了损失，他还可以另行起诉要求赔偿。①

如果将该案的裁判理由适用于和解协议对债权人有利而债务人违约、不诚信的情况，还会出现荒谬的结论。② 例如，一审判决被告支付货款251.8万元，原告因其请求未得到全部支持而上诉，在二审期间双方和解，被告同意给付260万元货款，但在原告撤回上诉后，被告未履行和解协议。此时，若遵循此裁判理由，法院应否定和解协议，执行原判决。但这样做却是对违约人有利的。

由上可见，我们不应为该案之援用诚信原则否定和解协议叫好，相反，这是该指导案例的一个错误。违约固然可谓是一种不诚信的行为，但关于违约行为，法律已经明确规定了违约者的法律责任（赔偿损失、继续履行等）。而且按照前述之法理，根据和解协议对原判决的执行力作相应的变动并继续执行，实际就是在强制履行和解协议。此时援用诚信原则是多余的。③ 援用诚信原则若使违约者承受超出法律既定责任（违约责任）的不利益，并不符合实质正义的一般标准。而且，这种处理方法（裁判要点所设置的"规则"）并不能统一地处理判决后或既判力"标准时"后发生的对债权人有利或不利的不同情形的和解。

五、应依正当程序处理债务人的实体异议

既然被执行人以存在和解协议为由提出了异议，法院就应审查是否确实存在和解协议，审查判决确定的请求权在判决后或者"标准时"后是否发生了变动，但审查必须通过正当程序进行。类似的异议在实务中至少并不罕见。例如，债务人还可能主张"针对他可执行的请求权依照实体法，已经因为履行或者

---

① 按照《民事诉讼法》第253条，执行机构应当责令债务人加倍支付迟延履行期间的债务利息。所以，应注意不可令债务人重复赔偿。

② 如果将裁判要点之表述看作新设的规则，那么该规则并未将和解协议对债务人有利还是不利设为要件。所以，对这种情况是完全可以适用该规则的。

③ 学理上确实认为必要时可援用诚信原则。例如，被告在诉讼中主张抵销后，就剩余的小额债权另行向其他有管辖权的法院起诉。对此，学界一般认为，尽管大陆法系没有强制反诉制度，仍可将该诉移送至前案，合并处理。参见邱联恭：《口述民事诉讼法讲义》（二），2006年自版，第270页。这种情况下对诚信原则的援用是适度的。

免除而被消灭,或者该请求权的实现因为延期清偿约定而受阻"①。

这种异议的特殊性在于,一方面,它并非指责执行程序本身不合法,并非指责执行行为违反了执行程序规范。它不是程序性异议,而是实体性异议。另一方面,它又不同于案外人(第三人)异议,尽管后者也是一种实体性异议。后者是指案外人主张其就执行标的(物)有足以排除强制执行的实体权利。

考虑到它是实体性异议,而且如前文(第二部分)所述,执行机构无权审查生效判决确定的债权是否发生了变动,所以,也应如对待案外人异议那样,允许债务人以诉的形式提出异议,并按照实体审理程序进行审理。值得注意的是,各国或地区主持该异议审理程序的都是执行机构以外的法官。② 当然,为了妥善处理它的一些个性问题,应设置一些特别规范。例如规定何种法院对该种案件具有管辖权,异议可在何时提起。另外,还应处理好异议审理程序与执行(实施)程序的关系。通常,两者是并行不悖的,执行实施程序不因债务人异议的提起而停止。但作为例外,法院因必要情形或因债务人提出申请并提供担保,可以裁定暂停执行。我国台湾地区所谓"强制执行法"第18条即有这样的规定。例如法院在审理过程中已经较为确信存在和解协议,甚至该协议已经履行,则可命令(部分)中止强制执行。

德、日等国将债务人在执行过程中所提起的这个诉称为债务人异议之诉。③ 对它的一般界定是:"债务人主张执行名义所示之请求权,与债权人在实体法上之权利现状不符,请求以判决排除强制执行名义之执行力。"④债务人异议之诉是与执行异议(执行抗议、声明异议)、案外人(第三人)异议之诉并列的三大(主要)救济手段之一。但遗憾的是,《民事诉讼法》至今尚未增设债务人异议之诉。

《通知》将本案称为"吴梅诉四川省眉山西城纸业有限公司买卖合同纠纷案",但这个名称与实际情况并不相符。因为买卖合同纠纷在执行程序开始前

---

① 〔德〕汉斯-约阿希姆·穆泽拉克:《德国民事诉讼法基础教程》,周翠译,中国政法大学出版社2005年版,第408页。

② 这在两大法系的代表国家或地区中无一例外。虽然我国台湾地区的地方法院内设的民事执行处有专职的执行法官,但他们也无权审理该实体异议。

③ 该诉的名称不尽统一。有人称之为执行异议之诉,但也有人认为执行异议之诉包括债务人异议之诉和第三人异议之诉。

④ 前引杨与龄书,第186页。

就已经审理完毕,本案所处理的争端是在执行程序中发生的。本案所处理的(争端)是债务人在执行过程中所提出的实体性异议,主要争点是如何看待和解协议与一审判决的关系,执行程序是否应当因和解协议的存在而停止或受限制。此外,争端的提交者是债务人(被执行人),从异议之诉的角度看,此案的原告应是西城纸业有限公司,而非吴梅。简言之,该案的案由及当事人名称的顺位都有"名实不符"的问题。但对照前述之法理,在这个似乎较为表象的问题背后,有更深入的问题值得我们注意。

该案的法院文书既非裁定书,也非判决书,而是一份复函。从基本案情的表述看,该案是因债务人向眉山中院"申请执行监督"而引发的,这与该文书的字号吻合。但是,基于正当程序的基本理念,有疑问的是:每个当事人(每次)申请眉山中院执行监督,该法院是否都予受理,并作出复函?这个问题对其他法院也同样存在。在《通知》中无法找到此问题的答案,但由于执行监督主要是一种内部监督,①所以答案很可能是否定的。

立法者在 2007 年修改《民事诉讼法》时首次设置了两个较为规范的执行救济工具,即执行异议(现行法第 225 条,当时的第 202 条,但本文仍用后一个编号称它)和案外人异议之诉(现行法第 227 条,当时的第 204 条,本文仍用后者)。② 既然本案被执行人就执行提出了异议,就应当考虑可否适用第 202 条(本案的异议显然与第 204 条无关)。当然,第 202 条的适用范围是有争议的,对于它所谓的"执行行为违反法律规定"应作何种解释,有不同意见。在德、日法律中,执行救济程序是较完备的,至少前述三大救济手段都有,所以,执行异议(执行抗议)仅是指对违反执行(程序)法规范的执行行为的异议。但是,我们的《民事诉讼法》未规定债务人异议之诉,而基于正义的理念,在判决确定的请求权事后发生了变动的情况下,债务人是应当可以要求救济的。另外,考虑到

---

① "执行监督作为法院内部的一种监督纠错制度,其具体程序更多是在法院内部运行,法院处理后一般只向有关法院下发内部函文,在特殊情况下才制作正式的裁定或决定。"赵晋山:《明确规定对违法执行行为的异议权》,载《人民法院报》2007 年 12 月 21 日第 6 版。

② 第 204 条实际还规定了许可执行之诉和案外人申请再审。

第 202 条的用语是"违反法律规定"而非"违反程序法的规定"，①所以，在《民事诉讼法》未增设债务人异议之诉的情况下，不妨在适用该条文时作宽松解释，将本案的这种实体性异议纳入到它的适用范围，以给债务人必要的救济。但我们应当认识到，即便是这种救济也是不充分的，因为第 202 条规定的救济程序很简略，更适合于处理程序性异议。②

如果适用第 202 条，则所有的书面执行异议都应被登记在册（也可谓是立案），都应被审理并裁判。并且只要当事人提出复议申请，上一级法院都应当对一审法院（执行法院）针对异议的裁定进行复议，并作出复议决定，而不是由其选择性地受理部分执行监督申请。这样，异议程序才具有司法程序应有的规律性和可期待性，才具有起码的程序正当性。广义而言，执行程序中的异议本质上就是"诉"，只不过有些是实体性的，有些是程序性的。而有诉必应（哪怕这种回应只是裁定驳回），是法治国家对司法机构的基本要求。③

六、不能类推适用《民事诉讼法》第 207 条

最高人民法院公布的"吴梅案"裁判理由中并未引用法律条文。但该法院在公布"吴梅案"时有可能对眉山中院的这份复函作了删减，因为按照国内法院的习惯，绝大多数裁判文书是引用条文的。而事实上，《通知》将《民事诉讼法》第 207 条（目前的第 230 条，本文仍用旧的法条编号）第 2 款列为"相关法条"。该款规定："一方当事人不履行和解协议的，人民法院可以根据对方当事人的申请，恢复对原生效法律文书的执行。"

---

① 我国台湾地区所谓"强制执行法"第 12 条第 1 款规定："当事人或利害关系人，对于执行法院强制执行之命令，或对于执行法官、书记官、执达员实施强制执行之方法，强制执行时应遵守之程序，或其他侵害利益之情事，得于强制执行程序终结前，为声请或声明异议。"该条明确规定执行异议的对象是违反程序规范的执行行为，所以就很难作本文所谓的宽松解释。

② 第 202 条中的用语是"复议"而非"上诉"。这大致说明立法者仍未充分认识到执行异议程序也是严格意义上的司法程序。既然是司法程序，针对下级法院的裁定向上一级法院声明不服，就是上诉。前文所引的（台湾地区）1974 年台抗字第 376 号裁定，就是当事人不服裁定上诉（再抗告）到三审法院的结果。

③ 不必担心法院会因此而不堪重负。对于显然无理由的异议，法院只需给予极简单的回复（但应记载异议理由，以供社会监督）。对于多次恶意提出异议的当事人，法律可以考虑设置必要的惩戒措施。

但该案的裁判法院不太可能直接适用了第 207 条。原因是,该条第 1 款规定:"在执行中,双方当事人自行和解达成协议的,执行员应当将协议内容记入笔录,由双方当事人签名或者盖章。"也就是说,该条的适用对象是在执行过程中的和解,而本案所涉的和解协议是在执行程序尚未启动前达成的。本案要求救济(申请执行监督)的是债务人,而援引第 207 条要求救济的则是债权人。

《通知》将第 207 条列为"相关法条",很可能意味着"吴梅案"类推适用了该条文,或者最高人民法院认为可以类推。① 但这种类推适用是有问题的,因为它至少面临两个方面的障碍。

障碍之一:《民事诉讼法》第 207 条(通常)是惩罚性条款。

类推适用第 207 条的更大的障碍在于该条(往往实际上)是一个惩罚性的条款。因为,它对违约者施加了超过违约责任的法律责任,超越了民事法律通常遵循的补偿原则(虽然和解也有可能对债权人有利,本文第四部分提到的和解金是 260 万元的假设可能就是如此,恢复执行反而可能对债务人有利,但就实际状况而言这应该是少数)。由于惩罚性规范涉及对当事人权利的额外限制问题,涉及人权问题,所以它必须是法律明文规定的。在法律没有明文规定的情况下不应对当事人施加这样的惩罚。针对本案这种情形类推适用第 207 条,实际就是使违约的债务人遭受了出乎其意料的处罚。

第 207 条是一个强制执行程序规范,如果采执行法单列的立法体例,它是要被从现行《民事诉讼法》中分离出去的。尽管一般认为民诉法和强制执行法都是公法,但后者的强制性极为明显,也更强调程序的效率,它的公法色彩明显要重于民诉法。类推公法色彩浓重的条文本身就应当是较为谨慎的,更不用说要类推适用的还是明显具有惩罚性的条文。

障碍之二:《民事诉讼法》第 207 条有根本性的缺陷。

立法之不完备有时在所难免,尽管如此,司法者仍然不宜类推适用有根本缺陷的条文,而第 207 条就是这样一个条文。因为该条也是在规定,和解协议如果已经履行则阻断原判决的执行,如果没有履行则不能阻断。它也使得协议的效力实际取决于协议是否履行。

非有不得已的情况,程序法不应背离和架空实体法。在第 207 条所涉的情

---

① 有其他指导案例是明确援引了法条的(例如第 4 个和第 7 个),从这个角度看,本案大致是作了类推适用的。

境下，并没有这种不得已的情况发生。违约行为并没有因为是发生在执行程序中而具有足够的特殊性，并不能迫使立法者背离实体法原理。如果债务人不履行和解协议，由于执行名义并未被推翻，其执行力也未受限制，所以债权人仍可以要求执行人员执行原判决（虽然债务人可提起债务人异议之诉），尽管执行人员可能知道有和解协议存在，他也至少应当先就执行和解协议确定的债权数额进行执行。这样就并不会因违约而拖延执行。

不履行和解协议则恢复执行原判决，这种规定在一种例外情况下可能具有正当性，即当事人的和解协议中明确作出了这样的约定。但这种协议已非单纯的民事协议，因为它还约定了程序法上的后果。所以，它同时是一种程序（诉讼／执行）契约。而本案中的和解协议显然并非如此。

在"吴梅案"之后，立法者在 2012 年修订时将《民事诉讼法》原第 207 条第 2 款修改成了"申请执行人因受欺诈、胁迫与被执行人达成和解协议，或者当事人不履行和解协议的，人民法院可以根据当事人的申请，恢复对原生效法律文书的执行。"这就是现在的第 230 条。此一修改并没有"伤及"条文的前述缺陷，只是增加了一种恢复执行原判决的情况。而此"增补"是可有可无的，至少并不紧迫。因为，如果和解协议确实是因申请执行人受欺诈、胁迫而达成的，则当事人可按照一般的民法原理，申请法院撤销此协议。协议撤销后，原判决确定的民事义务就不受影响，自然可以恢复对判决的执行。

从第 207 条的根本缺陷来看，该条文是应予删除的。在删除该条文后，如果当事人在执行过程中达成和解，且债权人因此而申请暂停执行，则应中止执行。如果债务人不履行和解协议，则债权人可申请恢复执行。但债务人仍可提起债务人异议之诉，请求缩减或部分排除原判决的执行力。如果在原判决确定的债权全部强制实现（执行终结）时，债务人异议之诉仍未审理结束，则债务人可将其诉讼请求变更为损害赔偿请求或不当得利返还请求。这种可能的有些不利的后果，也可谓是违约的债务人所应承受的。

七、结　　语

归结而言，我们必须厘清二审和解后的法理逻辑。当事人在二审达成和解协议后，除了撤回上诉外，（原告）也可申请撤诉，但应受更多的限制，至少需经被告同意。法院如果准许撤回上诉申请，将导致一审判决生效，若债权人据此申请强制执行,法院就应按照现行法下的立案条件接受执行申请,不履行和解协议不是立案的条件。法律不宜设置实体性的立案条件。(事实审)最后一次言辞辩论终结("标准时")后达成的和解协议不能推翻既判力,但也不能被既判力所覆盖,而且它还能改变判决确定的债权。判决确定的债权仍是民事债权,当事人仍可通过协议予以变动。但和解协议通常没有直接的程序效力,不能冻结或限制判决的执行力。法院应依债务人之请求,判决部分排除原判决的执行力,这样就可消除执行名义与权利实际状况之背离。对于违约者的法律责任,法律早已有明确规定,不必也不应援引诚信原则,更不能借此否定和解协议的效力。既然强调协议必须信守履行,就应努力促使协议的实际履行。法院对于所有执行异议,都应予以受理并审查,而非选择性地处理。民事诉讼法或强制执行法应当设置债务人异议之诉,给予债务人更充分的救济。在当下,至少应当准许当事人援用《民事诉讼法》第202条(现行法第225条)申请救济。当然,为了尽量避免后续的程序争端,法院在当事人申请撤诉或撤回上诉时,应进行释明,促使其申请根据和解协议制作调解书。

在前述之法理逻辑中,既判力、执行启动和执行救济的有关原理对本案至关重要。该案在这方面的错误有四项:错误理解"标准时"后达成的和解协议与生效判决的关系、类推适用《民事诉讼法》第207条、违法设置新的执行立案条件、处理债务人实体异议的程序欠缺正当性。它们直接导致了错误的裁判结果和裁判要点的形成。另外三项错误(混同撤诉与撤回上诉、裁判要点与裁判理由不符、案件名称拟定不当)虽然于案件结论无直接影响,但由于它们出现在指导案例中,所以不能予以忽略。

最高人民法院在其公布的第一批指导案例中就推出了民诉法案例,无疑有助于推动各级法院及学界对民诉问题的研究。然而,该指导案例带给我们更多的是遗憾,既有抵触现行法之处,也有背离法理之处。同样令人遗憾的是,学界部分同仁对此案也有不少错误认识(本书之《"吴梅案"后论》对此作了分析)。

"劝烟猝死案"之教义学分析

——禁止不利变更原则之视角[*]

"劝烟猝死案"(以下简称"劝烟案")引起了社会的广泛关注。该案的基本案情是:某人在电梯里吸烟,受到同乘的一位医生劝阻,遂发生争执,该吸烟者不久死亡,其亲属起诉医生,要求赔偿。一审法院判决部分支持原告的赔偿请求,责令被告赔偿1.5万元。原告上诉后,二审法院以涉及公共利益为由,撤销一审判决,驳回全部诉讼请求。[①] 该案的程序问题引发了广泛争议,各方意见似乎难分伯仲,给人的感觉是该案并无正确答案可言。争议基本是围绕禁止不利变更原则而展开的,对该原则的理解直接影响到该案的裁判结果。所以,有必要认真探究在本土的情境下关于该原则我们究竟应作何种考量。

本文对于"劝烟案"及禁止不利变更原则的教义学分析涵盖四个方面:现行法下的具体规范是否规定了禁止不利变更原则,现行法下的基本原则是否包含该原则或是否能从中导出该原则,如何结合案情对"涉嫌"规定该原则的规范中的"公共利益"之但书条款作相对确定的把握,该原则与程序正义、附带上诉之间是何关系。第四个方面的讨论对于现行法而言有所"逸出",但法教义学并不排斥对正义等价值的考量,[②] 把握学科的概念体系也是教义学的一个重要任务,而附带上诉是禁止不利变更原则的周边概念,它们之间的紧密关系是民诉法学体系的组成部分。法教义学并非注释法学,法教义学的讨论虽应始于现行

---

[*] 本文是在以下这篇文章的基础上修改而成。严仁群:《禁止不利变更原则之教义学分析——兼评"劝烟猝死案"》,载《法商研究》2019年第6期。

[①] "劝烟案"即田九菊与杨帆生命权纠纷案,其一、二审裁判文书分别是河南省郑州市金水区人民法院(2017)豫0105民初14525号民事判决书、河南省郑州市中级人民法院(2017)豫01民终14848号民事判决书。

[②] 参见杨仁寿:《法学方法论》(第2版),中国政法大学出版社2013年版,第185页。

法,但并非必须止步于现行法。所以,第四个方面的讨论大致仍可归入教义学分析的范围。

关于(疑难)案件的分析首先应该是教义学的,因为我们(首先)需要就应当如何处理案件或已有的裁判是否正确得出结论,而这个结论通常首先是应该基于本国现行法(如果现行法有相关规定)而给出的。

本文认为,我们不能确定现行法下存在禁止不利变更原则,"劝烟案"的二审判决在结论上是可接受的。

一、具体规范中有无禁止不利变更原则并不确定

"劝烟案"争论中的一个重要争点是,现行法是否规定(包含)了禁止不利变更原则。要对其作出恰当的回答,就应当对现行法下相关的具体规范和一般条款作合理的解读。[①] 对禁止不利变更原则的教义学分析同样需要作这方面的工作。本文的这一部分先尝试对于前一种法条(具体规范)作深入、细致的分析,以避免(几乎)不加分析地直接给出判断。这部分的讨论可谓是较"艰苦"的。

(一)《民事诉讼法》第 168 条之不确定性

《民事诉讼法》与"劝烟案"关系最紧密的具体规范是其第 168 条,它规定:"第二审人民法院应对上诉请求的有关事实和适用法律进行审查。"

对于争议较大的法条(语句),我们可以尝试对其结构进行分析。这种结构分析应从正反两方面进行,这样分析可能才较为彻底。所谓正面的结构分析就是正面考察它的"框架",以弄清楚它的主题是什么。至于它就主题作出了何种具体规定则暂且予以忽略。

对于《民事诉讼法》第 168 条,我们可以"剥离"它的细节,将它简化为"二审法院应对……进行审查"。由此就可以看出,该条文规定的是二审的审理范围或审理对象。由于裁判范围和审理范围(至少通常)应该是一致的,所以,也可

[①] 没有任何立法文件或资料告诉我们,《民事诉讼法》的立法者在设置相关条文时已经有意设立禁止不利变更原则。所以,试图通过澄清立法目的探究现行法下有无该原则,是不现实的。我们的分析只能针对现行法下若干可能相关的规范进行。

以说它规定了二审的裁判范围。

在进行了正向分析后,可以对其作反向分析,即分析它没有规定什么。由于《民事诉讼法》第168条的结构是单一的,它只有一个主题,仅仅规定了审理范围或裁判范围,所以,我们可以认为它没有进一步就以下问题作出规定:二审法院在规定的审理范围内进行审理后,在不超出该范围的前提下,该如何进行裁判。

在此基础上,我们来考察在作结构分析时所忽略的事项:《民事诉讼法》第168条是怎样规定具体审理范围的,该范围到底有多大。

该条文规定的审理范围是清楚的,即"上诉请求的有关事实和适用法律"。这个短语或词组的中心语显然是"事实和适用法律",而非"上诉请求",后者只是定语或修饰语,但它也是不可忽略的。所谓对"事实和适用法律"进行审查,通常不过就是指实体审查(若不考虑程序性问题的审查)。但由于定语的存在,这一实体审查不一定是全面的,它是"(与)上诉请求有关"的实体审查。

接下来应当追问的是,此种实体审查的结果到底对于上诉人有利还是不利?

在回答这一问题之前,有必要对何谓"上诉请求"作出说明。① 在现行法下,何谓"上诉请求"本应是清楚的,但遗憾的是在"劝烟案"的讨论中出现了对它的不当理解。

《民事诉讼法》第165条规定上诉状应当包括"上诉的请求和理由"等内容,由此可见,上诉请求不是法官对上诉主张的归纳性表述,②而是上诉人自己在上诉状中对其请求的表述。上诉请求应是上诉人在上诉状中所为的关于二审

---

① 为避免或减少误解,或可考虑用上诉声明替代上诉请求。"所谓上诉之声明,系指废弃或变更第一审判决全部或一部之声明而言。"1939年上字第1868号。转引自姜世明主编:《民事诉讼法判解导读》,新学林出版股份有限公司2011年版,第791页。

② 现行法未规定上诉状应写明声明不服的范围,也未将上诉利益规定为上诉的要件。《德国民事诉讼法典》第511条对提起控诉的要件的规定中,有关于判决对当事人不利的金额的要求(如果低于此金额,控诉须经一审法院批准)。在美国,"只有受到委屈的当事人或因判决而受到损害的当事人能够对其提起上诉。"〔美〕杰克·H.弗兰德泰尔等:《民事诉讼法(第3版)》,夏登峻等译,夏登峻校,中国政法大学出版社2003年版,第602页。

法院应如何裁判的请求。① 所以,法院(及研究者)在上诉请求的确定方面不可越俎代庖,不可将自己的意志或表述强加给上诉人。② 另外应注意的是,从《民事诉讼法》第168条的表述看,它是将上诉请求与上诉的事实、法律等方面的理由区分开的。

实践的情况也是如此。最高人民法院在其网站上公布的上诉状的样式中,有专门的"上诉请求"条目,而且明确区别于上诉理由。③ "劝烟案"二审法院的判决书也是如前段的界定那样使用"上诉请求"一词的。④

在澄清了何谓"上诉请求"后,我们来分析审理"上诉请求的有关事实和适用法律"会有什么样的结果。

首先,如果上诉请求指向整个原判决,例如对于原判决的各项主文都有所请求(即便是要求维持其中某一项),或者如"劝烟案"原告的上诉请求那样请求"撤销原判",则此时对"上诉请求的有关事实和适用法律"的审理,就是对一审判决关于全案的事实认定和适用法律进行审理。其结果自然是"两可"的,即既可能有利于上诉人,也可能不利于上诉人。

其次,如果上诉请求指向的仅是原判决的一部分,此时对"上诉请求的有关事实和适用法律"的审理,有可能是对一审判决的部分事实(认定)和适用法律的审查,但也可能仍然是对一审判决关于全案的事实认定和适用法律进行审理。因为,上诉请求的有关事实和适用法律有可能是独立的,与未被上诉的那部分一审判决无关,但也可能与之有关。在"有关"的情况下,上诉的部分与未上诉的部分甚至可能是基于相同的事实(认定)和法律适用。如果是独立的或无关的,则审理结果(法官的内心判断)不会不利于上诉人。但如果是"有关"的,则仍然有可能不利于上诉人。

---

① 我国台湾地区所谓"民事诉讼法"第441条要求"上诉状应当表明下列各款事项……三、对于第一审判决不服之程度,及应如何废弃或变更之声明。四、上诉理由……"由此可见,它也是区分上诉请求与上诉理由的,上诉请求也仅是上诉状中的一部分表述,上诉请求和上诉理由的"表述者"也都是上诉人。

② 尽管法院在上诉请求不清楚或明显不当时应作必要的释明,但是否响应释明仍应由上诉人决定。这是一种澄清性释明。

③ 《民事上诉状(当事人提起上诉用)》,http://www.court.gov.cn/susongyangshixiangqing-379.html,访问日期:2021年5月8日。

④ "劝烟案"二审判决列明了原告的上诉请求:"田九菊上诉请求:一、撤销原判,判决支持田九菊的全部诉讼请求;二、一审、二审诉讼费由杨帆承担。"

更重要的是,如前所述,该条文并未规定基于这样的审理结果应作何种裁判,至少没有规定二审法官不可基于实体审理后产生的对上诉人不利的内心判断作出对上诉人不利的裁判。所以,尽管就前段所述的"无关"的情形而言,裁判不应不利于上诉人。但对于"有关"的情形而言,裁判仍然可能对上诉人不利。

由此可见,该条文是否规定(或包含)了禁止不利变更原则,是不确定的。它取决于上诉请求的有关事实和适用法律是否具有独立性,是否独立于一审判决未被上诉部分的事实(认定)和适用法律。

(二)《民诉法解释》第 323 条之不确定性

与"劝烟案"有紧密关联的另一个具体规范是《民诉法解释》第 323 条。它规定:"第二审人民法院应当围绕当事人的上诉请求进行审理。当事人没有提出请求的,不予审理,但一审判决违反法律禁止性规定,或者损害国家利益、社会公共利益、他人合法权益的除外。"

相对于前一条文而言,这一条文的争议更大。所以,本文努力对它作更细致、深入的解析。

显然,基于前述之结构分析,同样可以看出它的第 1 款规定的(主题)也是审理范围,且是从正反两个方面作规定的。它的"但书"规定的是在哪些情况下可以超出此审理范围。但麻烦的是,所谓"围绕上诉请求进行审理"到底意味着什么?

我们先来讨论"围绕上诉请求进行审理"的可能结果(法官的内心判断)。由于关于"劝烟案"的争论主要是二审法院该如何否定上诉请求(是仅驳回上诉,还是也可以对上诉人作更不利的判决),所以,本文主要分析二审法院经过审理后,否定上诉请求的各种可能的情况。

设若上诉请求为 Q(它可能实际包括数项具体的上诉请求,即 Q_1、Q_2 等),在针对 Q 审理的情况下,法院在审理后可能形成的实体性的判断是:Q 成立和 Q 不成立。即:

$$Q 和 \neg Q$$

如果 Q 只是一个有关定性问题的上诉请求,例如在原告请求确认所有权的诉讼中,被告在一审败诉后提起上诉,请求确认原告不是所有权人,则对审理结果的分析或可就此止步,因为审理结果只有肯定和否定两种。但如果 Q 是量化性的请求,则应当作进一步的分析,因为对它审理后可能出现更多的结果。

"劝烟案"原告起诉时提出的诉讼请求是:杨帆(被告)赔偿田九菊(原告)死亡赔偿金 326796 元、丧葬费 22960 元、精神抚慰金 50000 元、医疗费 755.8 元,以上共计 400511.8 元。而一审判决的主文有两项(忽略诉讼费的判项):杨帆于判决生效后 10 日内补偿田九菊 15000 元,驳回田九菊的其他诉讼请求。对此,原告在上诉时提出的上诉请求(本)可能有多种类型(若被告上诉可能也是如此)。此处仅对以下三种情形进行分析("劝烟案"原告实际提出的上诉请求是第二种)。为简便起见,本文假设原告起诉时请求给付的总金额为 40 万元。

情形 1:原告的上诉请求是"撤销一审判决主文的第二项,判决被告赔偿 38.5 万元"。

对于这种上诉请求,二审法院审理后可能的否定性判断有以下两种:部分成立(例如被告应再赔偿 10 万元)、完全不成立(不应再判给任何金额的赔偿)。

若将它们分别表示为+、0,则审理后的情况可抽象化表示为:

$$A(\neg Q) = \{+, 0\}$$

$A(\neg Q)$ 是关于 $\neg Q$ 的各种可能情况(元素)的集合。

情形 2:上诉请求是"撤销原判,支持原告的全部诉讼请求"。

对此,法官的否定性实体判断可能有以下四种:被告的总赔偿额应大于 1.5 万元但小于 40 万元(应撤销原判,支持大于 1.5 万元的赔偿请求);被告只应当赔偿 1.5 万元(应维持原判);被告的赔偿额应小于 1.5 万元(撤销原判,判给更低的赔偿金);被告不应赔偿(撤销原判,驳回全部诉讼请求)。

对上诉人而言,后两种都是更不利的判断,都是在一审基础上"做减法"的判断,所以可把它合并为一种类型,都以符号"一"表示。

由此,此种情形下,对上诉请求的否定性审理结果可表示为:

$$A(\neg Q) = \{+, 0, -\}$$

情形 3:上诉请求是"维持一审判决主文第一项,撤销主文第二项,支持其他诉讼请求(判被告再赔偿 38.5 万元)"。

对此上诉请求审理后,法官的否定性实体判断也可能有四种:另外再判给小于 38.5 万元的赔偿、维持一审判决、变更主文第一项(被告应在小于 1.5 万元的范围内赔偿)、撤销主文第一项(驳回全部诉讼请求)。后两项同样都是对上诉人不利的判断。

由此,此情形应有与情形 2 相同的表达式,即:

$$A(\neg Q)=\{+,0,-\}$$

在情形 1 中,之所以没有出现对上诉人更不利的判断,是因为如果作这样的判断,就不是"围绕上诉请求"进行审理,而是也针对未上诉的部分。即不但完全否定了上诉请求,还削减或完全否定(未被上诉的)原判决主文第一项。这样就超出了《民诉法解释》第 323 条第 1 款规定的审理范围。

但在情形 2 中则不同,它的上诉请求有两项,就第二项请求而言,即便认为被告仅应赔偿 0.5 万元,也仍然是针对该上诉请求所作的判断,仍是"围绕上诉请求"审理的。因为它对"支持原告的全部请求"这部分上诉请求的回答是"不支持全部诉讼请求"。

情形 3 与情形 2 相仿,之所以 A 中有"—"的元素,是因为,若二审法院认为应撤销主文第一项(驳回全部诉讼请求)或仅应变更主文第一项(被告在小于 1.5 万元的范围内赔偿),此种判断仍是直接针对上诉请求的,即认为不但第二项上诉请求不成立,第一项上诉请求也不成立。此种审查和判断并未超出法定的审理范围或审理对象,并未"偏题"。

前述之分析提示我们,上诉请求的实际表述不同,会影响二审法院的实体判断。而前述上诉请求之三种表述,在句法和文义上并无明显不妥。[①] 上诉人在上诉时请求维持一审判决对其有利的部分,本属无可非议。尤其在现行法并未明文规定"二审法院不得作出对上诉人更不利的裁判"时,更应可以理解。

由此,对于前述不同的情形,如果法院根据其审理后获得的实体性判断作出裁判,那么相应的裁判也会出现差异。

在情形 1 之下,法院不会作出对上诉人(较原判决)更不利的裁判,至少会维持一审判决。但在情形 2 和情形 3 之下,法院则有可能作出对上诉人更不利的判决。所以,就前者而言,适用《民诉法解释》第 323 条的效果就相当于现行法规定了禁止不利变更原则,而在后两种情形下,则并非如此。

由此可见,《民诉法解释》第 323 条中是否包含禁止不利变更原则,是不确定的。

这种分析结果初看是不可接受的:对于同一个法律文本(语句)的解读怎么

---

① 至少情形 1、3 是如此。情形 2 中上诉请求的表述或许略有瑕疵,法院可能会认为:你的目的是要法院支持你全部诉讼请求,但一审已经支持你一部分了,怎么能要求撤销原判之全部?但从语言表述习惯看,原告这种表述并没有大的问题。至少,如果法院按照其上诉请求那样处理,也能实现其最终目的。

会有不确定的结果？但如果考虑到现行法并未规定上诉人应如何表述其上诉请求，而实际的上诉请求又可能有不同的表述形式，则产生这种不确定的状况，就是可以理解的了。决定上诉请求如何表述的毕竟是上诉人自己，而非法院。

由此，前述分析提示我们：由当事人决定的法律要素，可能会导致条文的含义具有不确定性。因为当事人各不相同，各自的决定可能也不同，所以由当事人决定的法律要素实际可能是一个"动态"要素。

（三）本土规范与域外相关规范的差别

解读争议条文的一个辅助方法是将它与看似相同或相似的域外法的条文进行比对。比较法的方法也可用于教义学的分析。

《德国民事诉讼法典》与禁止不利变更相关的规定是其第528条，即："对于一审的判决，只能在申请变更的范围内变更之。"[1] 而《日本民事诉讼法》的相关条文则是第304条，即："撤销或变更第一审判决，只在声明不服的范围内可以进行。"[2]

这两个条文有相同的重要表述："只（能）在……的范围内（进行）变更"。而可予变更的范围一个是"申请变更的范围"，一个则是"声明不服的范围"，实际也是相同的。因为，若上诉人申请变更，一般应是就其不服的范围（例如原判决主文的第几项或哪几项）申请变更。此外，广义的变更包括了撤销在内。由此可见，德、日的这两个条文实质是相同的。

我国《民诉法解释》第323条看似与它们相似，但它既未提及"只在……的范围内变更"，也未明确该范围仅是"声明不服的范围"。而即便不服的范围相同，上诉请求的（表述）也可能不同。上诉请求所涉及的原判决的范围可能会宽于"不服的范围"。例如前述情形3中上诉请求不但述明了"申请变更的范围"（请求之第二、三项），而且要求"维持一审判决主文第一项"（请求之第一项）。如前所述，这种表述在文法和逻辑上并无问题。

由此可见，我国的这一条文与德、日的前述条文是不一致的，是有质的差异的。这也大致表明了为什么可以称德、日规定了禁止不利变更原则，而我国是否有此规定是不确定的。至于《德国民事诉讼法典》第528条的标题为"控诉请

---

[1] 《德国民事诉讼法》，丁启明译，厦门大学出版社2016年版，第117页。
[2] 白绿铉编译：《日本新民事诉讼法》，中国法制出版社2000年版，第106页。

求拘束原则",那不过是禁止不利变更原则另一角度的称谓而已(若不考虑"禁止更有利变更"的情形)。①

需附带提及的是,我国台湾地区所谓"民事诉讼法"的相关条文是第450条,即:"二审法院认为有理由者,应于上诉声明范围内,为变更原判决之判决。"它与德、日的前述条文有相似之处,因为它也有"在……的范围内变更"之表述,但它至少在语气上明显要弱,因为它少了"只"或"仅"字。更关键的是,它的可变更的"范围"是"上诉声明范围",而非如德、日那样是"声明不服的范围"或"申请变更的范围"。它的这一范围倒是与《民诉法解释》第323条中的"上诉请求"近似或相同。这也就难怪,台湾地区学界和实务界并不认为其民事诉讼法规定了禁止不利变更原则,②尽管他们是普遍认可该原则的,③但那可能是因为在教义学上台湾地区深受德、日影响之缘故,④该原则对台湾地区法官的约束可谓是"通过法律教义学的约束"⑤。

二、从现行法下的处分原则无法导出禁止不利变更原则

在"劝烟案"的讨论中,部分论者将处分原则当作重要论据使用。使用方式之一是,主张根据该原则,可导出禁止不利变更原则。

一般条款与具体规范之间是有较大跨度的,如果认为可以从一般条款导出

---

① 若直接就禁止不利变更原则作表述,表述应该是"二审法院不得……"这才像一个禁止性规则,而不是"仅能……"这种表述。德、日之法条之所以采后一种表述,"可能是规定上诉请求拘束原则相较直接规定禁止不利益变更原则能够更加彻底地贯彻当事人主义。运用它来规定禁止不利益变更原则,含义更宽泛,不仅包含禁止不利益变更而且具有禁止利益变更的意义"。郝振江:《论民事上诉中的禁止不利益变更原则》,载《宁夏大学学报(人文社会科学版)》2010年第2期。

② 参见陈计男等:《不利益变更禁止之原则》,载民事诉讼法研究基金会编:《民事诉讼法之研讨》(七),三民书局1998年版,第297页。

③ 参见台湾地区1964年台上字第3173号民事判决书、1996年台上字第462号民事判决书。参见杨建华原著、郑杰夫增订:《民事诉讼法要论》,北京大学出版社2013年版,第363页。

④ 尽管如此,我国台湾地区对于在同时履行判决、因确认抵销而驳回原告请求等情形,上诉审的审理范围为何,存在争议。参见姜世明:《民事诉讼法》(下),新学林出版股份有限公司2015年版,第384—385页。

⑤ "当法律教义学被贯彻之时,它同时事实上约束着法官……这归功于它的稳定化和区别化功能。"〔德〕考夫曼:《法律哲学》,刘幸义等译,法律出版社2004年版,第285页。

未被法律规定的具体规范,则应作充分论证。

从处分原则直接推出禁止不利变更原则,就需要这样的论证。但我们似乎未见到这样的论证。实际上,基于以下的考虑,这种"导出"关系是不成立的,至少是很可疑的。

上诉人固然有权设定上诉请求(上诉声明),法院通常也应尊重这种设定,应在此范围内进行审理,①《民诉法解释》第 323 条大致也就是这样规定的,这些或许可以说成是处分原则的要求。但是,某些上诉人设定的上诉范围较宽(不只涉及一审判决对其不利的部分,例如前述的情形 3),法院在此范围内审理仍然可能会得出对其不利的实体性判断。二审法院在适用《民事诉讼法》第 168 条进行审理时,由于与上诉请求的有关事实和适用法律可能不仅仅与上诉请求有关,所以,法院在审理后也可能形成对上诉人不利的判断。而此时可不可以对其作不利的判决就不是处分原则所能决定的,我国现行法所规定的处分原则并没有这方面的含义或功能。

我国《民事诉讼法》第 13 条第 2 款对于处分原则的规定极其简略,仅称:"当事人有权在法律规定的范围内处分自己的民事权利和诉讼权利。"德、日的民事诉讼法都没有这样的条文。该条文的关键词是"处分"或"有权处分权利"。国内对于"处分"的理解通常更多的是"放弃"(少数情况下或会理解为"转让"),而很少理解为当事人对于若干事项的选择权(这种选择权的行使未见得就是在放弃某项权益),例如设定或选择诉讼标的或审判对象的权利(而大陆法系的处分原则或处分权主义就有这样的内容或含义)。② 从《民事诉讼法》第 13 条第 2 款的用语看,这种"理解"现状似乎是可接受的。但问题是,这样的理解如果运用于上诉,那么上诉人到底处分或放弃了什么权利?这种放弃又如何意味着法院不能对上诉人作更不利的裁判?这些至少都是需要解释的,并非不言自明的。

---

① 二审裁判的对象未见得"天然"应限于上诉请求。在查士丁尼大帝以前,罗马法中并无禁止不利变更原则(它们并不认为这有违"不告不理"),也无附带上诉制度。查士丁尼时代,有禁止不利变更原则,但它被认为是一种弊端。《罗马法大全》规定上诉审法院也应给予被上诉人保护(即便其未到场主张原判决不当)。参见吴从周:《附带上诉之研究》,载《台北大学法学论丛》2006 年第 2 期。类似的是,德国普通法时期的民事上诉程序,"适用上诉共通原则……上诉审法官,亦应依职权考虑被上诉人之有不服。只需实体真实有利于被上诉人,即应将原判决变更"。前引陈计男等文。

② 参见〔日〕新堂幸司:《新民事诉讼法》,林剑锋译,法律出版社 2008 年版,第 229 页。

实际上，就前述之情形 3 而言，上诉人要求"维持一审判决的主文第一项"，她在提这一项上诉请求时并没有放弃什么。既然没有，二审法院当然可（应）就此项上诉请求进行审理，而其裁判当然就有可能不利于上诉人。

换言之，在法院审理后（内心）形成了对上诉人不利判断的情况下，如果不允许就此作出对上诉人更不利的裁判，立法者就应当作出明确规定。立法者要么规定仅可在声明不服的范围内变更（所谓上诉声明拘束原则），要么直接规定二审判决不得对上诉人更不利（所谓禁止不利变更原则）。若是前者，二审法官需要识别"声明不服的范围"到底是多大；若是后者，二审法院则需要在拟作出的判决与一审判决之间进行比较。

我们应当注意的是，不但从现行法下的处分原则不能直接导出禁止不利变更原则，即便它结合《民事诉讼法》第 168 条和《民诉法解释》第 323 条，也不能导出该原则。退而言之，在这三者各自都不能导出禁止不利变更原则的情况下，它们的结合如何能产生质的变化，如何能产生"导出"效果，这是需要作充分论证的。

需要附带说明的是，部分论者对处分原则还有另一种援用方式，即直接根据处分原则指责二审判决是错误的，但是，这种援用也是有问题的，因为其中包含有不当的涵摄。

当事人有没有行使处分权，有没有处分某项权利，这至少主要是一个事实问题。在"劝烟案"中，被告没有上诉，所以我们可以说他事实上处分了其权利。但是他处分了何种权利，则需要甄别。

既然被告在规定的期间内可上诉而实际未上诉，那么通常应可认为他放弃了上诉权。但是，我们不能进而认定被告同时也放弃了实体性利益。上诉期间届满后，被告自然就失去了上诉权。但是，就实体性利益而言，法律并没有规定同样的失权期间，也没有规定若当事人放弃上诉权就视为其一并放弃了相关的实体权益。所以，基于被告未上诉的事实认定被告处分了其实体利益，可谓是一种不当的涵摄，是对处分原则的不当适用。

即便是对上诉权的处分，也未见得完全是出于自愿的。有些被告看似处分了上诉权，但实际上是因为在上诉期的最后时刻才得知原告上诉，因而来不及上诉，因为这些被告原本采取的是一种带有息事宁人意味的消极防御策略。在这种情况下，基于其未上诉而推定其放弃了实体利益，显然更不合理。

明确当事人到底处分了何种权益，这一点很重要。因为，如果被告只是放弃了上诉权,而未放弃实体利益,法院也并未审理被告的类似于上诉请求的主张(要求更有利的裁判),但因为其他原因法院判给被告更多的实体利益,则并不构成对处分原则的违反。

这种情况是可能存在的。因为,虽然被告处分了其上诉权,但原告可能设定了宽泛的上诉请求(如前述之情形 3 那样),将整个一审判决(对应于原告的全部诉讼请求)置于待审状态。二审法院遵循《民诉法解释》第 323 条,围绕这种上诉请求进行审理,便可能作出对原告不利的判决,而这种判决对于未上诉的被告却可能是有利的。

由此可见,在适用处分原则时,不能只看到一方行使了处分权,而要同时考察双方的状况,以防止作出片面的判断。

"劝烟案"的讨论也表明,我们在适用处分原则的过程中可能存在不当的"推定"。即不去探究当事人是否真正有意识地处分了权利,而只是根据其某种行为不恰当地推定其处分了权利。

三、对"公共利益"条款可作相对确定的把握

《民诉法解释》第 323 条第 2 款是一个有关"公共利益"的但书,所以,即便第 1 款规定了禁止不利变更原则,该但书也是对适用该原则的一个限制。所以,有必要也对它进行讨论。就"劝烟案"的论辩而言也是如此,即便假定现行法下存在禁止不利变更原则,肯定论(对二审的结论持肯定意见)若能表明该案涉及公共利益,则也能击倒否定论。

但是,这种论述并不容易,因为"公共利益"这一概念或要素(在前述但书中"判决损害公共利益"是一个法律要件)显然有很大的不确定性,尽管如此,我们仍可通过多方面的努力,并结合具体案情,对它作相对确定的把握。

(一)对"公共利益"作相对细化的分析

虽然对公共利益这样的概念很难做到精准把握,但这并不意味我们在下判断时可以恣意而为。我们仍然应当做力所能及的分析工作。

基于分析的目的,将"公共利益"拆解成"公共"和"利益"两个概念应该是可以的,如果将这两个分拆后的概念组合一起,应该不会导致"公共利益"概念的失真。

首先可对"利益"进行分析,分析案件可能涉及哪些利益。从案由看,"劝烟案"仅是一个侵权纠纷,仅涉及双方当事人的利益(应否赔偿)。但从起因看,它却涉及一个基本问题:普通公民平和地劝阻违法行为时,如果发生意想不到的后果,是否应承担法律责任。这个问题就与案外人有关了,因为案外人可能就是这样一个普通公民。换言之,它已经涉及案外人以下方面的利益:合理地阻止违法行为,维护公共卫生,享受良好的社会秩序。

其次分析案件是否与社会公众有关。如果一个案件仅涉及案件本身的少数几个当事人及少量的关联人员,则认定它与社会或公众有关较为困难。但如果案件不仅涉及前述这些主体,而且与众多不特定的案外人甚至"全体"公民有关,则它可能就已经具有了"公共"性。而"劝烟案"大致就是如此,至少它在一审阶段就已经引起了社会的广泛关注,①而这些关注中应该有众多前述之"案外人"。

综合前述两方面的分析,可以认为"劝烟案"涉及社会公众的利益。因为前述的利益相关者(案外人)有不特定的多数,"劝烟案"的一审裁判已经影响到了不特定多数人甚至全体公民的利益及行为选择,它的二审裁判也(将)如此。由于案件涉及前述的基本问题,法院对案件的裁判将至少影响两个方面的公共利益:维护公共卫生(环境方面的利益)、减少违法行为(秩序方面的利益)。如果这些利益得到维护,"生活在这样一个具有如此特性的社会中,众生受其沾溉"②。相反,如果合理的劝阻行为因为该案的判决事实上受到"遏制",这些利益将受到损害。

尽管从个人角度看,这些利益可能很小,甚至微不足道,但并不能就此否定它是社会公共利益。正如某些个别主体的违法排污行为对全体(许多)公民的环境利益的损害可能并不算大,但这并不妨碍国家准许部分主体提起公益诉讼。

---

① 法官在作这方面的判断时甚至不妨依职权作必要的调查,因为是否事关"公共",在某种程度上是一个事实问题。

② 转引自〔英〕丹尼斯·劳埃德著、M. D. A. 弗里曼修订:《法理学》,许章润译,法律出版社 2007 年版,第 221 页。

(二) 诉讼相关的高位阶规范

我国《民事诉讼法》有一个条文是德、美等主要西方国家所没有的,①即它的第2条:"中华人民共和国民事诉讼法的任务,是保护当事人行使诉讼权利,保证人民法院查明事实,分清是非,正确适用法律,及时审理民事案件,确认民事权利义务关系,制裁民事违法行为,保护当事人的合法权益,教育公民自觉遵守法律,维护社会秩序、经济秩序,保障社会主义建设事业顺利进行。"法律明文规定的任务显然包含了立法者的价值判断,我们不应忽略这种内含于实在法之中的价值。②

这一关于民事诉讼法的任务的设定大致相当于或近似于对于民事诉讼目的的设定。这些目的或任务所表明的也正是立法者所期待的,它们产生于立法者"推进社会整体利益这一愿望"③。

这一处于开篇位置的重要条文提醒我们,在我国,以"解决纠纷"简单概括民事诉讼的任务是不恰当的。该条文明确规定了多项任务,而"教育公民自觉遵守法律"和"维护社会秩序、经济秩序"是其中的两项。后一项任务与民事诉讼目的论中的法秩序维持说有一定的相似度,而前者则正契合于法理学上经常提及的法的教育功能。④

长期以来,民事诉讼法的这两项法定任务似乎已经被遗忘了。但由于现行法明文规定的民事诉讼法的任务对于民事诉讼法的立法及司法应当具有指导作用,所以,我们不可以无视它们,我们应当重温和正视这两项任务(以及其他任务)。而在努力完成这两项任务的过程中,社会普遍关注的、与公众利益相关的案件恰恰能够提供极好的机会。

就"劝烟案"而言,如果二审法院适用民事诉讼法处理案件的结果是维持一

---

① 《德国民事诉讼法典》第一章的标题是"法院",第1条是关于事物管辖的。《美国联邦民事诉讼规则》第1条虽然大致可谓规定了诉讼目的("公正、快速、不昂贵地处理每个诉讼和事件"),但其内容与我国的差别很大。

② 参见〔德〕乌尔弗里德·诺伊曼:《法律论证学》,张青波译,法律出版社2014年版,第127页。

③ 前引丹尼斯·劳埃德书,第221页。

④ "被实施的法能够形成法律意识,它使得在法的有效期内对法的遵守成为对法的确信或曰法信仰。"〔德〕伯恩·魏德士:《法理学》,丁晓春、吴越译,法律出版社2013年版,第43页。

审判决,将会挫伤广大公民劝阻违法行为的积极性,同时将会反向"激励"潜在的违法行为(的主体)。如果这样,民事诉讼法前述两项法定任务在此个案中就不能完成。相反,"劝烟案"二审法院所作的"一审判决适用法律错误,损害社会公共利益……将会挫伤公民依法维护社会公共利益的积极性"的判断是契合于这两项法定任务的。这种受到广泛关注案件的裁判在这方面的作用是众多仅为少数人(当事人)所知的个案的裁判所不能比拟的。《民事诉讼法》的适用者(司法者)应该致力于法的任务的实现,而这种广泛受关注且涉及前述基本问题的案件,正是实现法任务的重要"工具"。

在面对极不确定的法律要素时,诉诸"法的任务",应该是一个重要的解释路径。它即便不能作为独立的解释论基准,至少也可以作为一个辅助的基准。① 值得庆幸的是,我国法律明文规定了民事诉讼法的任务。② 这种法律所明定的法的任务应该比所谓"法共同体的合意"要确定得多。③

值得注意的是,本案中,保护当事人(被告)的合法利益与保护社会公共利益是一致的。这种案件有助于使"社会整体上变得更好,尽管某些社会成员的状况却显然恶化了"④。就实质而言,本案原告本无应受保护的权利,因而司法者可以无视此种"恶化"。所以,"劝烟案"二审法院对公共利益的把握,实际同时还大致契合《民事诉讼法》规定的另一项任务——保护当事人的合法权利。

(三) 顾及解释者所处的时代背景

就绝大多数民事纠纷而言,法院在两造之间作出的判决,只对双方当事人及极少的关联主体有法律上的拘束力。

但是,当下我们处在互联网时代,信息的传播速度较以往任何时代都要迅疾。原本只是两造关注的案件,由于受到媒体的广泛报道,加上案件本身的新

---

① 关于诉讼目的论在作为立法论及解释论基准方面的作用,可参见〔日〕高桥宏志:《民事诉讼法——制度与理论的深层分析》,林剑锋译,法律出版社 2003 年版,第 14 页以下。

② 它是一个一般性条款,它的位置应该高于处分原则。如果要用"嵌入一般条款"的方法完成法官填补法律空隙的作业的话,那么应该用此条款。前引丹尼斯·劳埃德书,第 537 页。

③ "法律共同体的合意"之说较为常见,例如前引乌尔弗里德·诺伊曼书,第 122 页。

④ 〔美〕罗纳德·德沃金:《认真对待权利》,信春鹰、吴玉章译,上海三联书店 2008 年版,第 232 页。

闻性，它的信息可能会在短时间内在全国得以传播，它的裁判有可能因此而对社会产生很大的冲击力。尽管我国不是判例法国家，这种冲击力不是法律上的效力，但是它的实际影响是客观存在的。不能以它不是法律拘束力为由，无视这种实际的冲击力（影响力）。事实上，网络媒体的快速传播能力使得"劝烟案"及其裁判对社会产生了巨大影响。它会影响不特定多数人甚至全体公民今后的行为选择（是否劝阻违法行为，是否会"心安理得"地实施情节较轻的违法行为）。

所以，在这种时代背景之下，一个在传统年代可能尚难谓涉及公共利益的案件，可能在今天会变得与公共利益直接相关。就此而言，在对公共利益的界定上，我们可能不得不考虑到我们所处时代的特征。这大概是我们在作法解释时，无法"逃离"的情境。

考虑案件是否已经受到广泛关注，是否已经关涉公共利益，并不是顺从舆论。即便有所谓的舆论，法官也应对案件依法作独立判断。更不用说，本案所涉及的法教义学原理及两大法系的相关共识，（在结论上）原本就是大致契合于关于本案的社会舆论的（参见本文第三部分的论述），也是"倾向于"支持二审裁判的。

（四）作合理的类比性考量

对于不确定法律要素的把握，在可能的情况下，可以考虑作一定的类比性考量。如果相似的案件涉及公共利益，则大致可认定"本案"也涉及公共利益。就"劝烟案"而言，可以选择的比较对象是"彭宇案"。

从案由的角度看，"彭宇案"也仅是一个侵权纠纷。但是，它也涉及一个基本问题：扶起倒地者是否会被推定为撞人在前。这个基本问题关系到案外的众多不特定人员，关系到他们是否还敢于帮扶倒地者。由此，它的一审裁判（尽管实际并未生效）的负面影响远远超出了案件本身，对整个社会造成了很大的冲击，影响了不特定多数人（某一方面的）行为选择。

"彭宇案"的这种前车之鉴，对于"劝烟案"而言是很有参考价值的。将它们进行类比，可以大致预测，如果"劝烟案"的一审判决得到维持，或者二审作出了对被告更不利的裁判，那么它对社会公共利益的损害将不会亚于"彭宇案"所造成的损害。所以，从这个角度看，认定"劝烟案"涉及社会公共利益是恰当的。

(五) 排除不合理的考量

把握"公共利益"这种不确定法律概念的另一种可能的方法是排除各种可能的不合理的考虑。就"劝烟案"而言,可以作以下两个方面的排除:

1. 排除"标的论"

在"劝烟案"的讨论中,一种观点认为只有在案件的诉讼标的直接涉及公共利益时才可认定案件与公共利益有关。但这种论断的合理性是可以较为确定地排除的。

《民诉法解释》第 323 条但书的表述是"但一审判决……损害……社会公共利益……的除外"。由此,至少从文义看,它没有将判决所损害的社会公共利益限定于已经成为诉讼标的(诉讼对象)之公共利益。换言之,对社会公共利益作此种狭窄的界定是不合乎现行法的。

这种文义解释与可能的目的解释应该是一致的。因为《民诉法解释》第 323 条设置这样的但书条款,其目的无非是要维护社会公共利益。所以只要判决会实际损害社会公共利益,就应在此但书所及的范围内,至于被损害的社会公共利益是否诉讼对象,则在所不问。

2. 排除不必要的泛化之忧

对于"劝烟案"二审法院关于社会公共利益的表述,既有的讨论中有一种担心:这样会导致"公共利益"概念的泛化。

关于这种担心的争论似乎是不会有结果的,很难得出一个相对确定的结论。但我们不必太悲观。因为,诸如"劝烟案"或"彭宇案"那样的热点民事案件,其数量是极为有限的。这一点应该是确定的。这甚至是可作为一个事实问题大致查明的(虽然也有一定的弹性)。所以,即便将《民诉法解释》第 323 条之但书条款适用于"劝烟案""彭宇案"这样的热点民事案件,也不会造成"公共利益"概念之泛化。

四、无配套机制的禁止不利变更与程序正义之距离

在"劝烟案"的讨论中,对于二审裁判的一种批评是指责它背离了禁止不利变更原则,背离了程序正义。但是,对该原则的违反是否就意味着背离了程序

正义,这本身是有疑问的,更不用说现行法下是否有禁止不利变更原则并不确定。

(一) 配套机制之缺失与后果

1. 未规定附带上诉

在现行法下即便存在禁止不利变更原则,它也是有重大缺陷的。

德、日及我国台湾地区的著述,讨论禁止不利变更原则时多会提及附带上诉,它们给禁止不利变更原则下的定义往往也以对方当事人没有提起独立上诉和附带上诉为前提。所谓附带上诉是指一方当事人在对方当事人上诉时才附随提起的上诉。顾名思义,附带上诉不具有独立性,[1]如果对方当事人撤回上诉,则附带上诉也将随之失效。

而就立法而言,承认禁止不利变更原则的国家或地区,普遍配套设立了附带上诉制度(只是在具体细节上有差异)。[2] 例如,《法国民事诉讼法典》第548条、《德国民事诉讼法典》第524条及我国台湾地区所谓"民事诉讼法"第460条,都是这方面的条文。[3]

而在普通法系,它的名称是交叉上诉或附随上诉。《美国联邦民事上诉程序规则》中的相关条文是第4条之(a)(3),它规定:"如果一方当事人及时提交了上诉通知,其他任何当事人可以在第一份上诉通知提出后的14天内,或在本法规定的其他时间内,提交上诉通知。"[4]所以,"一个本可独立提起上诉的当事

---

[1] 德国2001年修订民诉法典时已经取消了所谓独立的附带上诉。参见前引吴从周文。

[2] 例如,附带上诉的提起是否必须以有上诉利益为前提,或者原告方在提起附带上诉时可否扩张其诉讼请求,在这些方面各国或地区存在差异。德国主流观点允许扩张诉讼请求,而我国台湾地区则不允许。此外,附带上诉是否也可以针对其他被上诉人提起,是否可以由非被上诉人提起,也存在差异。法国法持肯定态度。参见〔法〕让·文森、塞尔日·金沙尔:《法国民事诉讼法要义》,罗结珍译,中国法制出版社2001年版,第1194页以下。美国多数司法区大致也是如此,参见前引杰克·H. 弗兰德泰尔等书,第604页。而我国台湾地区则持否定态度。参见前引吴从周文。

[3] 早前已有学者主张基于对被上诉人的公平保护,应当考虑建立附带上诉制度。参见邱星美:《建立我国民事诉讼附带上诉制度刍议》,载《政法论坛》2004年第6期。

[4] Federal Rules of Appellate Procedure Rule 4(A)(3), 28 U.S.C.A.

人,可以在其提起独立上诉的期间结束后,提起附随上诉"①。

由此可以初步判断,不以附带上诉为配套机制(前提)的禁止不利变更原则是"片面"的。

2. 缺少附带上诉的后果

不以附带上诉之配套为前提的"禁止不利变更"至少有以下弊端:

其一,强迫对方当事人上诉。若一审中双方当事人均非完全胜诉,且只有一方上诉,基于禁止不利变更,该方不会获得更坏的结果,但另一方却可能如此。就此而言,不希望获得这种结果的当事人都应该(不得不)提起上诉。

而事实上,有些并非完全败诉的当事人本来是不愿上诉的,虽然他们并不认为一审判决完全正确。但是,片面的禁止不利变更原则的存在会迫使这些当事人提起上诉。

其二,当事人可能会"非自愿地"失去上诉机会。如前所述,有些不愿主动上诉的当事人可能由于对方在上诉期的最后时刻提起上诉,而错失提起上诉的机会。现行法下这种情况很容易发生。因为,根据《民事诉讼法》第166条和第167条,如果上诉是直接向二审法院提出的,二审法院在5日内将上诉状移交原审法院,而原审法院收到上诉状后则在5日内将上诉状副本送达被上诉人。由此,如果"劝烟案"的原告是在收到一审判决书的5日后向二审法院上诉的,被告在收到上诉状副本时就可能已无法上诉。

若知道这种可能性及其后果,在仅存在"片面"的禁止不利变更原则的情况下,本不愿主动上诉的当事人可能就不得不变被动为主动,即不待对方当事人上诉而先行提起上诉。换言之,"他造……突袭上诉,造成不公平且易使当事人有预防性任意提起上诉之动机"②。

(二) 附带上诉更关乎公平正义

设置附带上诉有利于消除片面禁止不利变更原则的弊端。"经验表明,通常只有当一方当事人提起上诉后,另一方才会采用上诉手段。附带上诉保证自

---

① Paul G. Reiter, Right to Perfect Appeal, Against Party Who Has Not Appealed, By Cross Appeal Filed After Time For Direct Appeal Has Passed, *American Law Reports*, Vol. 32, 1970, p. 1290.

② 前引姜世明:《民事诉讼法》(下),第413页。

己的行为能够视对方的行为而定,因而不会迫使当事人预防性地提起上诉。"[1]附带上诉的存在不会迫使当事人"纯粹为了遵守期间而预防性地递交控诉"[2]。此外,若仅有片面的禁止不利变更原则,当事人可能会轻率提起上诉,而附带上诉会迫使这些当事人在上诉前认真评估上诉的合理性。

更重要的是,附带上诉关乎公平正义的维护。在大陆法系民事诉讼法的教义学看来,给被上诉人提起附带上诉的权利,有"诉讼衡平"方面的考虑。"上诉人受到上诉不可分原则与禁止不利变更原则之保护,为维持均衡计,乃许被上诉人提起附带上诉。"[3]"附带控诉使被控诉人在另一方当事人于控诉期间届满前很短时间内提起控诉的情况下,也还有机会进行自己的上诉攻击。"有时,被上诉人未上诉可能是因对方的欺骗或其他行为而相信其不上诉,准许未上诉人提起附带上诉,可以避免不公平的结果,使被上诉人不至于因自己的善意而陷于不利境地。[4] 所以,设置附带上诉的"公平视角"是很明显的,[5]该制度的目的"主要系维持双方当事人之诉讼公平"[6],是为了"平等保护当事人两造利益"[7]。

美国上诉规则的制定者在这方面有类似的考量。有关文献表明,美国法设置附带上诉规则的目的在于应对以下困难:一方当事人本不希望上诉(除非其对手上诉),而其在独立的上诉期结束后才知道对方提起了上诉。[8] 也就是说,该规则旨在让那些只想在对方上诉时才上诉的当事人能够提起上诉。[9]

附带上诉不仅与程序上的公平正义有关,而且有助于促进实质正义的实现。它"亦有助于在诉讼上实现整体利益,保障个人实体上权利,贯彻学说上所

---

[1] 〔德〕罗森贝克、施瓦布、戈特瓦尔德:《德国民事诉讼法》,李大雪译,中国法制出版社 2007 年版,第 1052 页。

[2] 〔德〕汉斯-约阿希姆·穆泽拉克:《德国民事诉讼法基础教程》,周翠译,中国政法大学出版社 2005 年版,第 302 页。

[3] 骆永家:《附带上诉》,载《台大法学论丛》1977 年第 1 期。

[4] 转引自前引吴从周文。

[5] 参见前引罗森贝克等书,第 1052 页。

[6] 陈荣宗、林庆苗:《民事诉讼法》(修订七版),三民书局 2011 年版,第 698 页。

[7] 此为我国台湾地区所谓"民事诉讼法"第 460 条的立法理由。转引自前引姜世明主编:《民事诉讼法判解导读》,第 801 页。

[8] See Advisory Committee Note, 39 Federal Rules Decisions, 69(1966).

[9] See Charles Alan Wright, Arthur R. Miller, Edward H. Cooper, Catherine T. Struve, *Federal Practice & Procedure* (Volumes 16A), West Publishing Company, 2008, p. 3950.

称之'实质而正确裁判保障原则'……使得上诉审需对原审判决进行较全面而广泛之审查,并对该诉讼事件作更完整之阐明,进而作成一个较符合实体法律状态之判决"[①]。

就我国现行法而言,赋予被上诉人提起附带上诉的权利,符合《民事诉讼法》明文规定的诉讼权利平等原则。立法者及司法者应当将该基本原则具体化,以避免其仅停留于宣示(而无实际运用或较少适用)的状态。设置附带上诉恰可谓是对该原则的一种具体实施。

在"劝烟案"的讨论中,否定论过度强调了处分原则,而不够关注公平正义(尽管有所提及,却将背离个别程序规范等同于背离程序正义)。其实,处分原则并没有诚信原则那样的"至尊"地位。即使在大陆法系,德、日等国也承认处分原则有若干例外。而且,有学者主张应增加这种例外,例如,"在损害赔偿请求等因非交易行为发生之纷争,应该缓和适用处分权主义……如此始可贯彻处分权主义之采用系为保护当事人之目的,否则反而损害当事人"[②]。在美国,民事诉讼法的著作很少专门讨论所谓的处分原则。《美国联邦民事诉讼规则》第54条之(c)甚至明确允许超请求裁判,这就实质性"远离"了大陆法系的有关规则。[③] 此外,在美国多数司法区也允许法院在某些情况下强制合并当事人。

而在我国,《民事诉讼法》虽然明文规定了处分原则,但它实际也未获得受尊崇的地位。例如《民事诉讼法》有若干强制追加当事人的规定,并且允许判决无独立请求权第三人承担责任。[④] 此外,我国并无德、日等国那样的关于舍弃的规定。《德国民事诉讼法典》第306条规定了法院可基于舍弃作出舍弃判决。

(三) 不可轻易以程序正义之名推翻实体正义

程序正义是一个宏大的主题,我们当然应当致力于"永远禁止不公正的程

[①] 前引姜世明:《民事诉讼法》(下),第413页。
[②] 邱联恭:《口述民事诉讼讲义》(三),2008年自版,第19页。
[③] 《德国民事诉讼法典》第308条第1款("当事人申请的拘束力")规定:"法院无权将当事人未申请的事项判给当事人。特别是果实、利息和其他附属请求,亦应如此。"前引《德国民事诉讼法》,第74页。
[④] 这些规定即便未突破现行法下的处分原则,至少也违背了不告不理原则,与大陆法系的处分原则相悖。

序"①,但我们在作这方面的讨论时,也应尽量避免作可能有失粗率的判断,例如以下这种判断:背离现行的程序规范就是背离了程序正义。

现行的程序规范是实在法的组成部分,但如果将现行程序规范完全对应于程序正义,或者认为现有的程序规范都是公正的,这种思维未免有失严谨。因为,至少在某些情况下,两者之间是有距离的。例如,个别现行的程序规范本身可能存在较为严重的缺陷,本身就不合乎程序正义的要求。而其有缺陷的原因可能是多方面的,立法者在设置程序规范时缺乏周到的考虑可能是主要的原因。

所以,我们在指责某一司法行为违背程序正义之前,至少应当弄清楚它所背离的程序规范本身有无严重的缺陷。当然,在此之前还需确认它是否确实背离了该程序规范。

此外,即便程序规范本身的正当性并无问题,也并不意味着所有违背程序规范的行为就一定是应予以否定或推翻的。即使在非常重视正当程序的美国,它的国会在 1919 年就指示联邦法院忽略那种非实质性的错误。②

片面的禁止不利变更原则的重大缺陷再次提示我们,应当认真对待程序正义和实体正义的关系。

既然即便现行法下存在禁止不利变更原则,它也是有严重缺陷的,那么我们就不应以违背该原则为由指责"劝烟案"的二审判决,尤其在二审的结果合乎实体正义之时。

就方法论而言,如果某些程序规范的含义很模糊,对它存在严重对立的不同解释,法官就应谨慎从事。倘若程序运行的结果是合乎实体正义要求的,法官应当尽量作有利于维护该结果的解释。同样,研究者在面对此种情况时,也务必保持克制,不可以维护程序正义之名要求推翻合乎正义的实体结果。

(四) 为维护正义在必要时当为法的续造

1. 若坚持适用有严重缺陷的规范应进行必要的法续造

假设现行法下确实存在片面的禁止不利变更原则,此时我们是否就应严格

---

① 〔美〕约翰·V. 奥尔特:《正当法律程序简史》,杨明成、陈霜玲译,商务印书馆 2006 年版,第 63 页。

② See Stephen C. Yeazell, The Misunderstood Consequences of Modern Civil Process, *Wisconsin Law Review*, Vol. 1994, 1994, p. 631.

适用该原则？

由于该原则是有重大缺陷的，片面适用它有违程序正义，并可能伤及实质正义，所以，果真要在"劝烟案"中追求程序正义，就应在主张并适用这种片面的禁止不利变更原则的同时，勇于进行法的续造，引入附带上诉。当然，如果案件涉及公共利益，则不必进行法续造，因为援用《民诉法解释》第323条中的但书条款同样可以达到目的。

2. 合理适用续造之法

就附带上诉为法的续造，并非一定要作出对上诉人不利的裁判，而仅仅是要给被上诉人提起附带上诉的权利，至于他是否提起附带上诉则由其自主决定。就本案而言，法官若决定引入附带上诉，就应当告知被告可提起附带上诉，并就何为附带上诉及如何提起附带上诉作出说明。提起附带上诉是一个新的权利，所以这种释明是必要的。① 在释明后，如果被告提起附带上诉，则二审法院就可以作对上诉人不利的判决，反之则不能。

就"劝烟案"的实际情况看，被告很可能会提起附带上诉。"劝烟案"一审判决令被告给付原告1.5万元，并称如果未按期履行给付义务，应加倍支付迟延履行期间的债务利息。被告未提起上诉，但他在二审中的主张有矛盾之处。他一方面称"一审程序合法，认定事实清楚，适用法律正确"，一方面却又称"被告对段小立的死亡不应当承担法律责任，但考虑到原告失去了亲人，即使原告不起诉，被告也愿意对其进行一定费用的捐赠"。从后一种表述看，他实际是对一审判决有异议的，即不认为自己应当承担法律责任。所以，被告在形式上虽未上诉，实质上却提出了类似上诉请求的主张。在这种情况下，如果他被告知可以提起附带上诉，他就有可能行使此项权利。

当然，附带上诉的提起有时间限制。若参照日本的立法，这种限制不会妨碍本案被告提起附带上诉，因为其民事诉讼法规定附带上诉可以在二审的言辞辩论结束前提起。② 而若参照美国或德国的立法，则可能构成妨碍。在"劝烟

---

① 即便反对这种释明，由于被告在二审中的主张有自相矛盾的问题，法院应当要求其予以澄清（这也是一种释明），说明其真实意愿。如果他坚持主张一审法院不应判决其承担法律责任，则可视为他提起了附带上诉。

② 日本附带控诉的提出"只限于控诉审口头辩论终结前"。〔日〕新堂幸司：《新民事诉讼法》，林剑锋译，法律出版社2008年版，第627页。

案"中,在二审法官决定引入附带上诉时,可能早就过了14天(美国法)[①]或1个月(德国法)的提起附带上诉的期限。[②] 但即便二审法院如美国法或德国法那样为附带上诉设定较短且固定的期间,考虑到该案是首次引入附带上诉,附带上诉的提起期间应当自法官告知被告可提起附带上诉之日起计算。因为在此之前,被告尚不知有此权利,他无法遵守相关的期间。

五、结 语

归结而言,基于对《民事诉讼法》第168条和《民诉法解释》第323条的细致解析,可知它们是否规定了禁止不利变更原则其实是不确定的。而从现行法所规定的处分原则也不能导出禁止不利变更原则。"公共利益"概念虽然有很大的不确定性,但若结合具体的案情,对它作相对细化的分析(分析案件涉及何人的何种利益),援用现行法有关民事诉讼法的任务(例如教育公民守法和维护社会秩序)的规定,与相似的涉及公共利益案件(例如"彭宇案")作比对,排除不当的观念,考虑解释者所处的时代背景(在网络时代热点案件会很快受到广泛关注),基于这些努力,仍有可能对案件是否涉及公共利益作出相对确定的把握。遵循这种路径,可以大致认定"劝烟案"的判决已经涉及公共利益,从而可以排除禁止不利变更原则的适用(假设它存在)。现行法下即便有禁止不利变更原则,它也是"片面"的,有若干弊端,因为现行法没有设定应作为配套机制的附带上诉,而后者更关乎公平正义。所以,背离此种"片面"的禁止不利变更原则并不意味着就背离了程序正义,更不可以此为由否定或推翻合乎实体正义要求的实体裁判。

---

① 美国的附带上诉规则为最初上诉的当事人以外的当事人规定了一个特别的上诉期间,而当事人的独立上诉期是30天(美国政府等特殊主体的上诉期是60天)。这种关于附带上诉的规定,在各州的上诉规则中也是普遍存在的。例如,《亚利桑那州高等法院民事诉讼规则》第73条之(b)。

② 德国2001年修订后的《德国民事诉讼法典》第524条第2款明文规定附带上诉"自上诉人之上诉理由送达一个月之不变期间内提起"。德国法此前未规定提起附带控诉的时间,但通说与日本法的规定相同。参见前引吴从周文。

第三人撤销诉讼
——思维误区与认知不足*

关于第三人撤销诉讼的争论还在持续,但相关的思维误区和认知不足影响了争论的质量。本文尝试对此进行分析,以期为争论的深入推进扫清障碍。

一、有关既判力之不当考量

(一) 可疑的"共识"

关于第三人撤销诉讼存在较多的分歧,但一个共识似乎在研究初期就已大致达成,即第三人撤销之诉的原告应受到前判决既判力之约束,如果不受判决拘束就不必要求撤销判决,他可以另行起诉维护自己的权利。

这一共识的形成大致是受我国台湾地区影响的缘故。台湾学界普遍认同这一观点,他们对于第三人撤销诉讼的讨论基本是仅就判决的法律效力及于案外人之情况展开的。① 我国台湾地区所谓"民事诉讼法"第 507 条之 1(第三人撤销诉讼)的立法理由也明确声称:"为扩大诉讼制度解决纠纷之功能,于判决效力及于不可归责而未参与诉讼的第三人,该第三人之诉讼权及财产有受事

---

* 本文在以下这篇文章的基础上修改而成。严仁群:《不受判决拘束者之事后救济》,载《法学家》2015 年第 1 期。

① 例如陈荣宗教授认为:"在既判力相对性原则之下,尽管第三人受害,但是因为有相对性原则,可以另行起诉救济之,不一定要使用第三人撤销诉讼解决问题,这个原则非常的重要。"陈荣宗等:《第三人撤销诉讼之原告当事人适格》,载《法学丛刊》2004 年第 2 期。吕太郎法官称:"不能承认其既判力,又何须撤销诉讼?"许士宦等:《法定诉讼担当之判决效力扩张——以第三人之程序保障为中心》,载民事诉讼法研究基金会编:《民事诉讼法之研讨》(十五),三民书局 2008 年,第 69 页。

后救济之必要,乃增订该等规定,以资救济。"①

但是,对于不受判决拘束者为什么不会受判决的损害,以及为什么即便有损害也可通过另诉获得救济,持论者并未给出说明。因此可以说,前述之共识的形成依靠的是赞同者的直觉,即把不受拘束等同于不受损害,把可以另诉等同于可以获得救济。

如果此共识是正确的,那么第三人撤销诉讼的适用范围将非常有限。因为,基于判决效力的相对性原则,判决效力扩张拘束案外人的情况应当是少数例外。除了代表人诉讼的有关规定外,我国民事诉讼法中也并无其他关于判决效力扩张及于案外人的规定。相反,如果此共识是错误的,就意味着第三人撤销诉讼的适用范围可以有较大扩展,将从受判决拘束的案外人扩大到不受判决拘束的案外人。而不受判决拘束的案外人远比受判决拘束的案外人多,尽管并非每个不受判决拘束者都需要救济。

因此,探究此共识是否正确具有重要意义。进而言之,如果此共识是错误的,那么就必须探究应当为不受判决拘束的案外人设置何种救济机制。

(二) 不受判决拘束的案外人也可能受到损害

由于判决的效力通常只能拘束案件的当事人,诉讼当事人通常不能仅凭两造之间的有限争讼获得关于系争事项的世界范围内的和平,所以"他人之间的判决对不受该判决拘束的案外人而言,其效力甚至并不高于他人之间的合同的效力"②。既然如此,似乎就不必讨论在判决确定后应如何给不受判决拘束的案外人救济的问题。

但是称第三人不受判决的拘束,只是就判决的法律效力(既判力等)而言的。案外人不受判决拘束,并不意味着其权益不会受判决的不利影响。实际上,案外人的合法权益因他人之间的判决而遭受不利的情况并不少见。

案1:D与T签订买卖契约,约定将登记于D名下的不动产卖给T。但D之父P诉D,要求将该财产移转登记给他,理由是该不动产实际是其所有,仅系基于信托关系登记在D名下,而信托关系现已终止。由于D承认P的诉讼请

---

① 转引自姜世明:《任意诉讼及部分程序争议问题》,元照出版有限公司2009年版,第329页。

② Restatement(Second) of Judgments 76(1982), comment a.

求,所以法院判令 D 办理过户登记手续。但实际上 P 主张的信托关系原本就不存在,若 D 主动履行该判决,或 P 据此请求强制执行,都会导致 D 对 T 的给付不能,因此该判决的存在对 T 不利,T 起诉请求撤销该判决。[1]

这是我国台湾地区的一个原告胜诉的第三人撤销诉讼案件,受诉法院不仅撤销了前判决,而且确认 P、D 之间的所谓信托关系自始不存在。特别值得注意的是,无论从法理还是从(台湾地区)民诉法看,该撤销之诉的原告 T 恰恰就是不受前判决拘束的"案外人"。

案 2:P 诉 D,请求确认 P、D、T 三方达成的债权转让协议有效,并请求责令 D 偿还债务。诉讼中双方达成协议:确认 P 对 D 拥有(受让后的)债权,并将此债权转换成 P 对 D 的股权,若股权手续未按期办完,则 D 以现金清偿债务或以其全部资产清偿。法院据此制作了调解书。后来 T 请求撤销该调解书,称债权转让协议是由林某用未交回的 T 的公章签订的,林某于签订该协议时已不是 T 的董事长,无权代表 T 对外行使权利,此协议应属无效。但最高人民法院认为该调解书对 T 不发生法律效力,"如果 D 确实对 T 负有债务,D 不能以该调解书作为免除其对 T 所负债务的依据,亦不能以该调解书作为 T 将债权转让给 P 的依据。因此,该调解书客观上不能产生损害 T 的后果"[2]。所以,最高法驳回了 T 的申请。

该案的 T 确实也不受 P、D 之间诉讼结果的拘束,但最高人民法院的结论是可商榷的。因为,如果 T 确实是 D 的债权人,且调解书系 P、D 基于合谋取得,则调解书的履行或执行,均可能导致 T 的债权无法(全部)实现。

法国至少有部分学者在这方面已有清醒的认识,他们声称:"诉讼中作出的判决给虽然是局外人的第三人造成损害的可能情形是很多的。诚然,有关的第三人可以运用'判决仅具有相对效力'来保护自己,但是这种防御方法仅有有限

---

[1] 台中高分院以 2003 年撤字第 1 号判决 T 胜诉,台湾地区最高司法审判机关以 2006 年台上字第 1068 号民事裁定支持该判决。该案的裁判者未如该条的立法理由那样考虑原告是否受前判决效力拘束,而是按条文的文义,将本案的原告解释为原诉讼的"有法律上利害关系之第三人",从而认定原告适格。而其他案件的受诉法院则坚持审查原告是否受前判决效力所及,从而认定原告不是撤销之诉的适格原告。

[2] 兰州正林农垦食品有限公司与林柏君、郑州正林食品有限公司债务纠纷再审案,最高人民法院(2010)民申字第 1276 号民事裁定书。

的意义。"①

美国《第二次判决法重述》也有同样的认识,而且归纳了判决给不受其拘束的案外人造成损害的原因。其一,判决可能有作为对案外人不利的权利证书的效力。尽管在法律上,就某一权利而言,判决并非对所有人都是决定性的,但不知道判决通常仅有相对效力的人们却会认为判决对案外人也是最终性的。这种效力是事实上的而非法律上的,它源于以下可能性:其他人会被该判决阻吓或鼓励采取行动,而他们的行为对案外人会有不利影响。其二,判决可能有使现状朝不利于案外人方向改变的效力。例如,判决的执行会导致财产被转移或导致其他状况的改变。此时判决就不再是对案外人无关紧要之事。②

(三) 另行起诉之不足

如果案外人不受判决拘束,那么其就判决所判断的事项另行起诉通常不应有障碍(只要符合其他起诉条件),甚至可以说这是其固有的权利。而另行起诉有时确实能够使受判决不利影响的案外人获得救济。例如(案3),T 向 A 法院起诉 D 公司及该公司的一个股东 P,要求 D 偿还欠款,要求 P 在其出资不到位的范围内承担清偿责任。在诉讼系属中,P 向 B 法院起诉 D,请求确认其对 D 的出资已到位,获得了胜诉判决。P 随即据此要求 A 法院驳回 T 对它的诉讼请求。③ 相对于 B 法院的判决而言,T 的在先诉讼就是另诉。若仅从既判力主观范围的原理看,T 不应受 B 法院判决的拘束,T 可以与对方当事人就 P 是否出资到位(从零开始)进行争讼。既如此,T 就不需要其他救济途径。

但问题是,案外人的另行起诉并不总能(甚至往往不能)使其获得有效救济。

在案 1 中,如果 T 另行起诉 D,要求其履行合同,若法院在言辞辩论终结前依 D 之主张查明 D 已依前判决将标的物交付并过户给了 P,D 对 T 已处于给付不能的状态,则法院无法支持 T 的请求。即便 D 尚未完成移转登记,法院或可判令 D 将物交付给 T,该判决也不能阻止前判决的履行或执行,它没有这

---

① 〔法〕让·文森、塞尔日·金沙尔:《法国民事诉讼法要义》,罗结珍译,中国法制出版社 2001 年版,第 1283 页。

② See Restatement(Second) of Judgments 76(1982),comment a.

③ 参见王永亮:《前诉生效裁判确认的事实是否对后诉有当然的拘束力》,载《人民法院报》2008 年 2 月 19 日第 6 版。

样的法律效力。T也可另诉要求D承担违约责任,但这显然背离了其订立合同的目的,而且还可能因D无足够的支付能力而无法获得赔偿。倘若T以侵权为由起诉P、D,不但有证明的困难,而且这种救济方式显然有滞后之缺陷。

在案2中,最高人民法院称:"如果兰州正林(T)认为其对郑州正林(D)享有债权,可以另行提起诉讼予以解决。"然而,尽管T可对D另诉,却不能阻止D履行调解书确定的义务,也不能阻止P以之为执行根据申请强制执行。

在另一案件(案4)中情况也是大致如此。P诉D,请求确认其对存放于D仓库中的某宗货物拥有所有权,并要求D交付该物。法院判决支持P的请求,但T主张他是货物的所有权人。[①] 如果T另行诉D,并获胜诉判决(确认T是所有权人并命令D交付该物),同样也不能阻止前判决的履行或执行。因为前判决的执行力未被排除,后判决并无这样的程序法上的形成力。[②]

二、比较法上的认知不足

既然应当为不受判决拘束的案外人设置专门的救济机制,那么就需要斟酌第三人撤销之诉与案外人申请再审这两个可能的选项,因为它们都可能导致给案外人造成损害的判决被撤销。对于为什么选择第三人撤销之诉,学界经常援引法国及我国台湾地区和澳门特别行政区等地的立法例。但这是不够的,因为尚缺乏一些更重要国家的信息。

事实上,在美国和德国也是有第三人撤销诉讼的。此外,至少在德、美、法三国,不受判决拘束的案外人都有可能成为第三人撤销诉讼的适格原告。

(一) 德国的第三人撤销之诉

1. 可挑战生效判决的案外人异议之诉

一般认为第三人撤销诉讼与案外人异议之诉是不同的,但这要区分各国或

---

① 类似的一个案例是,胜嘉斯(国际)有限公司诉海口保税区仓储贸易公司海运货物所有权纠纷案,海口海事法院(2000)海商初字第069号民事裁定书。差别只是该案的第三人参加了前诉讼。

② 由此也可看出,另行起诉不但可能无法使案外人获得救济,而且可能会引发执行竞合。

地区的情况而论。案外人异议之诉的发源地是德国,我国在引入时对其作了改造,例如,将(异议)"与原判决、裁定无关"规定为起诉的一个条件,所以,中德两国的案外人异议之诉有重大差别。对于本土而言,可以将第三人撤销之诉与案外人异议之诉作严格区分,但在德国则并非如此。

案外人异议之诉是案外人以诉的方式主张其对执行标的物有足以排除强制执行的实体权利。然而执行标的物的确定有两种情况,一是由执行人员在执行程序中确定,二是由执行名义(判决书等)直接确定。在德国,案外人不仅可以就前一种执行标的物提起异议之诉,而且就后一种标的物也可以提起此诉。而针对后一种标的物的强制执行即是所谓的交还执行。① 由此,若前述之案 4 发生在德国,T 在执行过程中就可以提起案外人异议之诉,要求排除前判决的执行,而不是仅可另行提起一般的确认之诉或给付之诉。甚至在当事人仅提起一般的诉时,德国法院可能认为即使判决支持其请求也不具有实际意义,从而以不具有诉的利益为由驳回起诉。但是,根据我国《民事诉讼法》第 227 条,案外人只能通过异议之诉就非判决确定的标的物要求排除强制执行,如果对判决确定的执行标的物主张有排除执行的权利,则是"认为原判决、裁定错误",应"依照审判监督程序办理"。因此,我国现行法下的案外人异议之诉并非事后救济措施。在我们的立法者看来,案外人就判决确定的执行标的物主张有排除强制执行的权利,无异于要求推翻生效判决,应通过再审程序为之。但德国民诉法允许案外人通过提起案外人(执行)异议之诉而不是再审之诉,挑战已经生效的特定判决,允许对其确定的关于特定物的交还请求权提出实体异议。

值得注意的是,德国学界认为案外人不必等到执行程序启动,就可以挑战作为执行名义的生效判决,因为"第三人的权利已经因执行名义受到了威胁,因此他在执行名义发布的时候就可以提起本诉"②。

2. 仅撤销判决的执行力

就案 4 而言,如果 T 提起的案外人异议之诉获胜,则法院对该诉至少作了

---

① 参见〔德〕汉斯-约阿希姆·穆泽拉克:《德国民事诉讼法基础教程》,周翠译,中国政法大学出版社 2005 年版,第 415 页。

② 同上书。我国台湾地区也允许类似的案外人异议之诉,而且"关于物之交付请求权之执行,其标的物自始确定,为保护第三人利益,似应认为知其所有之物为执行名义所载之标的物者,即可提起异议之诉"。杨与龄编著:《强制执行法》(最新修正),中国政法大学出版社 2002 年版,第 209 页。对于德国及我国台湾地区而言,这种解释大致是可接受的,因为它们的民诉法只是将案外人异议之诉的提起时间限定在"执行终结前"。

两个阶段的判断:其一,认定 T 是该物的所有权人;其二,判定 T 可以要求排除前判决的执行。在前一阶段的审理结束后,事实上就形成了法院的前后两个判断相对立的局面,因为它们分别确认 P 和 T 对同一物拥有所有权。在第二阶段,法院选择了后者,认为后者具有优先性,并进而排除前判决的执行。这一选择实际等于否定或撤销了前判决的执行力。

从程序保障和既判力主观范围的原理来看,这种在优先性上的选择是合理的。因为后一份判决是在 T、P、D 三方进行争讼的基础上形成的,而前一判决仅是在 P、D 两方争讼的基础上作出的。就 P、D 而言,由于他们在后一次诉讼中获得了程序保障,所以不应以前判决生效在先为由,反对后一判决对 T 的请求的支持。

由此,我们可以说德国实际也是有第三人撤销之诉的,只不过它仅撤销确定判决的执行力,而不否定其既判力,是一种特别的撤销之诉。[①] 这种仅仅否定前判决执行力的做法展示的是一种克制,即对确定判决效力的否定应尽量控制在较小的范围内,只要这种有限的否定能够使案外人获得救济即可。

(二) 美国的第三人撤销之诉

在美国,19 世纪的 Stone v. Towne 案的受诉法院拒绝给案外人救济,认为案外人永远不能攻击确定判决。[②]

后来情况发生了变化。如果某债权人的债务人因另一债权人的起诉而遭受了败诉判决,他虽然并不因此而有资格要求废弃该判决,但是如果他能够表明判决是基于欺诈或串通获得,其目的在于妨碍该债权人的收债的努力,那么此债权人就可以要求废弃判决。类似的是,如果债务人与另一债权人合谋获得了一份判决,该判决改变了各债权人之间的优先顺位,另一个债权人可以以串谋为由攻击前判决。也就是说,美国法院已经普遍认为,因诈欺而形成的判决的受害人,有资格攻击该判决。[③] 此外,美国的一些司法区已经明文规定与判

---

① 美国《第二次判决法重述》也认可这种救济类型,即针对某判决限制其执行力,但未必是针对确定执行标的物的判决。See Restatement(Second) of Judgments 76(1982), comment c.

② See Stone v. Towne, 91 U. S. 341 (1875).

③ See Restatement(Second) of Judgments 64(1982), comment d.

决有利害关系的非当事人可针对当事人的欺诈等不端行为寻求救济。① 可这样攻击前判决的并不限于债权人。例如（案5），破产管理人 D 将破产人的不动产卖给 T₁，破产法院作出的裁决准许卖出，并确认 T₁ 所买受的不动产上没有抵押负担。后来，P 要求破产法院废弃此裁决，主张其对不动产有担保物权。破产法院在审理后取消了该裁决中影响 P 权益的部分，使 P 恢复了担保物权。但此前 T₁ 已将该不动产卖给了 T₂，由此破产法院的后一裁判对 T₂ 构成不利。对此，联邦上诉法院认为后手买家有权针对破产法院的裁决寻求救济。② 因为，"如果判决确认某人在某财产上有正当权利，这会使实际拥有该财产的案外人的权利变得模糊，使其较难卖出此财产，或者使该财产用于抵押贷款时的估值下降"③。

（三）适格原告的范围

在德国，由于提起"第三人撤销之诉"（案外人异议之诉）的原告会主张其对判决确定的执行标的物有排除强制执行的实体权利，所以，至少有一部分起诉者相当于中国法上的有独立请求权第三人，而且是不受前判决拘束的。例如，无论是按照民诉法理还是德国法的规定，案 4 中的案外人都是不受前判决拘束的。

至于美国法上的第三人撤销之诉，不受判决拘束者同样可以作为适格原告。就案 5 而言，提起第一次撤销之诉的 P 显然不受破产法院准许卖出的裁决的拘束，而提起第二次撤销之诉的 T₂ 是否受破产法院的第一次撤销裁判的拘束，要视不动产的转让发生在第二次撤销诉讼之前还是之后。如果是之前，则不受破产法院的后一裁判拘束；如果是之后，则通常应受该裁判拘束。④

法国的情况也是如此。《法国民事诉讼法典》第 583 条明确规定："任何于其中有利益的人均允许提出第三人异议，但以该人在其攻击的判决中既不是当事人，也未经代理人进行诉讼为条件。"而不是当事人又未经代理人进行诉讼的

---

① 例如纽约州。See New York Civil Practice Law and Rules (CPLR) § 5015.
② In re La Sierra Financial Services, Inc., 290 B. R. 718(9th Cir. BAP 2002).
③ Restatement(Second) of Judgments 76(1982), comment a.
④ 即便是在诉讼系属后买受，若买受人主张其既不知有诉讼系属，又不知买受之物有权利负担，即主张善意取得，则他仍有不受判决拘束之可能。

人,通常是不受判决拘束的。因为,根据《法国民法典》第 1351 条,法国的既判力原则上也仅及于当事人,[①]在这一点上法国法与德、日等国并无差异。[②]

三、缺乏对相对撤销的认知

我们对于相对撤销缺乏认知,对它的讨论也就很少。这可能与缺乏对既判力主观范围的深入理解有关,也与关于矛盾判决的不当看法有关。

(一) 似乎令人困惑的相对撤销

如果将第三人撤销诉讼作为不受判决拘束者的救济途径,则面临如何规定撤销判决的效力问题。在这方面,域外的做法颇令我们困惑。

《法国民事诉讼法典》第 591 条第 1 款规定:"原判决在其当事人之间仍然保留其效力,即使是经第三人异议被取消的判决事项。"这一规定在我们看来是难以理解的。因为它规定法院对原判决的撤销,一般仅是相对撤销,而非绝对撤销,原判决对其当事人仍不失其效力。当然,相对撤销也有例外。如果撤销之诉对于原判决的数个当事人不可分,则原判决对其当事人就不再有效,此时的撤销就是绝对撤销。我国台湾地区所谓"民事诉讼法"(第 507 条之 4 第 2 款)也大致沿用了法国法的前述规定,虽然其第三人撤销诉讼的原告仅限受判决拘束的案外人。

同样,美国《第二次判决法重述》也声称:"给予案外人救济,使其免受他人之间判决的(事实上的)影响,并不会消灭原判决对其当事人的法律效力。他们仍受其拘束,除非为了使案外人获得足够的救济,而(不得不)使原判决对他们而言也被废弃。"尽管它对与相对撤销伴随的状况有清醒认识:"公众会对前判

---

① 法国最高法院诉状审理庭 1991 年 2 月 28 日的判决称:"除其他条件外,必须是相同的当事人之间,以相同的身份,由其中一人针对另一人提出的诉讼请求,才能主张法律赋予既决事由的权威效力。"《法国民法典》,罗结珍译,法律出版社 2005 年版,第 1046 页。学界对《法国民法典》第 1350 条似乎存在误读。由于该条将法律赋予既决事由以权威效力规定为一种法律上的推定,所以有人认为这种推定的效力及于一切案外人。参见吕太郎:《第三人撤销之诉》,载《月旦法学杂志》2003 年第 8 期。但《法国民法典》第 1351 条是明确将既决事由的权威效力限定于"相同当事人之间"的。

② 在法国,裁判一经宣告就有既判力。这与德、日不同。

决确定的当事人之间的法律关系产生怀疑,前判决由此会陷入尴尬的境地。"①

德国法上针对指定执行标的物的生效判决的案外人异议之诉,也隐含了类似的理念,但显得较为折中。因为,如果该诉获得法院的支持,被否定的只是原判决的执行力。这种对原判决的"撤销"介于相对撤销与绝对撤销之间。

(二) 本应容忍某些矛盾判决

在相对撤销的情况下,各有其效力的原判决和撤销判决(支持撤销之诉的判决)对相同事项作出了矛盾判断。从追求客观真实的角度看,这种对矛盾判决的容忍,难以接受。但如果考虑到以下几点,我们就有可能接受与相对撤销伴随的矛盾判决。

其一,新判决的作出并不意味着原判决的作出一定是错误的。基于处分原则与辩论原则,判决通常是在当事人提供的证据的基础上作出的。如果在此之后,关于同一系争事项的诉讼在更多的当事人之间展开,由于新当事人提供了新的证据,受诉法院有可能作出不同的判决。② 这种状况是可以理解的,而且作出前判决的法院可能并无可指责之处。如果原判决的当事人未经再审程序否定该判决,且其效力的维持不妨碍案外人获得救济,又不涉及必要共同诉讼,③那么维持原判决在其当事人之间的效力是可接受的。

其二,案外人另行起诉也会产生矛盾判决。如果认为只要法院对同一事项作出了不同判断,就应该绝对撤销前判决,那么案外人(例如未参加诉讼的有独立请求权第三人)就同一系争事项另行起诉并胜诉时,也就应将前判决绝对撤销。但从未有人主张在这种情况下(法律也未作这样的规定),也必须撤销在先生效的判决。如果案外人另行起诉一旦胜诉,就应撤销原判决,那么所谓的另行起诉实际也就无异于(或非常接近)撤销之诉了。

其三,绝对撤销可能是过度救济。案外人提起第三人撤销之诉是为了获得救济,如果相对撤销就能使案外人获得救济,能使其免受损害,而原判决的当事人也是要受撤销判决拘束的,那么通常就不必使原判决对其当事人也一并撤

---

① Restatement(Second) of Judgments 76(1982),comment c.

② 极而言之,甚至新判决的判断也未必一定符合客观真相,倘若允许在更广泛的当事人之间进行诉讼,法院未见得不会再作出不同的事实认定。

③ 既然立法者将某些情形规定为必要共同诉讼,就已表明它不能容忍这些情形下的矛盾判决。所以,若案外人为前案的必要共同诉讼人,对前判决的撤销应为绝对撤销。

销，因为那样做超出了救济的必要。在不妨碍案外人获得救济的情况下，原判决对其当事人继续有效，对案外人而言是无关紧要之事。前判决是基于其当事人共同的诉讼活动作出的，既然没有任何一方要求在他们之间撤销该判决，则应维持其有限的效力。即便前判决是当事人虚假诉讼的结果，如果基于撤销判决，它已不能对抗案外人，不能妨碍其救济，则虚假诉讼的目的可能也就落空了，是否绝对撤销原判决也就无关紧要。立法者应当考虑的是如何设定并追究虚假诉讼当事人的刑事责任。

其四，立法者和最高人民法院都对矛盾判决有一定程度的容忍。民事诉讼由于采处分权主义，所以没有进行广泛的强制合并。现行法将共同诉讼分为必要共同诉讼和普通共同诉讼，并且只是将诉讼标的共同的情况列为必要共同诉讼，而没有规定所有与案件有牵连关系的主体都是必要共同诉讼人。由此，在本可成立普通共同诉讼但当事人偏偏分别诉讼的情况下，就可能会产生矛盾判决。对此，立法者并没有规定必须先撤销前判决才能作出新判决。《民事证据规定》第10条规定了判决的所谓预决效力，但允许当事人用相反证据推翻前判决的事实判断，并且未规定必须（事先或事后）撤销前判决。根据这一规定，在案3中，在前判决的主文确认P出资已到位的情况下，A法院所作的后一判决（理由中的判断）仍可与之相反。

因此，我们应该能够理解为什么域（境）外法律对撤销判决的效力作出了似乎较为奇怪的规定。这种规定是立法者在维护判决的安定性和保护案外人合法权益之间，进行合理权衡的结果。"判决已经确定的话，应该尽可能维持法的安定性，让当事人依照程序进行所获得的成果不要随便被推翻。从这一点来讲，即便第三人有理由提起撤销诉讼，原则上也不应该去影响原来确定判决在当事人间的效力。"①只要撤销诉讼中所作的判决只是相对地撤销前判决，那么就没有损害该判决的安定性，因为该判决的既判力原本就未及于不受判决拘束的案外人。即便是受判决拘束的案外人，法院若只是使该判决相对于该案外人被撤销，那也只是使该判决的效力不能扩张及于该案外人，所以大体也仍是维护了判决安定性的。

---

① 许士宦在我国台湾地区民诉法研究会第88次研讨会上的发言。前引陈荣宗等文。

(三) 基于本土情况之妥协

尽管从应然的角度看,除非有碍于案外人救济及必要共同诉讼等情形,原判决仍应在原当事人之间有效。但是,基于本土之实际情况,我们可能暂时不得不退让。因为,目前国人的法律素养还有待进一步提高,甚至许多法律界的人士也不能接受矛盾裁判。再者,矛盾判决有可能会使民众怀疑司法的能力,怀疑其追求正义的决心。我国台湾地区也有少数学者反对相对撤销。①

因此,作为一种妥协,或者说作为一种政策考量,在当下,法院在支持第三人撤销之诉时所作的判决,应一律导致原判决被绝对撤销。但尽管如此,我们仍应逐渐理解并接受部分矛盾判决,尤其应当首先体会前文所述的立法者或最高人民法院在若干方面已展现的对矛盾判决的容忍。

四、对《民事诉讼法》第 56 条第 3 款的解析度不够

由于《民事诉讼法》第 56 条第 3 款已经设置了第三人撤销之诉,那么就需要评估它是否能够实际适用于不受判决拘束的案外人,是否能为所有需要救济的不受判决拘束者提供救济。

(一) 能普遍适用于有独立请求权第三人

未参加诉讼的有独立请求权第三人通常是不受判决拘束的,而此种第三人能否提起第三人撤销之诉,只要摒弃本文开篇所提及的那种共识,就很容易作出肯定的回答。有学者认为第三人撤销之诉很难适用于该类第三人,正是因为有此共识。案 4 中的案外人 T 是最为典型的有独立请求权第三人,无论是按现行法还是法理,他都是不应受前判决拘束的,而该判决损害了其权益,而且即便其另行起诉也不能消除损害,所以,他就需要且能够提起第三人撤销之诉。

此外,尽管在实践中有独立请求权第三人可能相对较少,但也不会仅限于案 4 的那种类型。

首先,前述案 2 中的 T 也是有独立请求权第三人(德国有一个案例与其很

---

① 前引陈荣宗等文。

相似①)。因为 P 对 D 的诉讼标的是债权转让协议和债权请求权,而 T 主张该协议无效,并且主张他仍是该债权的拥有者。简言之,第三人主张原、被告讼争的债权为其所有。所以,T 当然是有独立请求权第三人。由此我们应当注意,第三人主张的权利并非仅限于物权,而至少也可以是债权。②

其次,案 1 中的 T 也是有独立请求权第三人。案 1 中 P、D 之间的诉讼标的是交还特定物的请求权,而 T 不但否认该请求权,而且对该特定物主张基于买卖合同的交付请求权。

对案 1 中 T 的诉讼地位的认定可能存在争议。但前段的认定契合于最高人民法院的观点。在某案(案 6)中,原告诉被告要求返还借款本金及利息,并请求确认其对某大楼 10—15 层享有(抵押)优先受偿权,但第三人主张它是 10—14 层的所有权人,并且起诉请求确认原告对 10—14 层不享有抵押权。③尽管第三人提起的是消极确认之诉,但最高人民法院仍然认定其为有独立请求权第三人。这一认定是可接受的,《民事诉讼法》并未规定第三人提起的参加之诉必须是给付之诉,也未将"有独立请求权"之"请求权"限定为实体上的请求权,而诉讼法学理上是有对其作另解的主张的。④ 而且,该案的第三人显然是有诉的利益(确认利益)的,也是有实体权利主张的,且其请求与原告的请求不能并存。允许其提起参加之诉,显然有助于纠纷的彻底解决,并可避免矛盾判决。此外,前段的界定以及最高人民法院在案 6 中的界定也契合于大陆法系的主流观点。我国的有独立请求权第三人大致相当于大陆法系的主参加人(独立参加人),而德、日及我国台湾地区虽然也要求主参加人对他人间"诉讼标的的全部或一部,为自己有所请求"(我国台湾地区所谓"民事诉讼法"第 54 条),但通说向来认为此诉讼标的实际应是指系争的权利或物。"所谓就他人间诉讼标的之全部或一部,为自己有所请求,系指第三人就本诉讼两造主张之讼争物或

---

① 某案原告主张了应当由第三人转让的债权,而第三人主张该转让不发生效力,德国法院认为该第三人作为主参加人是合法的。RGZ 100,60. 参见〔德〕罗森贝克、施瓦布、戈特瓦尔德:《德国民事诉讼法》,李大雪译,中国法制出版社 2007 年版,第 346 页。

② 主参加诉讼的标的"可为财产权或身份权,可为物权或债权。"陈计男:《民事诉讼法》(下),三民书局 2009 年版,第 216 页。

③ 参见最高人民法院(2004)民二终字第 52 号民事裁定书。

④ 例如创设"诉讼上的请求权"之概念。参见前引汉斯-约阿希姆·穆泽拉克书,第 88 页。

权利,为自己有所请求。"①主参加诉讼的理由是:"第三人对已经系属的本诉的争议的物或权利全部或部分有所请求。"②由于民诉法并未对诉讼标的作出界定,所以若我国法院在认定有独立请求权第三人时遵从前述之通说,尚难指其违背现行法。更关键的是,这种实务见解是合理的。

(二) 可较普遍地适用于无独立请求权第三人

关于无独立请求权第三人能否或是否需要援用《民事诉讼法》第56条第3款,需要区分不同情形而论。

1. 被判决承担责任的无独立请求权第三人

这种第三人因不能归责的事由未参加诉讼的,应该很少。如果真的有,他可以作为当事人申请再审,因为《民事诉讼法》第56条第2款规定"人民法院判决承担民事责任的第三人,有当事人的诉讼权利义务"。但从《民事诉讼法》第56条第3款看,它也可以提起第三人撤销之诉。至于选择哪一条救济途径,由其自行决定。另外,他既然被判决承担责任,原则上就是受判决拘束的。

2. 未被判决承担责任的无独立请求权第三人

这种第三人是否需要且能够提起撤销之诉,需要结合具体案情加以判断。案7:某医院与保险公司签订了医疗事故责任保险合同,为骗取赔偿款,医院与患者串通伪造病历资料,并由患者起诉要求赔偿。法院判决医院赔偿后,医院持判决书向保险公司索赔。③ 在此例中,保险公司是无独立请求权第三人,但除非保险合同约定保险公司须接受医院与患者之间的诉讼结果,否则判决不能拘束于它,也不会对它造成损害。若医院对其起诉,医院仍需证明存在医疗事故并且已赔偿患者。所以,保险公司不需要也不能提起第三人撤销之诉。

但以下情况则相反。案8:A公司的控股股东为损害小股东的优先购买权,与B伪造隐名出资关系的证据,并让B起诉A请求确认其有股东资格。A

---

① 〔日〕兼子一等编:《条解民事诉讼法》,弘文堂1986年版,第155页。转引自前引陈计男书,第215页。

② 前引罗森贝克等书,第345页。

③ 本文之案7、案8均引以下这篇文章。刘君博:《第三人撤销之诉原告适格问题研究》,载《中外法学》2014年第1期。但笔者对前案的判断与之不同。

承认 B 的主张,并与之达成调解协议,导致 A 公司部分股权虚假转移至 B 名下。对 A、B 之间的诉讼而言,小股东 C 是无独立请求权第三人,但只要他未(被通知)参加诉讼,他就不受该判决的拘束。但该判决会给其造成实际损害,导致其无法行使优先购买权。所以,C 有权提起第三人撤销之诉。

3. 预决效力带来的变数

如果考虑到《民事证据规定》第 10 条,则前述本不必提起第三人撤销之诉的无独立请求权第三人可能会不得不(且可以)提起此诉了。以案 7 为例,在医院对保险公司提起的后诉中,由于前判决的预决效力是可以及于案外人的,所以医院一开始就处于优势地位,它只需援引前判决。① 而保险公司则至少要就医疗事故不存在或其他相关事实承担初始的举证责任。保险公司由于不掌握相关资料,且缺乏医学知识,所以通常无力举证,无力推翻前判决的事实认定。由此,前判决实际对保险公司(案外人)造成了损害,所以它就有提起第三人撤销之诉的必要。②

(三) 不能适用于某些不受判决拘束的案外人

由上可见,现行法规定的第三人撤销之诉并非无用或很难适用。但它不能适用于某些类型的案外人也是不争的事实,而他们可能也是需要救济的。

例如,P 与 D 进行虚假诉讼,P 声称对 D 拥有金钱债权并获胜诉判决,然后申请执行 D 的财产,而案外人 T 才是 D 的债权人。对这种虚假诉讼,T 无法提起第三人撤销之诉。因为,对前诉讼而言,T 不是有独立请求权第三人,该案的诉讼标的是 P 主张的金钱债权,P 的主张并不否定或排斥 T 的金钱债权。T 也不是无独立请求权第三人,该诉讼的判决不会否定其债权,不会使其承担责任,也不会使其被 P 或 D 起诉。但显然,为了维护实质正义,对于这种合法权益因虚假诉讼而受损的案外人,法律也是应当给予救济的。在现实中,债务人既有事先通过这种虚假诉讼转移财产的,也有通过这种虚假诉讼对抗强制执行或要求参与分配的。

---

① 即便认为前判决关于构成医疗事故的认定不是纯事实判断,也至少应承认其中包含了部分事实判断。对这些事实,按照预决效力,医院不必举证。

② 本段之论述原本也应同样适用于有独立请求权第三人,但考虑到该种第三人通常是主张自己实体权利的,原本就应在另行提起的诉讼中证明其权利,所以预决效力对该种第三人的影响可能相对较小。

一般认为民诉法之所以设立第三人撤销诉讼,主要目的就在于应对虚假诉讼。而前述的一般债权人(虽然不受虚假诉讼的判决的拘束)所遭遇的虚假诉讼在实践中是很常见的。所以,民诉法将第三人撤销之诉的原告限定于有独立请求权第三人和无独立请求权第三人是不合适的。

五、如何完善现行法

对于不受判决拘束者的救济途径的完善,主要应从以下几个方面进行:[1]

(一) 关于第三人撤销之诉

1. 扩大适用范围

由于现行法将第三人撤销诉讼与第三人制度捆绑,缩小了撤销之诉的适用范围,不能满足所有案外人的救济需求,也无法应对更多类型的虚假诉讼,所以应解除这种捆绑,应将《民事诉讼法》第56条第3款的主语修改为"案外人"(包括因不能归责的事由未能参加诉讼却又被判承担责任的无独立请求权第三人)。这样该条文就能同时涵盖所有受判决拘束和不受判决拘束的案外人,以使他们在符合其他条件时提起第三人撤销之诉。[2]

2. 放宽"损害"要件

《民事诉讼法》第56条第3款为第三人撤销诉讼规定了"损害"要件,要求提起此诉的案外人"证明发生法律效力的判决、裁定、调解书的部分或者全部内容错误,损害其民事权益"。应当将这一要件改为"有损害或有损害的危险"。因为即便判决只是对案外人有构成损害的危险,往往也有救济的必要。在案1和案4中,拘束P、D的给付判决会使T的权利受到威胁,但直到D实际将标的物交付给P,对T的损害才实际发生。如果此时案外人才可以起诉,则救济未免过于滞后,甚至根本没有实际效果(P可能已将物转让他人)。再如,若债权

---

[1] 本文并不打算讨论第三人撤销诉讼的所有程序问题,例如,不讨论应否专章就该程序作出规定、如何确定管辖法院、是否中止原判决的执行。这些问题相对较为次要,而且可以参照我国台湾地区的相关规定(尽管其仅适用于受判决拘束的案外人)。

[2] 当然,如果认为受判决拘束的案外人的救济途径不应是第三人撤销诉讼,则须将主语改为"不受判决拘束的案外人"。

人 T 在执行程序中遭遇 P 持虚假诉讼获得的判决要求参与分配,则允许 T 在实际分配前就提起撤销之诉,救济才是及时的,① 在分配之后起诉则为时已晚。因为未等撤销判决作出,P 可能就已转移甚至用完了分配所得的金钱。

"有损害或有损害的危险"这一要件在美国法上被表述为"(案外人的权益)受判决的不利影响"或者"损害或威胁"。② 法国学界和实务界也持类似的看法。③

3. 为一般债权人的起诉设置特别要件

(1) 生效判决系经欺诈或合谋取得

债权人 T 对于债务人 D 与另一债权人 P 之间的诉讼,通常没有置喙之权。因为 P、D 是就他们之间的债的关系进行诉讼,而非就 T 对 D 的债权诉讼,P、D 诉讼的结果不会否定或消灭 T 的债权,不会使其承担法律责任,也不会导致其被 P 或 D 起诉。T 对于 P、D 之间的诉讼结果通常只有事实上的利害关系,而没有法律上的利害关系。由此,T 通常无权介入 P、D 之间的诉讼,对于该诉讼的结果也无质疑的权利,无权要求予以撤销。即便在执行程序中,"竞合的执行债权人对债务人的债务只能作为事实加以忍受"④。但是,如果 P、D 进行虚假诉讼,其诉讼结果损害了 T 的合法权益,情况就发生了变化。因为 P、D 的诉讼行为对 T 构成了侵权,T 应当有权要求撤销其诉讼结果(相当于要求消除危险或损害)。

所以,一般债权人提起的撤销之诉应以债务人实施欺诈为由。如本文第二部分所述,美国《第二次判决法重述》就持这样的观点。法国学者在这方面有类似的结论,但有不同的解释:一般可视债务人为其债权人的(广义)代理人,⑤但任何人都不能代表受其欺骗的人,债权人在受欺诈时有权要求撤销债务人与他

---

① 分配异议之诉不能用于解决此问题,它不能用于质疑确认债权的生效判决。
② 前者是《第一次判决法重述》§115(1)的用语,后者则是《第二次判决法重述》§64 的用语。
③ 例如法国最高司法法院民事庭认为案外人主张的损失可以是将来的损失,甚至还(只)是可能的损失。参见《法国新民事诉讼法典》,罗结珍译,法律出版社 2008 年版,第 636 页。
④ 前引罗森贝克等书,第 1180 页。
⑤ 这种"代理"之说,在其他大陆法系国家或地区看来,是不可接受的,甚至在英美法系也是如此。这种"代理"过于宽泛,甚至是强加于债权人的。

人之间的判决,第三人提起撤销之诉是撤销诉权在诉讼程序上的延伸。①

虚假诉讼不是我国独有的现象,在域外一些司法区虚假诉讼甚至一度还较常见,例如美国的宾夕法尼亚州。② 而债务人与他人进行虚假诉讼时,未见得会伪造借据等书证,可能只是对虚假债权人的诉讼请求或其主张的主要事实予以承认。这客观上会加大债权人举证的困难,而证明欺诈原本就很难。为防止案外人受到债务人的欺诈,③美国一些司法区要求被告(债务人)承认对方的请求时必须做誓状,并且要准确陈述产生债务的原因事实。④ 这种规定的作用是迫使债务人提供足够的信息,以使案外人能够调查其债务是否真实、合法。⑤ 我国在修法时,对此也应有所借鉴。

(2) 案外人的债权已被判决确认

如果债权人试图通过第三人撤销诉讼,撤销债务人与他人之间的判决,应当首先使自己的债权得到判决的确认。因为,倘若自称债权人的案外人 T 直接提起撤销之诉,要求撤销 P、D 之间的判决(该判决确认 P 是债权人),则此诉讼中就有两个实体权利需要审理,一是 T 对 D 的债权,二是 P 对 D 的债权。而且法院一般应当先审查前者,否则会让一个根本没有资格质疑他人诉讼结果的案外人轻易将确定判决的当事人(P、D)卷入诉讼。然而,对于前一债权,T 及受诉法院都无权要求 P 参与争讼(除非 P 认为 T 的债权虚假)。

对这一要件,美国《第二次判决法重述》并未给出解释,它只是认为,还没有使其请求获得判决确认的债权人不能攻击另一债权人获得的判决,这是一个先天综合命题(a priori proposition)。⑥

4. 取消起诉的证据要求

关于第三人撤销之诉的证据,《民事诉讼法》第 56 条第 3 款有如下表述:"有证据证明发生法律效力的判决、裁定、调解书的部分或者全部内容错误,损害其民事权益的,可以……提起诉讼。"由此,按照国内实务界的思维习惯,法院

---

① 参见前引让·文森、塞尔日·金沙尔书,第 1287 页以下。
② See Fraudulent Confessions of Judgment, *The Banking Law Journal*, Vol. 15, 1898, p. 73.
③ See Gold v. Committee on Professional Standard, 85 AD2d 776, 778(1981).
④ See New York CPLR § 3218.
⑤ See Wood v. Mitchell, 117 NY 439, 441(1889).
⑥ See Restatement(Second) of Judgments 76(1982), comment a.

在受理阶段很可能会要求原告提供充分的证据。但问题是,法院一般不太可能在短短的 7 天内对原告是否"有证据证明发生法律效力的判决、裁定、调解书的部分或者全部内容错误且损害其民事权益"作严谨的审查和判断,而且某些相关证据可能是需要法院调查收集的。此外,由于案外人是第一次诉讼,而且非因可归责的事由未参加前诉讼,所以他的起诉门槛不应高于一般的起诉门槛。对于撤销诉讼的原告而言,该诉讼是全新的,不能以维护判决的安定性和防止滥诉为由抬高其起诉的门槛。实际上,在法院做出撤销判决之前,原判决的安定性一般并未受损害,更不用说若采相对撤销,原判决仍可对其当事人保有效力。判决的安定性原本一般就是仅对其当事人而言的,它的法效力原本一般仅及于其当事人。如果法院坚持要求案外人在起诉时即提供证据证明裁判错误且损害其权益,则会逼迫案外人先提起一般的确认之诉,胜诉后再提起第三人撤销之诉。由此可见,为撤销之诉的提起附加证据条件并不合理,哪怕只是要求原告提供初步证明或疏明(说明)。案外人在起诉时只需如提起一般的诉那样做具体的主张(主张其所请求撤销的判决错在何处、如何损害或危及其民事权益)。"原告起诉时如未为不利益事实之主张,应认其起诉为不合法,法院得以裁定驳回之。"[①]至于这些主张是否真实,应在受理后,在适当的程序阶段要求其提供证据加以证明。以上表述也合乎纯粹的立案登记制。纯粹的立案登记制完全契合于抽象的诉权说,[②]也应适用于第三人撤销之诉。

因此,应当将《民事诉讼法》第 56 条第 3 款中的"有证据证明"删除。同理,如果一般债权人针对债务人与他人之间的判决提起撤销之诉,其在起诉阶段也不必证明前述的两个特别要件成立,而是只需就此做具体的主张,法院可在受理案件后首先要求其就这两个特别要件作出证明,如果不能证明,就应驳回起诉。

(二) 关于案外人申请再审

如果案外人主张其对生效判决确定的执行标的物有排除强制执行的权利,就等于是在主张该判决错误且损害或危及其合法权益,根据《民事诉讼法》第

---

① 邱联恭:《口述民事诉讼法讲义》(三),2008 年自版,第 329 页。此论虽系针对受判决拘束的案外人而言,但它同样适用于不受判决拘束的案外人。

② 参见严仁群:《回到抽象的诉权说》,载《法学研究》2011 年第 1 期。

56条第3款,该案外人就可能有权提起撤销之诉。而案外人援用再审程序通常比援用第三人撤销诉讼困难。所以,应当删除《民事诉讼法》第227条中"依照审判监督程序办理"的规定。由此,如果案外人主张其对生效判决确定的执行标的物有排除强制执行的权利,也应提起第三人撤销之诉。当然,如果立法者能够理解并认同对确定判决的有节制的撤销——仅撤销判决的执行力,则也可如德国法那样,允许案外人通过案外人异议之诉挑战指定执行标的物的生效判决。

(三) 配套的修法

1. 废弃有关预决效力的规定

考虑到《民事证据规定》第10条会使未参加前诉讼的案外人,在后诉讼中处于不利地位,所以应当将其废弃,或者应将预决效力的主体范围限定于前判决的当事人及少数应受判决效力扩张所及的案外人。在虚假诉讼较常见的当下,废弃该规定显得尤为迫切。

2. 准许有独立请求权第三人提出管辖异议

考虑到部分有独立请求权第三人可能因可归责的事由未参加诉讼,从而不能提起撤销之诉,而另行起诉可能也无法获得有效救济,所以,现行法实际有强迫(部分)有独立请求权第三人参加他人诉讼之实际效果。既然如此,就应尊重其程序利益。如果第三人不得不参加他人之间的诉讼,而该诉讼又不应由受诉法院管辖,则该第三人应有权提出管辖异议。为此,否认有独立请求权第三人有管辖异议权的《最高人民法院关于第三人能否对管辖权提出异议问题的批复》应予修正。

除了这两项配套措施外,还可考虑仿照日本及我国台湾地区增设防止诈害型第三人(主张因诉讼之结果,自己之权利将被侵害的第三人),将其作为特殊的有独立请求权第三人加以规定。因为,如果只允许案外人在事后针对虚假诉讼获得救济,而不允许其事先获得救济,有立法不周之嫌。当然,它的实际效果可能不明显,因为案外人往往不知道虚假诉讼正在进行。

(四) 完善现行法的途径

既然民诉法已经设立了第三人撤销之诉,司法机构就应充分加以利用,最大限度地发挥其作用。但由于这个新设的制度在若干方面存在缺陷,所以,从立法层面予以完善也是必要的。因为如果立法上的漏洞很明显,我们就无法通过解释论加以修补。

就当下而言,发布司法解释与人大修法应当并行。在前述应予完善的诸事项中,能够通过司法解释加以完善的是废除《民事证据规定》第10条,明确有独立请求权第三人可以提出管辖异议。以司法解释的形式明确这些事项与现行法并无冲突,但其他事项则只能通过人大立法的途径加以完善,若通过司法解释进行,则明显有违现行法。①

为了用足现行法,司法解释还可以进行以下工作:其一,为了避免地方各级法院不合理缩小第三人撤销之诉适格原告的范围,应当明确列举若干应属有独立请求权第三人、无独立请求权第三人而又可能被地方法院排斥的情形(例如案1、案2、案6)。其二,明确未参加诉讼的必要共同诉讼人在符合条件时可以提起第三人撤销之诉。如果某人虽应是前案的必要共同诉讼人,但实际并未被法院列为当事人,实际未参加诉讼,也未被判决承担责任,那他就不是前案当事人,②而是案外人。所以,他在符合有关条件时可以提起第三人撤销之诉。更何况,提起撤销之诉比申请再审容易。

至于我们曾经主张的第三人撤销诉讼当事人的上诉权,《民诉法解释》第300条、第302条已经予以明确,这是值得肯定的。因为案外人是第一次就系争事项诉讼,而且第三人撤销诉讼仍是典型的诉讼案件,而现行法没有将此诉讼置于特别程序或再审程序,因此必须维护当事人的审级利益。

---

① 当然,法官若在裁判时无法可循,则可进行法律续造(此时可能会涉及价值判断)。但这种"造法"在我国并不具有普遍意义,除非它被选为指导案例。

② 从确定当事人的常用学说(表示说、行动说)看,无法认定他是前案的当事人。

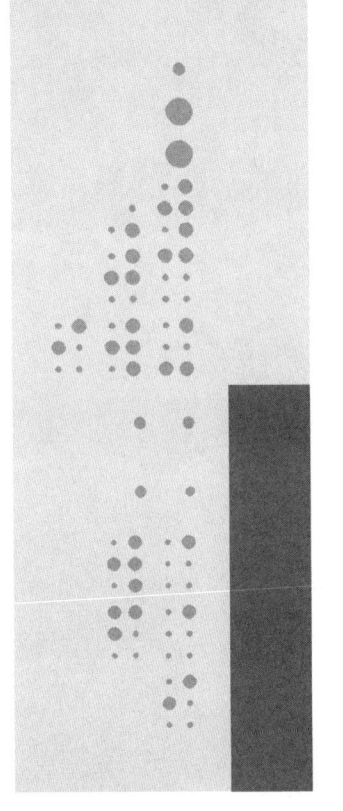

第二部分

民诉法教义学的路径与方法*

民诉法的教义学直到近年来才可谓起步,少量论文开始精细化地阐释现行规范及相关原理,并紧密关注规范在裁判中的适用情况。这样的研究大致契合于阿列克西对法教义学的界定(三个向度),即描述现行法律、研究法律的概念与体系、提出解决疑难案件的建议。① 而以往民诉法学界过多在立法论或建构论上用力,甚至以进行法社会学等所谓交叉研究、实证研究为荣,却又轻视对司法裁判的研究(实际也是一种实证研究)。所以,如何持久、深入地推进民诉法教义学的研究,是每一个民诉学人都应该严肃思考的问题。本文拟就此提出一些初步的想法。②

一、通常的思维起点:现行法

法教义学的一个鲜明特征是以司法实践为导向(虽然体系化作为绝大多数学科的共同追求,也是它的追求之一),而司法最重要的任务应该是适用现行法,贯彻现行法中所包含的价值、理念。卢曼有言:"法释义学并非为其本身,而

---

* 本文是在以下这篇文章的基础上修改而成。严仁群:《民诉法之教义学当如何展开》,载《比较法研究》2018 年第 6 期。

① 参见〔德〕罗伯特·阿列克西:《法律论证理论——作为法律证立理论的理性论辩理论》,舒国滢译,中国法制出版社 2002 年版,第 311 页。虽然关于法教义学的界定还存在争议,但在大陆法系这个概念是得到了广泛使用的。某种意义上,它是"法学"的又一名称。"在日常的法律语言习惯中,人们很少说法学是科学,而是说法律信条学。"〔德〕伯恩·魏德士:《法理学》,丁晓春、吴越译,法律出版社 2013 年版,第 137 页。本文采阿列克西的界定。

② 笔者并不主张民诉法之教义学有自己的特别之处(虽然民诉法有其自己的内容),本文只是在讨论,具体就民诉法而言,它的法教义学当如何具体推进或展开。

是为法的适用服务。"[1]即便不认为应将现行法当作信条,也不能如阅读文学作品那样对文本(现行法)自由地进行"再创作"。法官作为法的适用者,基本的立场(态度)不是批判或否定现行法,而是应当受现行法的约束(至少就现行法整体而言是如此),否则就有僭越之嫌,否则就应转换其职业(例如从事法政策学的研究及新法的制定)。国家权力的基本分配格局(部分)——立法权和司法权的划分与配置——决定了这一点。同样,对于法教义学而言,现行法在整体上也应是给定的,不可拒斥。就民诉法教义学而言,《民事诉讼法》和众多的司法解释是有效的法律渊源,无论是研究者还是实务者都必须认真对待。

(一) 不可"跳脱"的思维路径

若打算适用某一现行法规范,首先就应该确认该规范的内容,确认它到底规定了什么。为了弄清楚这一点,甚至还可能要确认它没有规定什么。就法教义学而言,"从现行法出发"应该是基本的思维路径。

对这一思维路径的遵循还应"前溯",即前推至找法的过程。换言之,法官在探究本案应适用何种规范时,同样也应首先从现行法中寻找,而不是到法理或域外法中寻找。

我们必须坚守这个思维路径。或许是由于习惯等原因,这种坚守并非易事。在我们面对疑难案件或争议很大的规范时,有若干裁判者和研究者有时会无意识地背离这个看似简单的思维路径。

1. 教义学研究不可偏离基本"逻辑"

在这方面,近期教义学的研究中有一个与之有关的适例,即学界对第三人撤销诉讼制度的讨论。

学界在讨论第三人撤销诉讼制度是否存在实际的适用空间时,发生了较大争议。部分学者(否定论和肯定论的阵营中似乎都有)将它与既判力相对性原则联系起来,并以之为重要的讨论基础。但这种"联系"是否有必要或合理,是值得斟酌的。

若要分析该制度是否可实际实施,就应首先分析《民事诉讼法》第56条第3款及其关联条款(例如第56条的前两款),在此过程中,我们不需要讨论第三

---

[1] 转引自陈春生:《行政法之学理与体系(一)——行政行为形式论》,三民书局1995年版,第6页。

人撤销之诉的原告是否受既判力所及。因为第 3 款中关于原告范围的规定(有独立请求权第三人和无独立请求权第三人)是清晰的,而且该条文中并无任何既判力方面的规定或用语。即便采用体系解释等解释方法也很难将它与既判力相对性问题联系起来。① 所以,就解释论而言,对原告范围的讨论不必也不应涉及既判力。

即便从立法目的的角度进行考量,以扩大或限缩该条文的适用范围,大概也很难说有进行此种讨论的必要。因为在立法机构关于该条文的立法目的的表述中,我们看不出立法者有将第三人撤销之诉的原告限定于受既判力扩张所及的主体的意思。

"限定"之说实际来自我国台湾地区立法机构关于第三人撤销诉讼的立法说明。且不说该"立法理由"是否合理,有一点是确定的,即这种说明对于我们来说不是给定的,更非"信条"。它不是我们在适用《民事诉讼法》第 56 条第 3 款时必须考虑的。

所以,我们不必考虑或考察法院是否实际认同既判力相对性原则,他们认同与否都不应该影响该条文的适用。(仅)就此而言,实证研究是不必要的。如果确有部分法院(甚至所有的法院)在审查第三人撤销之诉时坚持将该条文的适用与既判力问题挂钩,那只能说明它们的思维路径或逻辑出现了严重偏差。我们不必为这种不当的"挂钩"而"扭曲"应有的法教义学思维。

对于现行法的尊重(大致相当于所谓的"否定禁止"),② 甚至可以上升到依法治国的层面加以考量。法官所适用的通常应是现行法。所有的教义学论者及司法人员都必须"眼中有法",这样(准)立法机构制定的原则、规范才不会被无视,依法治国的理念才不会落空。只有在现行法没有规定,或者适用现行法会产生明显不公正的结果时,才可以在法续造的层面进行讨论。③ 即便此时,也必须"从现行法出发",因为要确认现行法中是否确实没有相关规定,适用现

---

① 即便是在法国及我国台湾地区,也并无学者主张基于对现行法体系的解释,可以得出第三人撤诉诉讼的原告仅限于受既判力扩张所及主体的结论,更遑论从我们粗疏的现行法中解读出此种结论。此外,在法条的文义很清楚的情况下,是否有必要再作所谓体系解释,是值得怀疑的,尤其在所谓体系解释很模糊、很勉强之时。

② 参见前引陈春生书,第 6 页。

③ "法官必须进行'特别证立'。他必须同时证明,偏离行为不仅在个案中实现了实质正义,而且实质正义的重要性是如此之大,以至于即使偏离立法明文也在所不惜。"雷磊:《法教义学的基本立场》,载《中外法学》2015 年第 1 期。

行法是否明显背离正义,应该首先对现行法进行仔细"检索"和深入分析。

2. 裁判过程中避免不必要的法续造

"从现行法出发"这一基本的教义学思维路径(广义的"逻辑"),不仅研究者应当养成,法科学生应当养成,身处"一线"的法官更应养成。然而实际上,部分实务者会在不经意间背离它。例如,某合议庭在审理某案时曾为以下问题困扰:《民事诉讼法》第170条规定若一审判决严重违反法定程序二审法院可以将案件发回重审,但如果是一审裁定严重违反法定程序,那么可以发回重审吗?有法官认为应该发回重审,但又认为有法条上的障碍,因为第170条只是针对一审"判决"所作的规定。这一问题的提出似乎引发了对《民事诉讼法》第170条的疑虑:如果它本应包含一审"裁定"却未包含,则存在立法漏洞。由此,如果坚持发回重审,似乎就需要突破现行法。但是该案的实际情况是:原告起诉被告要求继承一套房屋,一审法官在审理过程中发现该房屋已经因拆迁而不存在了,于是直接裁定驳回起诉,既未向被告送达起诉状副本也未向其送达裁定书。二审(部分)法官认为一审程序严重违法,由此纠结于前述问题。但如果一、二审法院的思维都能从诉讼开始之时就严格遵循"从现行法出发"之基本路径,则会发现,在本案中我们根本不必纠结于应否突破《民事诉讼法》第170条,应否进行法续造。因为需要考虑的是另一个问题:在诉讼标的物不存在的情况下,法院到底应当如何裁判?裁定驳回起诉真的有法律依据(而不是臆想的法律原理甚至直觉)吗?

姑且不论法院应否对原告进行释明(房屋拆迁是有补偿款的,原告如果确系继承人,至少有权要求获得部分补偿款),仅考虑到底应该是驳回起诉还是驳回诉讼请求,就会发现一审的裁判有问题。在现行法下,起诉被驳回是因为不符合起诉条件,而《民事诉讼法》所规定的起诉条件都在第119条和第124条之中。显然,"诉讼标的物存在(未灭失)"不是起诉条件,所以在本案中法院不能裁定驳回起诉,而应该根据实体法规则,在请求权所指涉的物不存在的情况下,认定请求权不成立,故而应驳回诉讼请求。[①]

再如,被媒体称为"奇葩案"的"赵薇瞪眼案"。法院未受理此案(未下裁定,

[①] 就该案的"现状"而言,在一审法院的裁判已经出现问题的情况下,二审法官应如何处理该案,则是另一个问题。若在教义学上缺乏训练,对此仍会感到纠结。但限于篇幅,本文不作讨论。

劝原告"撤回"了起诉),理由是原告所诉事项不具有可诉性。[①] 但法院的这种判断是可商榷的。在《民事诉讼法》中并无"具有可诉性"这样的起诉条件,因此,以"不具有可诉性"为理由不予受理或驳回起诉至少是有疑问的。如果法院坚持认为应当驳回起诉或不予受理,则会面临较大的论证压力,即为何要背离《民事诉讼法》规定的起诉条件,为何要背离有关立案登记制的司法解释。[②]

(二) 合理、充分利用现行规范的"空间"

1. 利用粗疏的现行法推广实务较陌生的预备合并等诉讼方式

《民事诉讼法》及其司法解释对于一些问题缺乏具体的规定,而部分法院的认识又未必合理。此时,我们应当考虑尽量利用现行法较为粗疏的特点,倡导相反的较为合理的做法。例如关于诉的客体合并,[③]《民事诉讼法》第140条只是规定"原告增加诉讼请求……可以合并审理",它并未为增加诉讼请求设定条件,而《民诉法解释》第232条也仅是(补充)规定了增加诉讼请求的时间,即"法庭辩论结束前"。至于哪些情形属于所谓的"增加诉讼请求",都未明确。我们可以充分利用现行法的"宽松",让它容纳若干类型的客体合并。

例如,原告起诉时基于买卖合同要求被告交付标的物,在诉讼过程中增加一项请求:如果合同无效,则请责令被告返还价款。所增加的请求如果被接受,则会形成诉的(客体的)预备合并。对于此种合并,实务上至少是有较多反对者的。我们能否在找出若干个案的同时,论证此种增加诉讼请求的合理性。甚至将其推广到起诉之时,即在起诉时就准许客体的预备合并。这种推广应该也是可接受的,因为既然准许在诉讼中形成预备合并,在起诉时自然也应准许此种合并。如此,就能间接"填补"立法空白或对可能存在认识分歧的法律用语["增加(独立)诉讼请求"]作具体的解释。当然,部分论者未必能接受此种考量,他

[①] 参见王晓飞:《立案登记制度实施满月 最高法:滥用诉权将依法严惩》,载《京华时报》2015年6月10日第6版;李娜、李豪:《认识有误诉由林林总总》,载《法制日报》2015年6月5日第5版。

[②] 对于该案这种情况,法院若在受理后进行诉讼请求的正当性审查,很快可以得出否定结论。此时根本不必进行证据调查。在美国法和德国法上都有类似的做法,只不过这种正当性审查是否必须基于当事人一方的异议(动议),则可能存在差别。

[③] 关于客体合并的界定,也存在一定的争议。但至少某些类型的增加诉讼请求,是可以归为诉的客体合并的。

们或许会认为只有在立法者规定了预备合并时才可允许原告这样起诉。这种想法是不必要的。但这个问题涉及传统的(狭义)方法论问题,本文在此不作讨论。

同理,如果能找出若干个案(并予以推介),其受诉法院容忍原告就同一事件在同一程序中一并提起侵权之诉和违约之诉(或者这两个诉中的一个是在诉讼过程中增加的),则我们实际就是在推广竞合合并。我们甚至可以采用类似的做法向实务界(和立法者)推广无关联请求的合并。① 至于是否应在容许这些客体合并的同时,设定一些必要的条件(例如可能形成无关联单纯合并的"增加诉讼请求"的申请必须在一审开庭前提出),则是另一回事。

2. 利用看似无变化的法规范促进制度及理念的更新

我们还可及时把握现行法的一些细微变化,促进个别制度和理念的更新。例如,以往对于反诉的主体条件的常见解释是:反诉只能由本诉的被告针对本诉的原告提起。但是,《民诉法解释》第 233 条第 1 款作出了不同的表述:"反诉的当事人应当限于本诉的当事人的范围。"在这种情况下,反诉的主体条件有没有变化?虽然最高人民法院的部分法官在"事后"所编写的释义书中的"解读"与传统说法并无二致,②但从第 233 条的文字来看显然是有(较大)变化的。就此变化我们还可以想到如下实例:某一原告起诉两个被告,在诉讼中被告之一声称要反诉,但他的反诉既针对原告又针对另一被告。如果我们能够不顾前述(部分法官以自己的名义所出版的)释义书中的"解读",而认同甚至推介这种特别的反诉,那实际就是在近乎推广学理及域外实务上早已有之的扩大反诉。③

3. 消解不当的观念

在实务上,部分法院不接受被告在开庭时(或诉讼过程中)提出的抵销声明及抗辩,常见的理由是,被告用以抵销的反对债权与原告主张的债权不是基于同一法律关系,不同的法律关系不能合并审理。但这一种观点是可商榷的。

---

① 例如原告起诉时是要求被告交付买卖标的物,在诉讼过程中又申请增加一项请求:责令被告偿还借款;再如,起诉时要求被告偿还某一笔贷款,在诉讼中又增加要求被告偿还另一笔贷款。

② 在这种释义书中看不到新意。参见沈德咏主编:《最高人民法院民事诉讼法司法解释理解与适用》(上),人民法院出版社 2015 年版,第 610 页。此种不无商业性的出版物是否能充当"立法理由说明",是有疑问的。

③ 实际上,学理或域外法上的扩大反诉更多是指反诉导致增加了新当事人的情况。

在对此一观点提出质疑时,有一个重要的条文可作为论据,即现已废止的《最高人民法院关于适用〈中华人民共和国合同法〉若干问题的解释(二)》第24条。它规定:"当事人对合同法第九十六条、第九十九条规定的合同解除或者债务抵销虽有异议,但在约定的异议期限届满后才提出异议并向人民法院起诉的,人民法院不予支持;当事人没有约定异议期间,在解除合同或者债务抵销通知到达之日起三个月以后才向人民法院起诉的,人民法院不予支持。"根据该条文,若当事人在法定或约定的异议期内提出有根据的异议,法院应予支持。但是法院是否应当支持,显然要通过审理才能作出决定。而该条文并未区分双方当事人的债权是否基于同一法律关系,规定债务(通知)抵销的《民法典》第568条(《即现已废止的合同法》第99条)也只是要求"债务的标的物种类、品质相同"。换言之,至少对于发生在诉讼之前的债务抵销(声明)而言,即便双方主张的债权不是基于同一法律关系,法院也是应该审理关于抵销的异议的。①

由此可见,以"不是基于相同法律关系"为由拒绝审理抵销抗辩是没有道理的。同样,类似的"因案由不同不能合并审理"之说(此说至少会排斥无关联的客体合并)也不能成立。②

二、密切关注司法实务

(一) 重点研究司法裁判

法教义学对现行法的解释不是为解释而解释,在很大程度是为了应对司法

---

① 法院通常应当对诉讼上抵销进行实体审理,还可通过对《民法典》第568条的解读得到支持。因为该条文并未为通知抵销设置时间、地点方面的限制,并未区分诉讼外抵销与诉讼上抵销。所以,被告只要在庭审中提出抵销声明及抗辩(原告须到庭),法官通常就应予以审理。如果以程序上的理由拒绝审理,必须给出合理的论证。但是,除了抗辩的提出过分迟延外,似乎并无充足的程序性理由。

② 至于对抵销抗辩进行实体审理后所作的判断是否有既判力则是另一个问题。在既判力客观范围上较为"保守"的大陆法系都认可此种判断的既判力,我们同样应予认可。即便在现行法下此问题的答案不明,法院也是应该进行审理的。多年来我国一直没有既判力的规定,但这并没有妨碍法院进行裁判。更不用说,根据《民诉法解释》第247条,存在认为关于抵销抗辩的实体判断有既判力的可能,如果被告就其反对债权起诉,有可能被以重复起诉为由驳回(后诉的请求实质否定前诉结果)。另外,还可以考虑援用诚信原则,裁定驳回被告的后诉。

实践中已经提出及未来可能提出的问题。"法教义学的内容尽管是理论性的，但其宗旨却是实践性的。"①法教义学是"以法庭为背景的学问"②。法教义学的实践导向决定了它必须关注法院的实际运作，③而法院的实际运作成果中最能（正式）展现法官适用法律思维过程的就是司法裁判。所以，民诉法教义学对实务的研究应该以裁判为中心。法教义学必须研究裁判中存在的问题，研究裁判有没有产生某种值得推广的具体规则。诸如如何贴封条、如何查找被执行人等操作性问题，则不应是法教义学的研究对象，至少不是主要的研究对象。

1. 重点关注疑难案例

如果疑难案件涉及现行法解释方面的争议，那么对此种案件的研究不仅能有助于强化对于某一规范或原则的研究，而且可能对解释规则的形成有帮助。如果疑难案件涉及的是某一方面的法律续造，则对它的研究可能有助于确立新的规则或推广所谓的"法官法"。在这方面，民诉法的教义学也应该有所作为，例如，在首次出现消极确认之诉的案件时，地方法院对于是否应予受理存在疑虑，而最高人民法院最终认定应予受理，并为此种诉的提起设置了一定的条件。④ 对于这种与诉的利益有关的案件，法教义学应当积极予以推广，因为它实际上填补了法律漏洞（在诉的利益方面，尤其是消极确认利益方面）。再如，对于实践中承认诉权放弃契约的裁判，在作理性甄别的基础上可以予以认可、推广（可附加条件）；若发现有持相反观点的裁判，则应对其作合理、充分的批驳。

当然，所谓"疑难"可能是相对的。某一案件就现行法而言可能是疑难的，因为并不存在相应的法规范；而就教义学的研究成果而言，它的答案则可能是确定的。但这种案件仍然具有重要意义，它可以证明法教义学成果的价值，也可为未来的立法提供有说服力的一手材料。

---

① 凌斌：《什么是法教义学：一个法哲学追问》，载《中外法学》2015 年第 1 期。

② 王本存：《论行政法教义学——兼及行政法学教科书的编写》，载《现代法学》2013 年第 4 期。

③ 王泽鉴教授所提到的法教义学的四项功能中有以下两项——为司法实践及特定裁判提出适用的法律见解、减轻法学研究及法院裁判论证上的负担都直接与司法实践有关。参见王泽鉴：《人格权法：法释义学、比较法、案例研究》，北京大学出版社 2013 年版，第 11 页以下。

④ 参见《最高人民法院关于苏州龙宝生物工程实业公司与苏州朗力福保健有限公司请求确认不侵犯专利权纠纷案的批复》。

2. 兼顾各级法院的裁判

由于最高人民法院所处的地位,它所作出的裁判的重要性是不言而喻的,所以它的裁判应当是重点研究对象。但是,我们不可忽略地方法院的裁判,至少就当下而言是这样。因为,我们有四级法院,且未实行三审制,最高法尚未能(充分)担负起统一裁判的重担,许多案件仅止步于高级人民法院、中级人民法院,甚至止步于基层人民法院。级别管辖标准的大幅度调整,更是加剧了这一状况,绝大多数(一审)案件"下沉"到了基层人民法院和中级人民法院。在这种情况下,我们不能无视地方法院的裁判,从地方法院的(有创造性的)裁判中(正向或反向)抽取规范的可能性也是存在的。最高法发布的指导案例大多就是来自地方法院,也在一定程度上证明了这一点。当然,由于我国法院的数量很多,裁判文书的数量也很多,所以,我国法教义学在案例研究方面的任务是很重的。在这种情况下,有关机构如何优化案件数据库的检索工具,就显得很重要了。

(二) 在与实务界的对话中审视自己并纠正对方的错误

1. 法教义学应在回答实务问题的同时检验自身

(1) 了解实务界的困扰并尽可能予以解答

法教义学的研究不能眼高手低,必须密切关注司法实务。我国裁判文书的说理仍然不够充分,因此,研究者不能通过裁判文书发现所有的(主要)程序问题(例如"赵薇瞪眼案")。法教义学研究者也不可能事先考虑到所有可能存在的实务问题。为此,研究者必须通过各种途径加强与司法的对话,并在对话中发现、回应实务问题。

例如,实务者可能会提出这样的问题:反诉的被告能否就级别管辖或地域管辖提出管辖异议?再如,被告提出的反诉被法院裁定不予受理,被告可否就此裁定上诉?这些都需要研究者根据法教义学的原理给予合理解答。研究者甚至还需要作进一步的思考,例如,如何更规范化地处理不合条件的反诉,且不易引起争议?

(2) 以实务问题检验教义学的发展

实务问题在相当程度上可谓是法教义学发展水平的检验工具。如果法教义学的体系、理论很宏大、精美,但是一旦遇到实践问题就捉襟见肘,那么就应该检讨这样的体系和理论。

例如，原告就其与被告签订的两份合同（无牵连关系）一并提起诉讼，受诉法院仅对其中一份合同下的纠纷有管辖权，合议庭对此有两个疑问：其一，原告是否可以就两份无牵连的合同一并起诉？其二，若原告可以这样起诉，受诉法院可否对另一合同下的纠纷一并行使管辖权？面对这样的问题，如果法教义学做得不够好，实务者可能就只能靠直觉行事，甚至连我们研究者自己也不知道它们在法教义学上是什么性质的问题。若不幸是这样，我们就应认真检讨我们的法教义学研究出了什么问题。

此外，实务促成法教义学观念的转变也是有可能的。域外就曾出现过这种情况。例如德国法院较早就认同了客体的预备合并，但德国学界最初对此并不认同，然而最终改变态度的是学界而非实务界。[①]

2. 在对话中呼吁实务者纠正不当做法

在对话中如果发现一些实务观念是不当的，应当及时指出。不能因为实务上有较多法院这样做，就将它当作不可改变的现实去接受它，甚至为之辩护，而应当旗帜鲜明地反对实务上的不当做法，敦促其改变。例如对于前文所述的以法律关系不同或案由不同为由拒绝（合并）审理的做法，学界就应呼吁实务界予以纠正。再如，关于既判力的相对性，学界应当积极向不认同或不理解该原则的法官"喊话"。至少这后一问题是直接关乎正义（让未参加诉讼未受程序保障者受裁判的拘束）的，法教义学不应妥协。类似的是，对于一概否定放弃上诉权契约的合法性的裁判，我们也应旗帜鲜明地予以反对。

三、强化体系及其要素

法教义学的任务之一就是构建与完善学科体系。即便是英美法系的学者也并不否认这一点。例如，关于宪法学的研究，戴雪认为英国（宪）法学教授的职责"在于阐明哪些法律是宪法的组成部分，安排这些法律之间的等级秩序，解释它们的含义，并且在可能的情况下展示它们之间的逻辑关系"[②]。民诉法之教义学也应承担起此种体系化的任务，应当阐释概念、规则、原则之间的关系，

[①] 参见刘田玉：《诉之预备合并的比较与借鉴》，载《环球法律评论》2004年夏季号。
[②] 〔英〕杰弗里·马歇尔：《宪法理论》，刘刚译，法律出版社2006年版，第11页。

并使其"组成相互和谐之整体"①。追求总体上和谐并不等于从单一的起点出发,演绎出所有的结论(那是一种单向度的思维)。应当允许而且往往必须从多角度考虑问题,法教义学结论的得出往往并非纯演绎的,而是综合考虑的结果。但如果有几个灵魂性概念、原则在体系的各个环节或多个环节起着重要作用,则法教义学在外观上仍然呈现出较强的体系性和准演绎性。就目前而言,在体系化方面较为紧迫的工作可能有以下三项:

(一) 澄清与强化重点概念

每个部门法都有一些较为重要的概念,其中个别概念的作用甚至是灵魂性的。民诉法也是如此,诉讼标的就是一个核心概念。这不仅是因为它的使用频率较高,而且是因为它在一些重要环节或问题上起着重要作用。它是诉讼和审理的对象,决定着诉讼及审理的方向,仅就此而言它的作用就是"全过程"的。它在既判力范围的判定等重要问题上同样有着举足轻重的地位。所以,这样的概念对于民诉法学而言是有"穿透力"的,在体系化方面有重要的作用。

既然诉讼标的是一个关乎体系构建的概念,我们就应尽可能对其作出较为明晰的界定。如果它的内涵是不确定的,或多变的,那么即便它在实务和学理上出现的频率很高,涉及多个重要环节,它也不能发挥贯穿性的作用。如果连这样的概念都不能实际起到支撑体系的作用,民诉法学科的体系性将大受削弱,规范的碎片化状态将会加剧。

所以,尽管选择诉讼标的的本土路径较为困难,我们仍需作出选择。不能因为诉讼标的理论很复杂,就试图回避它,或者给它贴上"内卷化"之类的标签。即便不能始终如一地在每个环节上坚持同一种界定,我们至少也应该在总体上坚持同一种界定,或者可以采用原则加例外的方法对其作一个相对清晰的界定。我们不能因为任何一种界定都有不周延之处,都有一定的缺陷,就放弃对它的界定。且不用说法学这样的学科,即便是自然科学,某一(曾经)被认为"放之四海而皆准"的定律随着时间的推移,也会被发现有"漏洞",也需要为其补漏,需要为其限定(缩小)适用范围,但科学界并未因其有漏洞而放弃这个定律。这方面的一个显著的适例就是牛顿定律。

此外,诉讼标的也许原本就不应在某个问题上起决定性作用,如果我们偏

---

① 前引罗伯特·阿列克西书,第 316 页。

偏要让它发挥这种作用,这就不但有可能妨碍有关规范或制度的适用或实施,而且会(不必要地)使得法教义学的体系或逻辑看起来有了更多的"破绽"。例如在界定有独立请求权第三人时,《民事诉讼法》第 56 条第 1 款过于依赖诉讼标的也许是不恰当的,教义学可考虑将该条文中的"诉讼标的"概念作扩张解释,将其解释成"诉讼标的或诉讼标的物"。这样或可在一定程度上减轻在诉讼标的上作统一界定的难度,或者减少增列前述例外的必要。

诉权也是一个核心概念。虽然,它的"射程"可能不及诉讼标的,但它在某些特别重要环节或事项上具有决定性作用,所以,也务必予以重点把握、阐述。例如,应当正确理解它与当事人适格等诸多诉讼要件的关系,说明它与立案或受理环节的关系。这些问题显然也是与司法实践紧密相关的。

(二) 将基本原则具体化并使之在适用上更具有确定性

尽管对于民诉法上有哪些基本原则学界存在争议,但有一些基本原则是很少有争议的。例如处分原则和辩论原则。然而,长期以来由于法教义学不发达,这两项原则未能发挥基本原则应有的重要作用,反而给人空洞化或者过于简单的感觉。但实际它们应该有丰富的内涵,有较强的应用性。即便认为我国现行法规定的处分原则和辩论原则与域外的处分权主义和辩论主义有一定差别或较大差别,我们也应在合理的范围内对它们作具体化的解释,并由此抽取一些更方便适用的规则。例如,就处分原则而言,应当考虑是否可以抽取以下规则:当事人(原告)有权确定诉讼标的(或有权选择就何种法律关系提起诉讼),法院不能裁判当事人未请求的事项。甚至可以进一步抽取次一级的规则。例如:如果原告提起侵权之诉,则法院不得审理违约之诉(基于旧标的说的立场);相反亦然。再如,如果被告在诉讼中提出的同时履行抗辩成立,则法院可以作交换给付判决。前一个二级规则可以阻止实务上的相关不当做法,后一个次级规则则可以部分肯定实务上的相关做法。① 法院作交换给付判决既不背离同时履行抗辩的概念,又不违反处分原则,更重要的是可以避免原告在被驳回诉讼请求后再次起诉。

---

① 例如法院可能作出如下判决:"被告 10 月 10 日给付原告空调器 10 台,原告于同日支付价款 30000 元。"吴敦:《试论同时履行抗辩权的适用》,http://blog.sina.com.cn/s/blog_4cfbadf0010009kz.html,访问日期:2021 年 5 月 8 日。

如果认为现行法下的处分原则不能包含或"覆盖"前述具体规则,则可考虑援用虽未为《民事诉讼法》明文规定但似乎从未有人质疑的另一项原则——不告不理。这项原则在裁判文书中出现的频率是很高的。从这项为司法普遍认可的原则中抽取前两项具体规则相对要容易些(比起从处分原则中抽取),至于如何为这种抽取工作作充分的论证则是法教义学的任务。

就辩论原则而言,也可作类似的努力。例如,可以论证应否抽取以下规则:对于裁判而言重要的事项必须在庭审中经过当事人辩论,否则即为违反辩论原则,已为当事人自认的事实除外。这项具体规则甚至会影响到再审程序规范的适用,因为现行法规定的申请再审事由中有一项是"剥夺辩论权"。有了前项具体规则后,此项再审事由的适用范围将会实际拓宽,摆脱事实上近乎被搁置的状态。

将基本原则具体化,可以部分增强民诉法学科的体系性。使得该学科在某些微观方面呈现出一定的演绎性。"基本原则→一级规则→二级规则",是有一定的演绎特性的,虽然在每一个推演的过程中,未见得没有加入其他考虑(因素)。

对于诚信原则也存在抽取具体规则的可能和必要,虽然该原则的不确定性很高。例如,基于对"赵薇瞪眼案"的思考,我们或可考虑抽取以下规则:如果原告提出的诉讼请求很荒谬,明显有悖基本常识,提起此种诉讼是基于骚扰被告等不当目的,则可基于诚信原则直接裁定不予受理或驳回起诉。[①] 如果未来的立法中不再有不予受理裁定,则可考虑创设不送达诉状的裁定。即允许法院在类似的情况下,虽受理诉状,但在受理后决定不将诉状送达给被告。

(三) 为"高频"出现的问题提供统一的处置规范

与从基本原则中抽取具体规则的体系化努力相反,我们还可以尝试基于具体的规则抽取(提取)一般规则,这同样也是一种体系化的努力。

民诉法学科中的有些问题不能说没有规则,但缺少一般性规则。由于具体规则往往只能针对某一种情况或少量情形适用,而实际上还有其他若干情形也需要作出规定。由此,一般规则就是迫切需要的。这方面的一个例子是阐明

---

① 此一规则是否应(可)与以下条文或规则并存:"原告的诉讼请求显然不能成立的,可不经庭审,直接予以驳回",仍可再斟酌。

(释明)。《时效规定》第2条规定不能就时效进行释明。而《民事证据规定》第2条第1款则要求法官就举证进行释明。但是,与阐明有关的情形或事项远不止这些,在碰到没有规定的情况时,法官该如何判断应否释明,就需要一般规则的指导。在现行法缺少这种一般规则的情况下,法教义学应承担起这方面的任务。当然,这个一般规则的提取既要能够容纳现行法下的释明规范,又要尽可能覆盖司法实践中合理的释明实践。一项能够统领若干具体规则的一般规则的提取,同样是在为学科的体系化做贡献,同样是在避免规则的碎片化,同时也能避免规则之间可能的不一致。尤其在该一般规则所处理的问题出现频率较高,或是一个"贯穿"诉讼全过程的问题时,它的体系化的贡献就会更大。

四、合理处理与解释论、立法论的关系

"吴梅案"肯定论的错误相当程度上与它在这方面缺少正确的认知有关。在这方面应当注意以下几点:

(一)法教义学并非注释法学

法教义学的任务除了解释现行法外,还包括前述法体系之构建,以及对裁判进行必要的归纳,回答裁判中的疑难问题。所以法教义学并不纯粹是解释论的。法教义学在构建或完善体系时虽以现行法为基础,但并非一定止步于现行法,它未必不可对部分规范持批评立场,尤其在它们与整个体系不协调时。现行法通常并不完备,疏漏甚至是在所难免的,法教义学应该对这些疏漏作必要的阐述,并提出相应的补漏建议。法教义学虽然"以其对象的不可支配性为前提"[1],但并不因此而将自己等同于教条主义,它"仍然可以批判性地检视法规范",只是仍"是在系统内部论证,并不触及现存的体制"[2]。

再者,法教义学在总结裁判时可能会发现有部分裁判实际是进行了法的续造,如果这种续造是合理的,则应予以肯定、推广。法教义学的这部分论述同样不是纯粹的解释论,而更像是立法论。同样,如果在梳理裁判时,发现现行法无力应对某些应当规范的问题,则也会促使教义学研究者对现行法进行批判性思考。

---

[1] 张嘉尹:《法释义学与法学的多元化》,载《思与言》2013年第4期。
[2] 〔德〕阿图尔·考夫曼:《法律哲学》,刘幸义等译,法律出版社2004年版,第4页。

以"赵薇瞪眼案"为例,倘若受诉法院严格遵守现行法规定的起诉条件受理了起诉,但在受理后不久,未经开庭审理就驳回了原告的诉讼请求,则法院在某种程度上就已经突破了现行法。因为一般认为,在现行《民事诉讼法》下一审法院作出实体裁判是应当经过开庭审理的。而倘若法教义学的研究者在分析该案时,也基本认同此种裁判,则实际是在主张,对于诉讼请求显然不能成立的案件,如果也让其进入实体审理程序,会浪费司法资源,也会使"无辜"的当事人被(深度)卷入荒诞的诉讼。法教义学进而可能考虑或许应当在《民事诉讼法》中增设一个条文:"若诉讼请求显然不能成立,法院可不经开庭审理直接予以驳回。"①也可以要求法院在作证据审查(准备)之前,先对诉讼请求的正当性进行审查,以避免无意义的事实调查。这些显然也是在进行立法论的考虑了。

再以前述的反诉主体要件问题为例,法教义学研究者在解读《民诉法解释》第233条时,倘若意识到关于反诉要件的传统观点有可调整的空间,则可能会考虑接纳更多情形的扩大反诉,例如,被告对本诉的原告和第三人一并提起反诉,甚至还会考虑传统上被认为很重要的牵连要件也应予以放松。这些考虑显然不是纯粹的解释论了。

由此,法教义学可以为"法律实践(法律解释及法的续造)提供法概念性手段"②,"在法释义学中已经可以有法政策的考虑"③。"法学(法教义学)的任务就是解释制定法,填补其中可能的漏洞,为法官判案提供可供选择的论据。"④因此,法教义学大可不必也不应排斥立法论。

当然,法教义学上的立法论通常涉及的是较小范围或规模的法续造,多是体系内较小法漏洞的填补,因此,这种立法论大多可谓是补丁式的,⑤而不是那种"大拆大建"式的立法论。但是,由于我们的立法比较粗疏(所谓"宜粗不宜细"的观念或状况仍然在一定程度上存在),所以相对域外而言,我们的法教义学的补漏任务反而更重。

---

① 我国台湾地区所谓"民事诉讼法"有类似的规定,其第249条第2款规定:"原告之诉,依其所诉之事实,在法律上显无理由者,法院得不经言辞辩论,径以判决驳回之。"
② 前引王泽鉴书,第12页。
③ 高誓男:《由法释义学到政策导向之行政法学:一个访谈研究分析》,载《中国行政评论》2016年第3期。
④ 前引伯恩·魏德士书,第373页。
⑤ 所以一般"仍不能逸脱法律框架及其目的"。前引高誓男文。

（二）立法论须以法教义学为基础

在法教义学中的补丁式立法论之外，我们有时需要就一些新的程序制度的创设专门进行立法上的讨论。但即便是此种立法论，也仍然不能脱离法教义学，相反，它应当以法教义学为基础（虽然法教义学方面的考虑可能不是立法论的全部）。这样才能有助于保证它所提出的立法建议较为合理，保证其能和谐地融入既有的法体系或至少不与之冲突，除非此立法论要颠覆既有的体系和法教义学的既有成果。

就民诉法学科而言，诸如设立公益诉讼制度的讨论大致就可归入此种立法论。因为此前没有这方面的规范，这项制度可谓是全新的。关于设立第三人撤销诉讼制度的讨论大致也可以归入，只是该制度与既有的再审制度、主体合并制度等有较为紧密的关联。这些立法论，都离不开好的法教义学的支撑，因为它们所建议设立的制度不太可能是在一个完全封闭、独立的空间上运行，它们必须考虑周边的制度，必须避免潜在的冲突。例如，若要设立公益诉讼制度就必然会考虑诉讼担当、既判力主观范围等问题，而若对与这些问题相关的法教义学的原理把握不够，很难想象公益诉讼的立法论能够做好。同样，设置第三人撤销诉讼也必然考虑它与再审程序、既判力等问题的关系，而若对于这些问题的教义学原理没有精准的把握，也同样不太能期望有高质量的立法论。因为，缺乏对现行法的深入解析，缺乏对法教义学体系的准确把握，就没有能力去（高质量地）评价现行法，就没有能力提出合理的立法建议。

此外，在做立法论时有时需要进行社会调查，而与法律有关的社会学研究往往也同样需要以坚实的法教义学修养为基础。如卢曼所言："一个人如果对既判力扩张……概念的含义无知，就是一个不能就法律事务作出判断的外行……如果不能理解法律的概念、符号和论证方式，就不可能从社会学角度推进对法律的研究。"[①]

五、提高比较法研究的质量

作为后发国家，我们今天仍然有必要进行比较法方面的研究。但我们对于

[①] 〔德〕尼克拉斯·卢曼：《法社会学》，宾凯、赵春燕译，上海人民出版社2013年版，第40页。

域外法应当抱持一种"平和"的态度，既不将其当作真理看待，又不将其视为异类加以排斥。域外法的规范或原理如果能够契合于本土的环境，我们就应该拿它来完善国内的法教义学，至少可以在填补法漏洞时加以借鉴（哪怕是作为反向参照）。我们的部门法大多是舶来品，我们不必羞于借鉴甚至移植，关键是如何合理地借鉴、移植，如何让域外合理的规范及原理融入我们的法教义学体系。其实，我们已然引入了较多的比较法资源，但有一个问题仍困扰着我们：为什么我们的民诉法与域外还存在较大差距？笔者认为我们在作比较法研究时，应当注意以下一些问题：

（一）基于"完整"的视角把握域外法

1. 不可忽略普通法系的规则和原理

我们不仅应该继续关注大陆法系的法教义学，而且也应该关注普通法系的法学成果。因为，很难说大陆法系的民诉法学在每个方面都已经做得很好。对于两大法系我们不必厚此薄彼。虽然我们的法律与大陆法系更具亲缘性，但这并不妨碍我们参考普通法系的发展成果。例如，我们向来认为大陆法系部分国家或地区在诉讼标的问题上所采用的诉讼法说在一次性解决纠纷方面最为彻底，但是在我们了解了普通法系的有关状况后，我们就可能会发现实际并非如此。这种参考至少可以拓宽我们的视野。再如，我们在打算引入第三人撤销诉讼时，以为在主要西方国家中只有法国有此制度，但实际上如果我们认真检索英文文献，则会发现普通法系至少部分国家也是有类似制度的。我们也就可以有更多的比较法资源可利用。

2. 尽可能准确地理解域外法

把域外法的某些规则或某位域外学者的表述引进，相对而言是比较容易的。某种程度上这仅是一项"搬运"工作。但是，在此基础上立足于我国的情境和法律体系进行合理的阐发和论证则并不容易，而且可能会出现较为严重的偏差。例如，我们经常看到美国学者称美国仅有约1%的案件进入庭审，我们在将这样的表述搬进国内时，有可能会想当然地认为美国的调解率或和解率很高，并将其作为我们的榜样。但这是一个误解。[①] 再如，我们看到有学者声称

---

① 参见严仁群：《"消失中的审判"？——重新认识美国的诉讼和解与诉讼调解》，载《现代法学》2016年第5期。当然，这个问题主要与立法论有关。

台湾地区的第三人撤销诉讼制度移植于法国,就以为法国法也是将第三人撤销之诉的原告限定于既判力(扩张)所及主体的。但如果我们自行去仔细分析法国法的资料,就会发现实际并非如此。在法国并不存在台湾地区那样的立法理由,法国的相关规范中也没有契合于此种立法理由的规定。① 实际上,法国第三人撤销诉讼与我国台湾地区民诉法之相关规定,"相距非常遥远,不易发现彼此间存在着明显的法制继受关系"②。

准确把握(某一)域外的民事诉讼法需要作两面的努力。其一是要对该国或地区的民事诉讼法有全面的了解。不但要了解我们所关注的某一部分(比如我们做博士论文时的选题),而且要全面把握该国或地区民事诉讼法的体系、结构、原则与规范,否则有可能"只见树木不见森林"。从法教义学的眼光看,法律规则大多不是孤立的,在一定程度上多可谓是体系的一个节点或组成部分。了解域外法时必须有体系意识和情境意识,必须关注其周边的制度,了解其相互关系。个别把握规则是容易的,而整体把握则往往比较困难。其二是要争取能够解析域外民事诉讼法的案例。虽然这一要求较高(很高),但这是检验我们是否真的把握了域外法的一个途径。有时我们在熟读了规则、教科书(甚至专著)后,自以为把握了其原理和体系,但一旦接触到具体案例仍然可能很茫然。因此,我们应该认识到了解规则(原理)与能够恰当运用规则(原理)之间是有很大距离的。不用说学习域外法有这样的问题,即便是学习本国法往往也有同样的问题。例如两个法科学生同时都在学习同一个部门法,都熟读了教科书和法条,但解析实例题的能力可能有很大差距。

3. 对域外法也应持有必要的批判态度

这也是不把域外法当真理信奉的一个具体表现。域外的某些制度在域外本身可能就有很大争议,实践运行状况可能也较差。所以,意欲将该制度引进的论者应当争取一并介绍它的问题或它受到的质疑。例如,在论证应当引入美国集团诉讼时,就应当同时做这样的工作,应当就其潜在的问题或已遭受的质疑作出较充分的"回应"。

---

① 参见严仁群:《不受判决拘束者之事后救济》,载《法学家》2015 年第 1 期。
② 黄源浩:《法国民事第三人撤销诉讼——要件及诉讼利益》,载《辅仁法学》2017 年第 2 期。该文作者系留法学者,他详细地考察了法国第三人撤销诉讼的源流与现状。

(二) 同等关注法系的差异与共性

目前国内民诉法学上似乎到处都是问题，除了一些简单的识记性知识外，似乎没有多少是有定论的。笔者不否认民诉学科有很多争议问题需要解决，甚至有些问题可能并无正确"答案"，但是，如果在所有的不是很简单的问题上都存在争议，则可能意味着我们的法教义学研究出了问题。除了可能是缺乏足够的学术共同体内部的理性交流外，可能的原因（之一）是我们对于域外法的梳理还不够。虽然我们传统上认为两大法系的民事诉讼法有很大差异，个别日本学者还给它们贴上了不同的标签（例如所谓规范出发型、事实出发型），[①]但我们也应注意到它们的共性或共识。这些共识可能对我们相对而言更重要。例如，德、美等国都允许原告同时就违约和侵权起诉，各国执行程序中的（实体或程序性）纠纷都是由法官最终裁判的（虽然各国执行体制差别较大）。

对于这些共性的、无争议（或争议较少）的原理或规则，我们应持肯定的态度，尽管仍然应当充分考虑本土的情境，应当考虑它们的引入是否会有"水土不服"的问题。如果没有这样的问题，那么就应考虑引入。而反对引入者，应负较重的"说服责任"，"必须拥有更好的论据"[②]。

(三) 慎待比较法上的"少数说"

从节约论证成本的角度看，如果某一规范或见解仅是个别国家或地区（甚至个别学者）特有的，我们在引入时就应当较为谨慎。如果坚持引入，则同样应负担很重的说服责任。

如前所述，我国台湾地区立法机构关于第三人撤销之诉有一个立法说明：该诉的原告仅为既判力扩张所及的主体。但实际上，同样有第三人撤销诉讼制度的法国法和美国法都未作这样的限定。换言之，台湾地区的此项"立法理由"实际可能是一个"少数说"，对于这样的观点，我们应当谨慎参照，不能照搬。

---

① 参见〔日〕中村英郎：《新民事诉讼法讲义》，陈刚、林剑锋、郭美松译，常怡审校，法律出版社2001年版，第19页以下。

② 前引伯恩·魏德士书，第145页。

六、处理好与其他部门法及学科的关系

(一) 与宪法、民法的关系尚待深入探究

民诉法与宪法的关系需要深入探究。这方面的研究主要属于(典型)立法论。例如,研究诉权应否入宪,如果入宪,入宪的应是何种诉权(学说);研究辩论原则与听审请求权的关系,是否应将它(们)写入宪法。但也不排除有教义学上的问题。例如,法官在作个案裁判时如何保护诉权。

若不考虑宪法,与民事诉讼法关系最紧密的当属民法,我们应当全面解析两者之间的关系。前文述及的部分法院排斥诉讼上抵销,就是两者关系被误解的一个具体表现。部分请求涉及对同一债权的分割主张,从实体法视角和程序法视角分别考量的可能的差异;竞合合并则涉及如何在诉讼中适用实体法,以及是否应对诉的选择与责任的选择作出区分。对同时履行抗辩的裁判也涉及如何兼顾实体法与一次性解决纠纷的程序政策。再如,原告可否起诉请求法院解除合同,则涉及原告的形成权与裁判权的关系。诸如此类的问题都需要法教义学合理斟酌和阐述两个部门法的关系。

(二) 理性对待其他学科的知识

健康的法教义学应该如一座建构良好的房屋,既有厚实的结构主体,又有多扇可以观察外部、可接受外部阳光、资讯的窗户。法教义学在解释现行法、揭示各种关联、构建学科体系的同时,可能也需要借助于其他学科的成果。例如,在合理解释条文方面,可能就需要用到语言学的研究成果,甚至需要参考哲学解释学的一些主张。我们对于其他学科的知识应持开放态度,但是也应当注意一些问题。

1. 合理援引其他学科(学者)的表述

在将某一学科的知识运用到法教义学时应尽量做到"无缝对接"。以哲学为例,它讨论的往往是宏观或抽象度很高的问题,而民诉法教义学讨论的则多是较为具体的问题,所以两者之间(往往)有较大的距离。我们可以援用哲学家的观点,但不可"生拉硬扯",而应当注意"衔接"得当。在引用哲学表述的同时,尤其应当避免使(法律)论证流于空洞。援用某种哲学观点时要注意其适用的

背景或前提。①

2. 慎重对待不确定性较强的学科的成果

法教义学的研究固然可以合理地引用哲学、社会学的成果,但也不必妄自菲薄。若引用其他学科的成果,也应(甚至更应)把眼光更多放在(实验)心理学、逻辑学、数学等更具有"刚性"的学科。哲学自身的"领地"不断遭到一些学科的侵蚀,②而且哲学领域里本身就有太多的争议,我们在援引某一哲学表述时可能只是引入了众多争议学说中的一家之言,而不是引入较为确定的知识或共识。而更具刚性的学科,它们能提供较为可靠的知识,因为这些知识可能是已经获得重复验证的,或者是严密推导的结果。

(三) 展现法教义学的力量

法教义学曾经或依然在遭受社科法学的指责。面对这样的指责,法教义学应该通过精细的分析展示自己的力量。当然,展现法教义学的力量并非易事。除了应当注意避免出现逻辑错误外,至少还应注意以下几个方面:

1. 提高论证的说服力

对于争议大的问题,不仅要作正面论证,还应作反面论证,要分析相反观点及其论证的缺陷。例如,对于不同的观点,不能仅仅说它不符合常识,而且还应具体就其论点、论据、思维过程等进行剖析。此外,我们要慎重审查是否真的存在"常识"。即便存在"常识",在遭遇复杂问题或争议很大的问题时,也应慎重对待它,因为它也可能是错误的。自然科学发展史上就不乏这样的事例,更不用说社会科学。

无论是正面论证还是反向论证,都应尽量进行多层次、多角度的论证,这样的论证才可能是细致、深入的。对正反论证、精细论证和全面论证的坚持和追求,可以避免那种大而化之式的论证,可以避免武断式的论证和扣帽子式的论证,从而可以充分展现法教义学的理性的力量,表明论证者在下结论前已经认

---

① 例如引用哈贝马斯的理论时要注意他所谓的"交往理性"建立在平等、自由原则的基础之上,民主权利对于其交往行为理论而言是很关键的。参见〔英〕雷蒙德·瓦克斯:《法哲学:价值与事实》,谭宇生译,译林出版社 2008 年版,第 88 页以下。

② 物理学、心理学、生物学等从不同方面入侵哲学的传统领域。参见赵敦华:《现代西方哲学新编》,北京大学出版社 2001 年版,第 103 页。

真考虑了通常可能考虑到的各个方面,并进行了自省或"自我对话"。

例如,关于提起异议之诉的案外人可否另行提起确认之诉,如果我们试图以强制合并(必要共同诉讼)、执行程序的属性、基本价值、司法政策等为论据,则应认真审查它们是否与此论题相关。以强制合并为例,实际上,它与该论题无关,或关联很小。① 因为,其一,若案外人未提起或撤回了确认之诉,则根本没有合并的问题,更谈不上强制合并。其二,即便涉及诉的强制合并,通常只是涉及客体的强制合并(而非主体的强制合并),只要案外人异议之诉是同时以申请执行人和被执行人为被告的。其三,若法院以不具有权利保护的必要为由驳回另行提起的确认之诉,而该当事人又坚持提起确认之诉,他自然就会在案外人异议之诉中一并提起此诉,由此法院根本不必强制合并。其四,若案外人没有提起案外人异议之诉,而是(先行或仅仅)提起确认之诉,此时仍有诉是否合法的问题,而这显然也与强制合并无关。

2. 远离价值独断

如考夫曼所言:"法教义学反对概念法学的价值无涉,它仍然为价值判断的产生开放出了一定的空间。"② 但是法教义学的研究应注意尽量在实在法的框架内解决问题,减少不必要的(法外)价值判断,尤其应尽量避免价值独断,否则法教义学会充斥研究者个人的价值判断,甚或回到所谓的"政法法学"。③ 若有论者动辄动用价值判断,则有可能实际是在"掩盖其无力进行建构性工作"④。即便有时不可避免要作价值判断,也应尽可能给出具体的说明,⑤并且通常不得与现行法中的价值判断相冲突。因为,现行法的一些原则和规则可能已经隐含了立法者的价值判断。"实定法本身也是一个价值负担者"⑥,我们通常无权用自己的价值判断替代立法者的价值判断。

---

① 不允许案外人另诉,并不意味着诉的强制合并,甚至连诉的合并都不涉及。因为案外人可能放弃另诉,也不在案外人异议之诉中提起确认之诉。即便案外人在异议之诉中一并提起了确认之诉,也不宜称"强制合并"。如果说这是"强制合并",那么现行法下的强制合并就不只是存在于必要共同诉讼中。
② 前引〔德〕阿图尔·考夫曼书,第15页。
③ 参见苏力:《中国法学研究格局的流变》,载《法商研究》2014年第5期。
④ 转引自张翔:《宪法教义学初阶》,载《中外法学》2013年第5期。
⑤ 法官在作价值判断时,应依说明、辩论进行论证,应听取正论、反论。参见杨仁寿:《法学方法论》(第2版),中国政法大学出版社2013年版,第225页。
⑥ 前引罗伯特·阿列克西书,第312页。

还应注意的是,如果现行法没有相关的规定,也应尽量作出理性的分析,而非"满纸"价值判断(独断)。能用具体原理的,就不要轻易动用一些"大词"。如果连具体概念、原理与论题之间的关系都无法准确把握,向"大词"逃逸,往往就更不可靠、可信。

即便是宪法这样的充满价值判断和(政治)立场表达的部门法,也已经有了追求客观、冷静分析的宪法教义学。德国的一些宪法学者正是以其客观性和立场不偏颇的论证为宪法教义学赢得了声誉。① 例如拉班德,他一生致力于把非专业性研究、新闻式言语清除出法学。② 民诉法教义学更应展示客观、理性分析的力量,更应尽可能避免不必要的价值之争及意气之争。

3. 以精细的案例解析化解社科法学的攻击

一位学者曾经讨论了一个案件:甲欠乙 30 万元,甲将一块玉石质押给乙,但乙遗失了玉石。关于乙应如何赔偿双方发生了争议,甲说玉石值 50 万元,而乙认为玉石仅值 1 万元。这位学者给出的答案是:出质人对质押物的价值承担举证责任,如果他拿不出任何证据,依照法律,法院就只能按质权人认可的价值推定质押物的价值。但他也认为这种"依法判决"的措辞说服不了当事人、案外人,甚至说服不了法官自己。"这不奇怪,法律总有冲撞公众道德直觉的时候"。他还从法律经济学角度分析了该案的举证责任分配,并认为法律决策者必须考虑决策的后果,判决要创造一种对社会有益的激励。他认为他所阐述的是一种"顶用的法理学"③。

其实,从法教义学的角度看,该案的举证责任分配不会有大的争议,根本不必进行法经济学的分析。此外,即便仅依据现行法,法官对该案的考虑也应该远比该学者的考量要丰富。法官在该案中应做更多的事,而不是只考虑举证责任的分配,并且最终很可能给出不同的答案。其一,实际上现行法并没有规定该学者所谓的此种"推定"。其二,法官应该敦促当事人举证,因为法官有这方面的义务。《民事证据规定》第 2 条第 1 款规定:"人民法院应当向当事人说明

---

① 一个实例是对预算法冲突的解决,拉班德"没有基于政治立场或者价值判断去评价,而是通过概念的阐释解决争议"。前引张翔文。

② See Peter C. Caldwell, *Popular Sovereignty and the Crisis of German Constitutional Law*, Duke University Press, 1997, pp. 15-16.

③ 这是桑本谦教授对该案的大致阐述。参见季卫东、舒国滢、徐爱国等:《中国需要什么样的法理学》,载《中国法律评论》2016 年第 3 期。

举证的要求及法律后果,促使当事人在合理期限内积极、全面、正确、诚实地完成举证。"其三,若当事人及其诉讼代理人因客观原因不能自行收集某些证据,法官可以依申请收集。《民事诉讼法》第 64 条第 2 款及相关司法解释有这方面的规定。其四,法院可以对当事人进行较为细致的询问。《民诉法解释》第 110 条也规定:"人民法院认为有必要的,可以要求当事人本人到庭,就案件有关事实接受询问。"法官可以询问出质人其玉石的来源(在何时何处购买等),可以让其描述玉石的状况(成色),询问其认为玉石值 50 万元的依据、玉石交给质权人时有没有其他人在场、有没有其他人见过这块玉石。法官也可以询问质权人其认为玉石仅值 1 万元的依据,询问其有无有关玉石的经验。其五,法院可以根据经验法则作判断。《民事证据规定》第 10 条规定当事人对于根据已知的事实和日常生活经验法则推定出的另一事实无须举证。由此,法院自然也就可以认定这样的推定事实。而在此案中,法院可以基于本案的情况,注意所有相关的间接事实,并依据经验法则酌定玉石的价值。例如,根据双方陈述是否可信、是否明显有漏洞、双方各自的经济状况、双方的关系及信任度(例如债权人是否有可能仅接受价值 1 万元的玉石作质押)、当事人有无对玉石价值的判断能力等情况进行综合判断。在本案中,"依法判决"并不是被告承认多少法院就认定多少,而且依法判决的结果未见得会抵触所谓的公共道德直觉。

对现行法的解释不是法教义学的全部,对证据法体系的阐述,对法律漏洞的补充建议等也是法教义学的组成部分。此种补充建议中可能有这样的内容:举证责任分配通常应采规范说(实际上《民诉法解释》第 91 条大致就是这样规定的);在原告的损失确实存在但难以查清准确数额时,法院可以根据经验法则酌定。实际上域外法就有类似的规定。例如《德国民事诉讼法典》第 287 条规定:"如果对是否有损害、损害的数额,以及应赔偿的利益额有争执……由法院酌定。"我国台湾地区所谓"民事诉讼法"第 222 条第 2 款也有类似的规定。

由此可见,社科法学(者)在贬斥法教义学之时可能实际缺乏对现行法进行全面解析的能力,更缺乏对法教义学的了解。对此,法教义学的研究者应当及时就其误解作必要的澄清。

实际上,有部分法理学者已经对于法教义学的重要性作了充分肯定。例如有学者就认为:"现阶段中国法学研究的一项最重要的任务还是加强法律适用的推理和解释环节,甚至有必要在法律职业共同体当中鼓励法教义学的规范思维方式,让制度担纲者本身树立必要的法律信仰,进而通过示范作用在公民的社会日常生活中酿成守法精神。否则,施密特式的主权决断论或者具体秩序论就会横行无忌,法治原则根本就无法落到实处。"①

七、结　　语

民诉法教义学在我国并没有过时,相反它仍处于起步阶段,亟待深入推进。

法教义学场域的形成能促进司法公正,对刚走上法治轨道的社会而言尤为如此。② 法教义学的力量应当来自客观、精细、周到的论证,而这离不开对重要概念的合理界定,离不开对逻辑规则的遵守。概念法学虽已远去,但我们依然离不开概念。③ 逻辑实证主义虽已退场,但逻辑依然很重要。思维的严谨和理性应当是法教义学和社科法学所共有的"品格"。宏大、封闭的体系构建虽已过时,但微观、开放的学科体系仍值得追求。

---

① 季卫东:《法律议论的社会科学研究新范式》,载《中国法学》2015年第6期。
② 参见〔德〕Ralf Poscher:《裁判理论的普遍谬误:为法教义学辩护》,隋愿译,载《清华法学》2012年第4期。
③ 甚至我们还没有"资格"批判概念法学,"就我国的法学而言,还远远没有进入到所谓概念法学的境地。概念的明晰和说理的透彻与我们的法学还有一定距离"。谢晖:《解释学法学与法律解释学》,载《法学论坛》2016年第1期。

"吴梅案"后论
——肯定论的若干问题

"吴梅案"公布至今已将近十年。它给民诉法学带来的冲击,以及它所引发的争论,是许多民诉学人未曾预料到的。它在"无意"中对民诉法学多年来的研究成果作了一次检阅,也对民诉学人作了一次测试,而测试的结果显然很不理想。

从笔者和王亚新教授(几乎同时)分别发表《二审和解后的法理逻辑——评第一批指导案例之"吴梅案"》(以下简称《和解逻辑》)与《一审判决效力与二审中的诉讼外和解协议——最高人民法院公布的2号指导案例评析》(以下简称《判决与和解》)以来,关于该案就(正式)形成了否定论与肯定论之对立。该案所引发的争论表明,肯定论者在以下三个方面存在不足:其一,对于相关民诉法原理缺乏认知或不能真切地把握;其二,缺少方法论方面的基本意识;其三,缺乏精细分析的能力。在某种意义上,第二个方面的缺失所产生的负面后果更为严重。遗憾的是,虽然目前肯定论者比论争初期少了一些,但似乎仍为数不少。[①]

稍可庆幸的是,该案公布后发生了一个重要"事件":《民诉法解释》第248条诞生了,它是对既判力时间范围原理的初步实在法化,虽然还很粗糙。

一、民诉原理方面的缺失

肯定论在这方面的缺失有若干具体的表现:

---

① 为篇幅所限,本文不专门分析折中论。但大致可以确定的是,折中论的部分主张实际是可归入肯定论的。

(一) 缺乏对既判力时间范围的认知

1. 最初的肯定论(者)在这方面毫无意识

现在有许多学者已经认识到至少在立法论上"吴梅案"是与既判力时间范围或"标准时"原理(以及债务人异议之诉)有紧密关系的,然而,《判决与和解》竟然对它(们)只字未提。这就清楚地表明,在论争的初期,(至少部分)肯定论者对这方面的民诉法原理缺乏认知,或者虽然他们原本是知道这个(些)概念或原理的,但是在面对该案时却未曾意识到它与此原理的(潜在)关联。[①]

即便真的只能从立法论角度(实际并非如此,参见本文第二部分)谈及既判力时间范围,作为学者在分析疑难案件时,也应该考虑得更周到、深入一些,不能仅作注释论式的讨论,至少应对它有所提及。否则,就很难对实务者有所帮助,更不能给立法者有益的建议。

2. 不知"标准时"原理的统摄力

既判力时间范围原理对处理判决后和解所引起的问题至关重要。只要相关法律事实发生在既判力"标准时"后,通常就不能被既判力遮断,当事人可据此再诉(当然应具备其他诉的合法要件)。例如(其他评论者的设例),若一审原告败诉,二审期间双方达成诉讼外和解协议,被告同意给付原告×元,但在原告撤回上诉后,被告不履行协议。对这种"反向和解",不能认为由于"一事不再理",原告不能获得救济。相反,原告可以基于和解提起新的诉讼,要求被告按照和解协议给付。允许原告另行起诉,乃至判决其胜诉,并没有"冲破"一审判决的既判力。[②] 甚至在前诉与后诉主张的是同一债权时,也可能是如此。例如,原告就某一债权起诉,因债务未到履行期而被法院驳回请求。但在履行期

[①] 据笔者所知,在该案刚出现时,部分民诉法学者在回答实体法学者的询问时,只是称该案所涉及的和解协议的性质存在争议(实际并无争议),未能指出它与这两个原理之间的关联。显然,(这时)他们还不知如何处理该案。这种"初始"的态度可称之为"犹豫论"。但法官在审理案件时显然不能以存在争议为由拒绝裁判。

[②] 讨论是否应该允许当事人另行起诉的文章,多数涉及的是因执行时效届满债权人无法申请执行的情况。例如王利明:《关于和解协议的效力》,载《判解研究》2001年第2期。债权人对完全实现判决确定的债权往往都心存疑虑,因此一般不敢奢望获得超判决金额的给付。"吴梅案"中的债权人即是如此,她实际只拿到了68.2万元。在这种情况下,债权人就超过判决金额的部分起诉,很可能徒费时间、精力,还要缴纳诉讼费。因此,《和解逻辑》称债权人就变更后的债的另诉已"不太可能"出现,这种经验上的判断大致是合乎实际状况的。更何况此判断并未完全排除另诉出现的可能。

届满后,原告仍可起诉。其原因就在于在"标准时"后出现了新的事实(期限的到来)。[①] 然而,个别肯定论者在这方面存在严重的理解偏差。

(1) 对合理再诉的恐惧

《和解逻辑》发表之后,个别肯定论者虽也(开始)意识到"吴梅案"与债务人异议之诉有关(并且不反对此诉),却仍表现出了对基于新事实的再诉的疑虑或恐惧。但他们不知道这种疑虑、恐惧实际会"殃及"此诉,因为债务人异议之诉最重要的基础就是既判力时间范围。换言之,如果对基于新事实的再诉有恐惧,则也应对债务人异议之诉有所恐惧。

考虑到部分肯定论者可能至今仍有这方面的疑虑,所以这里仍作一些说明。

在这方面我们应当考虑到以下两点:其一,若和解协议与判决内容大同小异,例如只是将履行期延长了三天,或原告在其大额债权中放弃了500元的利息,此时当事人是否有另诉的意愿是值得怀疑的。因为当事人提起诉讼通常是会考虑诉讼成本的。其二,即便当事人真的达成了这种协议,并就此提起诉讼,法院通常只需要就此种所谓微小的差异(关于新事实的主张的争议)进行审理。对于当事人无争议的事实,法院通常不必审理。

虽然德、日等国及地区早已准许当事人就"标准时"后的新事实再诉(债务人异议之诉或其他合理的再诉),但未见有学者或实务人士抱怨有当事人不断和解又不断诉讼的"可怕"情况出现。如果当事人真的有这种"合作"精神,他们之间的纠纷大概早就终结了。

(2) 不知"标准时"原理是统一处理各种判决后和解的基础

除了"吴梅案"这种和解外,判决后或"标准时"后的和解还会有多种情况。对于不同类型的实体性和解,我们不必逐一提出不同的解决方案。因为,大陆法系早已成熟的既判力时间范围("标准时")原理(以及以之为基础的债务人异议之诉),可以统一处理各种判决后的和解(包括执行中的实体性和解)。

就反向和解而言,不妨试举一例。例如(其他评论者的设例)一审原告部分胜诉,二审期间双方和解,约定被告在一审判决的基础上多给付50万元,原告撤回上诉后,被告不履行和解协议。基于"标准时"原理,当事人可据和解协议

---

① 参见〔日〕高桥宏志:《民事诉讼法:制度与理论的深层分析》,林剑锋译,法律出版社2003年版,第490页。

再诉。只不过这时需要起诉的可能是原告,他在申请执行原判决的同时,可以起诉要求被告支付因和解增加的金额。

就正向和解而言,也不妨试举一例。例如(其他评论者的设例)一审原告胜诉,在二审和解后被告撤回上诉,和解协议履行完毕后,原告却申请执行一审判决与和解协议的差额部分。这时当事人也可以再诉,只不过需要起诉的可能是被告,而且由于执行程序业已启动,被告获得救济的最直接的方法应是提起债务人异议之诉。① 而该诉的基础仍然是"标准时"原理(就判决这类执行名义而言),它也是基于"标准时"后的新事实的再诉。大陆法系学者在论及"标准时"时往往会提及此诉。②

至于另一种情况(和解协议尚未履行完毕,原审原告反悔并申请执行原生效判决),也能以同样的方法处理。即允许被告提起债务人异议之诉,若和解协议真实合法,法院将会判决限制原判决的执行力,使其实际效果等于使得债权人仅可申请强制债务人履行和解协议。倘若在法院对债务人异议之诉裁判前,强制执行已完成(已使债权人获得判决确定的给付),则债务人可变更诉讼请求(若受诉法院有管辖权)或另行起诉,要求对方返还不当得利或赔偿损失。

在允许当事人就和解协议起诉方面,《最高人民法院关于执行和解若干问题的规定》已经有所进步,但仍有可完善的空间。

(二) 对债务人异议之诉及其他相关民诉法原理的认知不足

如前所述,《判决与和解》欠缺这方面的认识或意识,而《和解逻辑》则通过对"吴梅案"的分析,具体展示了本土有设立债务人异议之诉的必要。《和解逻辑》的第四部分("债务人可基于和解协议请求部分排除执行力")和第五部分("应依正当程序处理债务人的实体异议")都对债务人之诉作了论述。前者讨论的是此诉的实质问题,即为什么可以判决排除原判决的执行力;后者则仅讨

---

① 当然,是正向和解还是反向和解有时不能仅从是放弃部分债权还是增加债权判断。例如,和解协议中债权人虽然放弃了部分债权,但约定了违约金的计算方法,等到债务人提起异议之诉时,违约金的数额可能已超过了判决确定的债权金额,法院自然应驳回债务人的诉讼请求。在此诉讼过程中,债权人甚至可以反诉,要求债务人在原判决之外承担给付义务。

② 例如高桥宏志称既判力时间界限的根据是《日本民事执行法》第35条第2款。参见前引高桥宏志书,第488页。

论相关的程序问题,即为什么应受理每一件异议,并依实体审理程序审理。但遗憾的是,个别肯定论者由于未能真正理解债务人异议之诉,也未能读懂《和解逻辑》这两部分各自的分工,所以对该文产生了误解。

1.《和解逻辑》并未创设新的诉讼类型

个别肯定论者指责《和解逻辑》创设了某种新型诉讼,然而,《和解逻辑》并没有作这样的"发明",也无这样的必要,因为债务人异议之诉就已可使执行力被限制或排除(若原告胜诉)。《和解逻辑》第四部分论述的是,由于既判力"标准时"后新发生的事实可能导致判决确定的债权发生了变动,倘若继续按原判决执行,会造成执行名义与实体权利实际状况之背离,所以有管辖权的法院应依请求限制或排除原判决的执行力。只要真的读懂了债务人异议之诉,就能看出这部分不过是结合"吴梅案"的具体情况,叙述此种救济机制的内在机理。因为,这几乎是每一部(内容较充实的)强制执行法的著作都会述及的。

即便不能把握债务人异议之诉的实质,基于《和解逻辑》提供的信息,也应该能够避免个别肯定论者的前述误解。因为,关于为什么排除生效判决的执行力,《和解逻辑》引用了我国台湾地区杨与龄法官关于债务人异议之诉的表述。此外,还对该诉的管辖法院作了如下表述:"立法者一般在执行法院和发布原判决的法院之间择一。"这一表述契合于德、日等国关于债务人异议之诉的规定,而且它的用语("立法者一般")大致也能说明它只是在叙述其他法域的立法。

2. 未"读懂"债务人异议之诉的其他表现

即便认为《和解逻辑》创设了新的诉讼类型,也应该认识到没有诉或请求,法院是不能启动审理程序并判决排除执行力的。这是一种重要的实体性审理,而至少对这种实体审理而言,"不诉(告)不理"是一项基本的程序原理。那么谁会要求限制或排除执行力?当然是债务人。

理论上,使债权数额增加的那种和解(反向和解)是可能存在的(但它不太可能是实践中的多数),《和解逻辑》并未否认这一点(参见它的第四部分倒数第二段)。但若真的出现了这种反向和解,债务人会要求根据和解协议扩大原判决的执行力吗?显然不会。

在三种主要的执行救济机制中,只有债务人异议之诉能够导致法院通过裁判排除原判决的执行力。而仅看"债务人异议之诉"这个名称,就应知道提出此诉的只能是债务人。域外法或学理上,从未有可以在金额上扩大原判决执行力的"债权人异议之诉"这样的救济机制或学说。

其实，若认真阅读《和解逻辑》，就会避免相关误解。因为，其第四部分的标题就是"债务人可基于和解协议请求部分排除执行力"，其结语部分又称"法院应依债务人之请求，判决部分排除原判决的执行力"。而在其他地方也有类似的表述。

但个别肯定论者可能仍会有困惑：既然准许债务人提起异议之诉，为什么就不允许债权人请求变动执行力，为什么不设立前述那种"债权人异议之诉"？

在前述反向和解的情况下，债权人根本不必去打扰原判决及其执行，他只要另行起诉，即可主张因和解而增加的那部分债权。而这种起诉，从既判力时间范围的角度来看，没有障碍。即便真的有债权人起诉请求扩大原判决的执行力，法院也应驳回起诉。因为，其一，债权人并没有因执行程序的进行而受到损害，执行程序是他申请启动的，他无从（也无资格）提出异议。执行程序的进行是在按原判决实现其权利。其二，为了维护判决的安定性，非有正当理由，不应打扰确定判决（包括其执行力）。在判决确定的债权已因和解而部分放弃的情况下，债务人可能会因执行机构按原判决执行而受损害，所以有提起债务人异议之诉的利益（诉的利益）。但在反向和解的情况下，执行程序已经在实现债权人的部分债权，而另行起诉则可能使其实现剩余的债权，因此他没有提起这种特殊的诉（请求变动原判决执行力）的利益，法院没有给予其救济的必要。

由此可见，部分肯定论者在诉的利益（甚至还有"不告不理"）方面需要"补课"。

此外，应注意的是，若债务人以和解为由提起异议之诉，双方自然就可以围绕和解是否存在、是否有效等问题进行争讼，而这就是在借由诉讼程序对和解进行争执（讼）。其次，仅从既判力时间范围看，若债务人以和解为由提起消极确认之诉也是可以的。① 在由此引发的诉讼程序中，债权人也可以主张协议不存在或无效，而这同样也是在经由诉讼对和解进行争执。如前所述，《执行和解规定》已（部分）允许就和解协议提起诉讼。

---

① 但若法律已经明确允许提起债务人异议之诉，法院有可能会认为仅提起消极确认之诉不足以使债务人获得救济（执行机构见到确认判决后未见得会停止或部分停止原判决的执行，因为判决的执行力并未受限制或排除），债务人在获得（消极）确认判决后可能还会再提起债务人异议之诉，从而认为缺乏确认的利益。

更重要的是我们应当认识到,债务人以和解为由提起的异议之诉与以同样理由提起的消极确认之诉,其差别仅仅在于,对于前者法院可能会判决排除原判决的执行力,而它们的审理内容大部分相同。对债务人异议之诉的判决往往建立在对债务人的消极确认主张的判断基础上,所以,这两种诉是有紧密关联的。这也正是《和解逻辑》称此种消极确认之诉可作为债务人异议之诉的中间确认请求(之诉)的原因。

(三) 缺乏对执行异议与债务人异议之诉差别之认识

部分肯定论者虽然主张该案的和解协议是不执行契约(此主张是荒谬的,参见本文第二部分),却不知不执行契约或诉讼契约所引发问题的复杂性,仅仅认为它是债务人提起债务人异议之诉的事由。

倘若主张"吴梅案"的和解协议是不执行契约,就应解释这种契约的性质是什么,为什么它是合法有效的,为什么它是异议之诉的事由。因为,对法律未明文规定的约定程序法上效果或义务的契约,至少是有可能存在争议的。例如,如果当事人作了不起诉的约定,或约定放弃强制执行请求权,此约定是否会使当事人的起诉或执行申请因不合法而被驳回?[①] 之所以可能存在(较大)争议,是因为"对于诉讼契约,民事诉讼法上并未如民法一般,发展出一般性规定,乃是个别承认其效力"[②]。而学界在讨论诉讼契约时也往往会区分处分性契约与负担性契约。前者是指"直接对诉讼法状态加以形成的契约",后者则是指"并无对诉讼法状态之发生有形成效果,只是使当事人负有一定作为或不作为义务之契约"[③]。对于后者是否属于诉讼契约,也存在争议。

具体就不执行契约而言,关于其性质,存在诉讼契约说与实体契约说之争。例如有学者虽然承认存在此种争议,但认为:"惟鉴于执行机关未必能知悉执行

[①] 例如对放弃执行请求权的约定,我国台湾地区司法机构采否定说,认为"执行名义成立后,债权人与债务人所订抛弃强制执行请求权之特约,在强制执行法上不生强制执行请求权丧失之效力,债权人自得仍依原执行名义申请强制执行。"1987 年台抗字第 477 号民事裁定书。而德国则有学者认为:"因为债权人自由决定是否实施强制执行程序,所以如果他在合同中负有全部放弃因特定请求权而强制执行……的义务,则原则上无可指责。"〔德〕汉斯-约阿希姆·穆泽拉克:《德国民事诉讼法基础教程》,周翠译,中国政法大学出版社 2005 年版,第 376 页。

[②] 沈冠伶:《示范诉讼契约之研究》,载《台大法学论丛》2004 年第 6 期。

[③] 转引自姜世明:《诉讼契约之研究》,载《东吴法律学报》2007 年第 1 期。

契约之存否及内容,且执行机关亦不适于就执行契约之效力负审查及判断之责,因此执行契约应解为实施强制执行发生实体效果之实体契约。"① 然而,有学者认为:"将关于诉讼上一定作为或不作为之合意认为非诉讼契约,而属实体契约之见解,忽略诉讼关系与实体关系之不同。"②

如果不执行契约的性质不明确,那么一方违反不执行契约时另一方应如何寻求救济,可能也就不明确。如果认为不执行契约是实体契约(负担契约),就可能将其视为债务人异议之诉(执行异议之诉)的事由。③ 但如果认为它是合法的诉讼契约(处分契约),具有程序法上的效力,则会认为它是执行异议(程序性异议)的事由。穆泽拉克教授就认为:"'是否执行协议仅仅创设了义务,或者是否该协议能直接对强制执行程序发生效力以至于违反约定措施必须被看作不合法'这一争议问题特别对选择法律救济手段具有意义;依照第 766 条针对不合法的执行措施可以提出抗议,而对违反义务应当以第 767 条的执行异议之诉主张。"④

然而,主张不执行契约的论者对这些争议毫不在意(很可能是不知)。

(四) 缺乏对执行和解规范的缺陷的认识

1. 惩罚性条款或保护性条款

《民事诉讼法》第 230 条(2012 年修改前是第 207 条)对执行和解作了规定。《和解逻辑》对"吴梅案"类推适用该条文提出了批评,指出此类推面临两方面的障碍:一则该条是惩罚性条款,二则该条有背离实体法之重大缺陷。

但个别肯定论者不以为然,指责《和解逻辑》的用语不当。然而,即使侵权法确有"惩罚性条款"的术语,是否就意味着在民事程序领域绝对不可用相同的术语了? 回答应该是否定的。民法中早已确立了诚信原则,但立法者在民诉法中也规定了诚信原则。再如,民法上有"处分""处分权"这样的用语,而民诉法上也有"处分权""处分原则""处分权主义"等术语。类似的情况在其他部门法

---

① 前引张登科书,第 159—160 页。
② 前引沈冠伶文。
③ 有法院认为:"抛弃强制执行请求权之特约,并非'强制执行法'第 14 条所谓消灭或妨碍债权人请求之事由,债务人即不得据以提起异议之诉。"我国台湾地区 1965 年台上字第 675 号民事判决书。
④ 前引汉斯-约阿希姆·穆泽拉克书,第 375 页。

中也同样存在。例如,"法律行为"这一术语就不仅是民法在用。

此外,一旦债务人不履行和解协议,债权人即可申请恢复执行,因此,只要及时申请恢复执行,违约给债权人造成的损失通常较小,债务人的违约责任相对较轻或很轻,除非协议中约定了高额违约金(但若违约金过高,又可请求法院调整)。更何况执行中的和解协议未见得会约定违约金,例如执行重庆市渝北区人民法院(2010)渝北法民初字第3590号判决过程中的和解。所以,《民事诉讼法》第230条所规定的恢复执行通常会对违约者施加超过违约责任的负担。

更重要的是,若果真有恢复执行反而对债务人更有利的情况(类似于前述的反向和解)发生,此时的《民事诉讼法》第230条便确是"一项限制债务人责任的条款",但这反而说明此条文还有另一项缺陷:不合理保护违约的债务人。

简言之,无论《民事诉讼法》第230条是保护性还是惩罚性的条款,它都是有缺陷的。

2. 执行机构之越权

现行执行和解规范还有另一个缺陷:执行机构审查实体问题。

按照《民事诉讼法》第230条第2款,在当事人不履行和解协议的情况下,人民法院可以根据当事人的申请,恢复对原生效法律文书的执行。对此条文中的"人民法院",通常的理解是法院的执行机构。即由执行机构审查当事人是否"不履行协议"。实际的状况基本也是如此。

然而问题是,这一需审查的问题是实体性的,而且未见得简单。例如,义务的履行是否达到了标准。如果将"法律上或者事实上不能履行"的情况排除在"不履行"之外,那么这种审查会变得更为复杂。这一实体审查,本应当由法院的审判庭(民庭)进行,而非由执行机构进行。而且,这种审理通常也应采二审终审制(除非适用小额诉讼程序)。①

原第207条经修改成新法第230条后,这方面的问题反而加重了。因为它的第2款规定:"申请执行人因受欺诈、胁迫与被执行人达成和解协议,或者当

---

① 反对者或许会说,只要将这个条文中的"人民法院"理解为审判庭(包括执行裁判庭)(的法官),现行法就没有这方面的缺陷了。但是从实际状况看,最高人民法院认为它所制定的后一条文中的"人民法院"就是指执行机构。而且,法院内部稳定的现实分工也可被视为相关制度的组成部分。

事人不履行和解协议的,人民法院可以根据当事人的申请,恢复对原生效法律文书的执行。"它将审查和解协议是否因受欺诈、胁迫而达成,进而应予撤销的权力,也赋予了执行机构。而这同样是实体审查(且可能更为复杂),民庭的法官在请求撤销合同的一般民事案件中就要作这种审查。

二、方法论的缺失

(一)"任意"的契约解释与"张冠李戴"式的归类

在论争初期,竟然有肯定论者认为"吴梅案"中的和解协议是不执行契约。

这是一种"拉郎配"式的归类,因为该协议没有任何有关强制执行的条款,此归类是将有关执行的条款强加给了该和解协议。

如果坚持要作这种归类,就应当充分说明为什么可以这样解释该协议,解释者的这种"增补"为什么不是强加于人的。然而作此归类者没有给出这样的说明,我们没有看到一个负责任的评论者所应有的理性态度。

"不执行契约"的概念不能作为肯定论的救命稻草。将它套用到本案和解协议上,实为"张冠李戴"。尽管国内(大陆)学界很少提到这个概念,但对它的(可能的)上位概念——诉讼契约——并不陌生。若效仿其命名方式,我们可列出许多类似的概念,例如不起诉契约、放弃上诉权契约、撤回起诉契约、证据契约等。而且现行法所规定的执行和解契约就有可能是所谓的不执行契约(若协议有相关内容)。所以就实质而言,不执行契约并非新鲜概念。比较法上的概念不是用来装点门面的,更不能乱用。

应当注意的是,指导案例的案情应以最高人民法院在公布该案时所发布的官方文件为准,而非以有关内部机构或人员事后所写的"理解"类文章为准。如果一定要以实际的约定为准,那么就应看真实的协议文本。据笔者所获取的资料,该协议(名称是"还款协议")中涉及程序事项的条款只有一个:"本协议从眉山市中级人民法院准予甲方撤回上诉的裁定书送达任何一方时生效。"也就是说,准予撤回上诉裁定的送达仅是协议的生效要件,当事人并没有将撤回上诉约定为一方的义务,也没有约定其他程序(法)上的义务。因此,该协议规定的权利义务都是私法性的,它是民事契约。

(二) 错误地拒斥法之续造

1. 案例分析应有的立场

肯定论者还认为在探讨该案时不应背离注释法学和解释论。

如果注释法学仅是对现行法进行解释，近似于 20 世纪波伦尼亚大学的学者所作的那样，那么显然《和解逻辑》并不打算仅做这样的工作。虽然在分析案例时，我们常常需要对条文作具体的解读，但在现行法就相关问题没有作出规定时，我们同样应该付出努力。正如法官不能以没有法律规定为由拒绝裁判，而法官在没有法律规定时裁判，就是在充任临时的立法者。

如果第 2 号指导案例所确立的"准规则"确实是有问题的，基于学者的良知，我们就不应牵强地在现行法中为它寻找依据。实际上，《和解逻辑》已对最高人民法院将"吴梅案"的和解协议归为诉讼外的协议表示了肯定。只不过这种简单的归类并无更多的积极意义，因为更重要的是这种协议的效力以及它与生效判决之间的关系。

如果某案的裁判虽然不抵触法律（因为存在法律空白），其论证却有违法理或者通说，且未给出合理的解释，则此种裁判可能就是错误的，其上级法院可依正当程序予以推翻。否则就意味着，在法律没有规定时法官可以恣意裁判，评论者或其上级法院只能"轻柔"地说它不合理。

由此可见，案例分析并非不可从法政策学或法续造的角度为之。甚至，在并无法律空白时，也可能存在从立法论角度讨论的空间。例如，在基于现行法对案件作出分析之余，再从法政策的角度建议立法者对相关条文作出修订，因为现行法可能不合理或有错误。《和解逻辑》对现行法规定的（实体性）执行立案条件就作了这样的讨论。

而无论是哪种立法论，（至少）常常有可能涉及对相关问题的价值判断。评论者（尤其是学者）在对疑难案件进行分析时，不应仅就事论事地讨论根据现行法本案应如何裁判，还应提出合理的立法建议（如果有此空间）。在立法很粗疏的情况下，尤其需要这样的案例分析。

个别肯定论者竭力为"吴梅案"对执行和解制度的类推适用作辩护，却没有意识到，类推适用本身就是法律续造或"漏洞补充的工具"，"类推不是按照形式思维过程所进行的逻辑过程,它是建立在规范目的基础上的价值评价"①。也就是说,他们在为类推适用辩护之时已脱离了他们认为应当坚持的注释法学或解释论的立场。

部分肯定论者的自相矛盾还表现在其对"吴梅案""前瞻性"适用诚信原则的肯定上。所谓的"前瞻性"实际是说"吴梅案"提前适用了民事诉讼法上的诚实信用原则,而他们对此又是肯定的。但他们又未意识到这也已离开了解释论的立场。

2. 现行法未就本案的主要问题作出规定

"吴梅案"所涉及的最主要问题是,债务人可否依据"标准时"后达成的和解协议,请求排除生效判决的执行。现行法对此是否已作出了规定?是否可以认为《民事诉讼法》第230条可以被看作第236条的"但书",而"吴梅案"的和解不属于但书所规定的例外(执行和解),所以不能阻碍一审判决的执行?

即便是该案的裁判法院(眉山中院)也没有如此简单地处理问题。它既没有直接引用第236条,也没有在对某条文进行解释后加以援用。即该法院并不认为现行法对于本案的主要问题已经作出了规定。②

《民事诉讼法》第236条虽然规定"一方拒绝履行的,对方当事人可以向人民法院申请执行",但这只是关于申请执行的立案条件的规定。

《执行规定》也是这样理解的,其第16条明确将"义务人在生效法律文书确定的期限内未履行义务"规定为执行立案的条件。

在现行法没有使用"但书"一般应有的表达式(用语)的情况下,将在先的间隔较远的条文看作在后的条文的但书,这种看法至少是很少见的。何况在先的还是执行程序的"一般规定"中的条文,而在后的则是具体程序("执行的申请与移送")中的条文。

此外,既然是但书,那么其结论(法律后果)应该是相反的。也就是说,如果要为第236条增加一个但书,则它应该是"但……的,不可申请执行"或者"但……的,除外"。但第230条显然不是这样的表述,而且其结论是"恢复执

---

① 〔德〕伯恩·魏德士:《法理学》,丁小春、吴越译,法律出版社2003年版,第381、383页。

② "我国现行法律并没有就诉讼外和解协议的效力作出规定"。《四川省眉山市中级人民法院关于对四川省眉山西城纸业有限公司提请执行监督的复函》。

行"(如果不履行协议)。尽管通过解释[《最高人民法院关于适用〈中华人民共和国民事诉讼法〉若干问题的意见》(现已废止)第 266 条和《民诉法解释》第 467 条],①或许可得出它的另一个结论——"不予恢复执行"(如果协议履行完毕),也不能将它看成但书。因为,"不予恢复执行"不等于"不可申请执行"。前者是就暂停执行之后的处置而言,而后者则是就执行立案而言的。

由于《民事诉讼法》第 230 条规定的只是执行和解,并不涉及其他"标准时"后的和解,因此,现行法在这方面存在空白。而对于"标准时"后发生的其他情况,例如放弃债权、抵销、请求权相对消灭等,现行法则完全没有规定。但如果债权人已经明确放弃了部分债权或全部债权,或者债权已因抵销而消灭,法院仍然按原判决执行,则有违实质正义。

既然在本案主要问题上存在法律空白,而眉山中院已经以接受执行监督申请之名,实际启动了审理程序,并且打算作出实质性的处理,那么就应该积极运用相关的债务人异议之诉的原理对案件作出合理的裁判,或者在对此原理(通说)进行充分的批驳并作足够的正面论证之后,作出背离通说之裁判。

(三) 逻辑方面的认识缺乏深度

"吴梅案"的裁判要点称:"一方当事人不履行和解协议,另一方当事人申请执行一审判决的,人民法院应予支持。"《和解逻辑》指出它为执行立案创设了一个条件:当事人不履行和解协议。但个别肯定论者指责这种解读违背了形式逻辑,认为这里只有充分条件判断。

这一指责似乎是成立的,从表面上看,裁判要点的这一句确实可用"p→q"来表达。但问题是,仅仅这样理解条文或规则是很粗浅的。

1. 最高法的类似解读

倘若考察最高法对一些法典条文的解释,就可发现它与《和解逻辑》对裁判要点的解读颇为相似。

2012 年修改前的《民事诉讼法》第 207 条第 2 款的规定是:"一方当事人不履行和解协议的,人民法院可以根据对方当事人的申请,恢复对原生效法律文

---

① 这两个条文完全一致,即规定:"一方当事人不履行或者不完全履行在执行中双方自愿达成的和解协议,对方当事人申请执行原生效法律文书的,人民法院应当恢复执行,但和解协议已履行的部分应当扣除。和解协议已经履行完毕的,人民法院不予恢复执行。"

书的执行。"按照个别反对者的解读,其逻辑结构只是"p→q",而非"p↔q"或"p←q"。也就是说,即便当事人履行了和解协议,也不能由此推出"不予恢复执行"的结论。

但是,《民诉法解释》第467条第2句恰恰就是:"¬p→¬q"(等于"p←q")。因为它规定:"和解协议已经履行完毕的,人民法院不予恢复执行。"

也就是说,最高法将法律中似乎是充分条件的语句,解释成了充分必要条件式的语句。即将"p→q"解释成了"p↔q"。

仅就《民事诉讼法》中有关执行的条文而言,最高法的类似解读至少还有一例:

《民事诉讼法》第236条(修改前的第212条)规定:"一方拒绝履行的,对方当事人可以向人民法院申请执行"。这个有关执行立案的条文似乎也只是一个"p→q"的语句。但是,《执行规定》第16条第1款的规定则是:"人民法院受理执行案件应当符合下列条件:……(4)义务人在生效法律文书确定的期限内未履行义务……"由此,"拒绝履行(未履行)"从法律中的充分条件,变成了《执行规定》中的必要条件。①

2. 不可孤立地解读条文

最高法的前述解释是否违反了形式逻辑?答案是否定的。《民事诉讼法》第236条虽然字面上只是规定"拒绝履行的,当事人可申请法院执行",而没有规定"履行完毕的,不可申请执行",但这没有规定的实际正是其言下之意。第236条的立法者难道会认为,即便一方履行了生效裁判,另一方也可申请执行(法院应予执行)?② 因此,该条文表面上只是p→q,但实质却是p↔q。

实际上,笔者早前就曾作过这方面的论述:"法律规范中的行为模式与法律后果之间的关系似乎仅是p→q的关系(蕴涵),但如果法院经审理后认为能够适用于该案的法律规范仅此一个,则行为模式与法律后果之间的关系就实际变成了p↔q的关系(当且仅当)。"③

之所以可作这种解读,更深层的原因是从整个部门法(乃至整个法律体系)

---

① 拒绝履行与未履行实际是有差别的,为叙述之简便,这里姑且予以忽略。
② 虽然从应然角度看,不应为执行立案附加实体性条件,但是立法机构似乎尚未能理解此中的法理,如《和解逻辑》所述,它仍习惯于附加这样的条件。但此处忽略这个问题。
③ 严仁群:《实体法:请慎入程序法之域——以民事责任竞合为例》,载《法律科学》2010年第3期。

看,它符合立法者的目的或意志(例如立法者不可能认同对已履行判决的当事人强制执行)。

有时我们不经过前述复杂的考量,就会直接作出相同的解读。例如,若我们不看侵权法的有关条文,仅想到构成一般侵权(过错责任)的四要件或三要件,我们就会直接说它们是必要条件,甚至说它们(整体)也是充分条件。而如果按照肯定论者的方法孤立地去读相关条文,则可能认为它们仅是充分条件。在这里,我们的直觉(抑或是直观)反而是对的。

3. 不知整体解读

具体就"吴梅案"的裁判要点而言,对其所设立的"(准)规则"也不应仅从字面解读。首先,我们应当回到更具体的裁判理由,去探究裁判法院的真意。从裁判理由看,该法院是通过论证被告违约、违反诚信原则得出其结论(应执行原判决)的,此论证无非是指被告是可责难的,所以不能使其获得所希望的结果。[①] 而倘若该法院认为,无论被告是否违约,是否违反诚信原则,都应执行原判决,那它就不太可能这样进行论证。另外,对于被告按和解协议履行了义务的这种情况,法院不可能没有结论,正如法官不能拒绝裁判。所以,我们可以认为,如果被告按协议履行了义务,该法院会得出相反的裁判结论。

(部分)肯定论还存在其他逻辑问题,这方面的分析,参见本书之《民诉法的通说当如何形成》。

三、精细分析方面的不足

(一) 默示的约定解除权?

有个别评论者从实体法的角度为"吴梅案"及《民事诉讼法》第230条辩护:从"吴梅案"和解协议及执行和解协议中可以解释出默示的解除权约定,因为债权人是为了债务的及时履行才与对方和解的。而恢复执行的申请包含有通知解除协议的意思表示,当事人之间的实体关系就可在协议解除后回到判决所确定的状态,所以当然可以恢复执行原判决。然而基于以下考虑,这种辩护不可

[①] 此处忽略判决理由与裁判要点在是就立案执行还是继续执行进行表述上的差别,也忽略移送执行的情况。

接受：

其一，现行法下没有作出此种解释的空间。《民法典》第一百四十二条第一款规定："有相对人的意思表示的解释，应当按照所使用的词句，结合相关条款、行为的性质和目的、习惯以及诚信原则，确定意思表示的含义。"第466条第1款规定"当事人对合同条款的理解有争议的，应当依据本法第一百四十二条第一款的规定，确定争议条款的含义。"从其表述看，我们大致可以认为它们仅是关于明示条款的规定。对默示条款而言，首先要做的是确定它是否存在。退而言之，即便认为它们也可用于默示条款的解释，其具体适用也存在障碍。因为适用该条文的前提是"当事人对合同条款的理解有争议"，但从未听说该案当事人有这方面的争议。

其二，希望对方"及时履行"可谓是合同当事人的普遍愿望，而且在合同的磋商过程中当事人也可能已是作了让步的，但我们（从）未仅因此而推断当事人有默示解除权的约定。若债权人仅为了对方能及时履行而放弃部分债权，这可能只是其对债务人及时履行义务的一种"劝导"。

其三，国内外的成文法中未见有关于解除权默示条款的规定，也未见有作出过这种解释的案例或判例，而债务人根据和解协议提起债务人异议之诉的案件至少在国外并不少见。解除权的约定关系到合同效力的终止问题，较之于合同履行地点、方式等的约定更为重要。为避免强加意志给当事人，这种重要的约定通常宜由当事人依明示条款为之。

其四，债权人可以按照法定解除条件解除合同。虽然和解协议所指向的义务可能仍是原来的义务，但只要履行期限发生了变化，那么当事人关于该义务的约定就发生了变化。"吴梅案"的和解协议与一般的执行和解协议就是如此。这些协议通常约定了还款计划，而该计划一般包含有分期付款的约定，更不用说有的协议还有违约责任条款。所以未按照和解协议的约定履行义务，仍属于违约，而且违反的是和解协议，而非原来的协议。[1] 既如此，在法定解除权的条件成就时，债权人当然可以解除和解协议。

其五，对于从"如果超期支付，则双方债的关系恢复到和解之前"这种明示的条款中能否解释出解除权的约定，都存在争议。"吴梅案"和解协议连这样的

---

[1] "在合同发生变更后，当事人应当按照变更后的合同内容履行合同，否则将构成违约。"马俊驹、余延满：《民法原论》（第3版），法律出版社2007年版，第594页。

明示条款都没有，从中直接解释出解除权的约定，比起前述争议中的肯定论者，跨出的步子更大。这也更加深了我们对这种解释的疑虑。

其六，由于解释者所添加的默示条款可能背离当事人的真实意思，因此作这种解释时必须格外慎重。这方面我们可以参考域外一个知名判例的表述："默示条款必须是显而易见的。如果在当事人双方洽谈时有第三人在场，并建议他们在协议中写进这些条款，他们会说'那还用说！'"①而对"吴梅案"的和解协议，我们无法说默示的解除权约定是显而易见或不言而喻的。"吴梅案"的绝大多数评论者都不认为有此默示条款存在，也正好说明了这一点。

（二）其他问题

其他问题相对较小或不太重要（但也能测试参与论争者的思维是否较为粗疏），所以，在此集中予以简略回应。

其一，《和解逻辑》批评"吴梅案"（包括《通知》）将"撤诉"与"撤回上诉"混同使用，肯定论者则辩称"撤诉"是"撤回上诉"的简称。但这种辩解不可接受。在有些场合下使用简称当然是可以的，但如果将一个术语简化成另一个不同的术语，这便不可接受。尤其在还有不少人不知道二审中也有撤诉的可能时。《通知》也是正式的官方文件，不能因为不是指导案例的组成部分，就可以随意使用术语。

其二，《和解逻辑》指出将"吴梅案"称为"吴梅诉四川省眉山西城纸业有限公司买卖合同纠纷案"有名实不符的问题，个别肯定论者也表示反对。我国法院是"高度重视民事案件案由在民事审判规范化建设中的重要作用"②的，而案由（有点类似于或对应于旧说下的诉讼标的）通常反映的是案件（纠纷）的性质，不同的案由往往意味着不同的审理方向。买卖合同纠纷案件与（债务人）实体性执行异议案件，审理对象完全不同。

其三，即便称诚实信用原则为"帝王条款"，也不能将它作为"大棒"随意挥

---

① Shirlaw v. Southern Foundries, [1939] 2 KB 206(CA). 英国的西蒙爵士为默示条款的解释列出的条件之一是该条款"必须显而易见、不言而喻"。Laurence Koffman, Elizabeth MacDonald, *The Law of Contract*, 6 th ed., London: Oxford University Press, 2007, p.119.

② 《最高人民法院关于印发修改后的〈民事案件案由规定〉的通知》（法〔2011〕42号）。最新的同名文件（法〔2020〕347号）也有相同的表述（要求）。它们都声称：民事案件案由是民事案件名称的重要组成部分，反映案件所涉及的民事法律关系的性质，是对当事人诉争的法律关系性质进行的概括，是人民法院进行民事案件管理的重要手段。

舞。在法律已对某种不诚信行为作出明确规制的情况下，不应再援用诚信原则施加额外制裁。例如，倘若法律（如法国法那样）已对明显无理由的上诉规定了制裁措施，就不应再予以额外处罚。我们应当知道"禁止向一般条款逃逸"的原则，而若某裁判违反了此"禁令"，则称其"滥用"（给它这种负面评价）并无不可。

其四，《和解逻辑》主张暂时沿用《民事诉讼法》第225条给予债务人救济。肯定论者竟然也提出质疑。笔者当然知道（依照通说）将该条文用于债务人的实体异议是勉强的，《和解逻辑》所引用的杨与龄先生的表述——"若执行名义所表彰之权利……与债权人实际存在之权利状态不符，执行法院仍依债权人之声请实施强制执行者，在程序上虽属合法，在实体法上则使债务人蒙受损害，自属不当执行"——已经包含了执行（实施）程序若"违反"实体法并非违法（违反执行程序法）之通说，否则《和解逻辑》何必用"宽松解释"这样的软性用语？① 但肯定论者应当知道，在现行法下，执行机构是要考虑（至少部分）实体（法）问题的。例如在决定是否立案执行时审查判决确定的债务是否已经履行（债是否已经消灭）。现行法与通说是有距离的。肯定论者更应注意的是，《和解逻辑》在提及《民事诉讼法》第225条时所阐述的司法机构所应遵循的基本规则：对于执行中的每一项异议，都应如同对待诉一样，由有资质的裁判者依正当程序予以审理。②

其五，《和解逻辑》指出"吴梅案"的裁判要点与裁判理由不符（要看出这一点不太容易），因为裁判理由是从应否"继续执行"的角度论述的，而裁判要点更像是从决定应否立案执行的角度表述的。个别肯定论者对此也表示质疑，然而该质疑中包含了以下问题：将"申请执行判决"混同于"申请继续执行"。前者是有关执行立案的请求，后者是债权人在执行机构暂停或中止执行后提出的请求。③ 而本案并无中止执行的情况，债权人根本不必申请继续执行判决。债权

---

① 仅从立法者增设案外人异议之诉这一实体争端的处理机制，并不能判定原有的救济机制是针对程序性异议的。正如倘若再增设一个实体性救济措施（债务人异议之诉），也并不表明既有的救济都是针对程序争端的。

② 此正当程序通常应包括二审终审。从基本案情看，"吴梅案"中的被告是直接向执行法院的上级法院申请执行监督的，由此，被告似乎直接获得了二审法院的审理。这种情况下，或许可以忽略二审终审的问题，虽然可能仍有人认为当事人的审级利益没有得到保护。

③ 有些案件中，执行程序尚未启动，被告就履行了和解协议，此时不存在所谓"申请继续执行"的问题，而只是原告"申请执行"。即便在执行程序中，如果和解协议不是在执行员面前达成的，且未告知执行员，债权人亦未申请暂停执行，执行程序未曾中止，则也谈不上"申请继续执行"。

人的请求早在启动执行程序时就已提出,不必重复提出。

其六,肯定论者还对《和解逻辑》将债务人的请求表述为"停止执行"提出质疑,认为停止执行后还可以重新执行。然而,至少按照大陆法系的用语习惯,"停止"并不等于"中止"。在"停止"之外,还有"暂停"一词。试想,如果法院判决责令被告"停止侵权",难道只是命令被告暂停侵权或中止侵权?

四、结　　语

对于判决后的和解,我们可以重温、"细品"以下表述:"债权人之债权,若依确定判决或其他执行名义应受清偿者,债权人即得请求执行衙门强制执行。纵令该债权实际上已不存在,或已无须清偿,亦应另由债务人提起异议之诉,以求宣告不许执行之判决。"[①]"即使债务人主张其和解为消灭,或妨碍债权人请求之事由,亦只能依法提起异议之诉,要不得谓其和解有阻止确定判决执行之效力。"[②]它提示我们应真正厘清执行实施程序与执行争端裁判程序的关系。

"吴梅案"告诉我们国内不仅有鲜活的民诉法案例,而且可能还颇具挑战性。该指导案例的发布有助于促使国内民诉法学界调整研究路径,并补上法学方法论方面的不足。我们需要既有理论深度,又能直面实务的民事诉讼法学。

在遇到疑难案件时,如何融通地处理好现行法与法理、比较法的关系是很重要的。学者对于疑难案件的研究往往不能停留在注释法学的层面,应当看到疑难案件与潜在的法原理之间的关联(即便不主张进行法续造),并在必要时从法续造或立法论的层面进行探讨。这样的疑难案件研究才更具有面向"未来"的意义,更能促进立法的完善。实际上,优秀的实务者在研究疑难案件时也应如此,尤其在它涉及法之续造时。

---

① 1920 年抗字第 27 号民事裁定书。
② 1934 年抗字第 3086 号民事裁定书。

民诉法的通说当如何形成

一、引　　言

法学通说具有十分重要的意义。[①] 如果在某一问题上有通说和少数说之分,那就意味着它是一个争议问题,而法官们在裁判时常常面对法学上有争议的问题,急需"现成"理论的指导。若就这些问题尚未形成通说,那么理论可能就难以有效影响司法实践,法官们在面对不同学说时可能会感到无所适从。

当然,对棘手的问题我们不仅期待有通说,而且期待高质量的通说,否则,即便通说能影响司法实践,它的作用也可能是负面的。

对于民诉法而言,我们当然也期待好的通说。随着研究的展开及研究人员的增多,民事诉讼法学的研究基本没有"死角"了,民事诉讼法的问题基本都已有学者关注,成果也不可谓不多。但遗憾的是,在一些重要问题上,民诉法学界尚未形成通说,更不用说有好的通说。民诉法学界以往的成果(例如繁简分流方面的)曾经或正在对于民诉程序的设计乃至司法改革发挥重要影响,[②]但是能够直接影响裁判结果的民诉法学通说并不多。[③]

对民诉学说不能有效影响司法裁判的状况,我们或许可以责备法官们不(太)关注学界最新的研究成果(部分法官至少没有阅读期刊论文的习惯),但是我们可能首先要检讨自己,检讨为什么在若干重要问题上缺少(好的)通说。在没有把理论做好之时,我们不能抱怨实务者,也不能抱怨理论本身,更不能"将抛弃理论作为对糟糕理论的补救措施……如果说理论对于实践作用很小的话,

---

[①] 若作区分,可分为学界的通说和实务界的通说。本文仅讨论学界通说的形成问题。
[②] 例如,傅郁林:《繁简分流与程序保障》,载《法学研究》2003年第1期。
[③] 作为例外,证明责任方面的研究对于司法裁判有较大影响。例如,李浩:《民事证明责任研究》,法律出版社2003年版。

那么责任并不在于理论,而在于人们没有从经验中习得足够(好)的理论……(我们需要的)不是更少的理论,而是更多和更好的理论"①。作为学者我们离不了理论,"理论似乎是我们的宿命"②。

较为"诡异"的是,一些以往大致可谓已有通说或者已经具备(好)通说"雏形"的民诉法问题,由于近期的一些争论,其(准)通说反而有被消解之虞。一个典型的例子就是诉讼标的界定问题。这种研究状况令人忧虑。

基于这种状况,研究民诉法通说应当如何形成是有必要的。本文尝试在这方面作出努力,希望引起更多学者对这个民诉法研究的"元问题"的关注,共同促进本学科的健康发展。为了使得讨论更具有针对性,本文侧重分析近期民诉法研究中出现的较为突出的问题(错误或偏差),以揭示阻碍通说形成的原因,并表明在促成通说的形成过程中我们应当注意些什么。这种讨论虽然不是面面俱到的,但却可能是颇具"治疗"效果的,因为它是"对症下药"的。

本文的讨论涉及以下几个方面:如何合理选择研究对象,如何理性对待域外的学说,如何进行深度证立和准确证立,论证时应当遵循哪些基本规则,如何开展合理的学术批评。(至少)这五个方面对于民诉法学高质量通说的形成是很重要的。③

由于所探讨问题的特殊性,与一般的民诉法论文不同,本文更具有(广义)"方法论"的色彩。

二、选择合适的问题作为研究对象

(一) 努力发现新问题

对于既有理论意义又有实践价值的新问题的研究是很重要的,它能引发新学说乃至新通说的形成。在某种意义上,新问题的提出比既有棘手问题的研究更为重要,尤其那些"伟大的问题"。发现新问题是很难的,但新问题的发现本

---

① 转引自〔德〕马蒂亚斯·耶施泰特:《法理论有什么用?》,雷磊译,中国政法大学出版社 2017 年版,第 53 页。

② 前引马蒂亚斯·耶施泰特书,第 54 页。其实,实务者也无法逃避理论。

③ 至于本文的结论是否可以或应当也适用于其他部门法的研究,则不在本文的探讨范围。囿于自身的研究领域,笔者不知道其他部门法的研究中是否也出现了类似的问题,所以无力作这方面的探讨。

身可能就已经是一个贡献,而且可能是很大的贡献。

民诉法学发展到了今天,我们似乎不太可能提出别人没有注意到的问题。尽管如此,我们仍应培养自己的"慧眼",尽量在这方面作出努力。如果由于我们的创新能力不够,我们不能提出那种宏观的能开启全新研究领域的新问题,我们也应努力发现微观的新问题。

例如,我们也许可以发现这样的问题:在已经存在《民法典》第 186 条("因当事人一方的违约行为,损害对方人身权益、财产权益的,受损害方有权选择请求其承担违约责任或者侵权责任。")这类条文的情况下,我们是否还可以就数个(可能)竞合的请求权一并提起诉讼?换言之,竞合合并的提出是否抵触现行法(实体法)?

在这个问题提出之前,至少部分学者已经知道竞合合并的概念或原理,知道学理上是认可这种起诉方式的。就此而言,这个问题似乎并无新意。但是,由于有《民法典》第 186 条这样的"拦路虎",这个问题并不是旧问题。我们中的许多人可能不但不认为它是新问题,而且认为它根本不是个问题,理由是既然实体法已有明文规定,当事人自然就不能以竞合合并的方式起诉,至少对侵权与违约的竞合而言是如此。

如果这个问题的合理答案与我们的直觉(在现行法下不能那样起诉)是相反的,那么,这个问题连同它的答案,对于司法实践会有较大助益,而且也是有理论意义的。例如,有助于揭示法解释中思维的不当"跳跃"(将实体法规范直接转换为程序法规范),在一定程度上化解诉讼标的之争。

(二) 直面疑难问题

在民诉法学的研究上,我们要有敢啃"硬骨头"的勇气。对于疑难问题的研究不仅有助于民诉法学通说的形成,而且可能对司法实践产生影响。如果我们的研究在这些问题上卓有成就,那么民诉法学的"含金量"将大大提高,也会让法官们觉得很"解渴"。

相对而言,这些"硬骨头"更多集中在民事诉讼法的基础理论部分。粗略而言(并非准确的逻辑划分),大致有三种类型。

其一是偏教义学的难题。这方面的难题相对更多一些,其中一个典型就是既判力,而且它的出现频率极高。遗憾的是,国内学界以往在这方面的投入不够。到目前为止专门讨论既判力或重复起诉(诉讼)的 CSSCI 期刊论文仅约 45

篇,而专门讨论调解的 CSSCI 期刊论文则约有 800 篇。由此大致可见既判力问题之受"冷落"。实际上,既判力有三大块,即客观范围、主观范围、时间范围,它们都是难点。而客观范围之下又可分出与诉讼标的有关的既判力客观范围、与判决理由有关的客观范围、部分请求(可能有争议)等问题,它们也都是难点,每一个都是应予专门讨论的。

与既判力有密切关系的是诉讼标的,它也是一个难题。无论研究者持诉讼标的的统一论(认为在若干必须使用"诉讼标的"概念的程序规则中,应当对它作统一界定),还是持诉讼标的的相对论,都不否认它的重要性。但学界早期在这方面的投入明显不足。

值得关注的教义学难题还有若干,例如释明、当事人能力、证明责任、证明标准等。

其二是偏立法论或法政策学的难题。这方面的一个典型是诉讼目的,国内在这方面的投入也明显偏少,到目前为止专论民事诉讼目的的 CSSCI 论文仅有 5 篇(另有一本专著)。而众所周知,这是一个充满争议的问题。诉权大致也属于这类难题。

还有一些难题不太容易归类。例如,证据法上的合取难题。[①] 有人称之为"实证性难题"[②]。它不单是民事证据法的问题,也是三大诉讼法(证据法)共有的问题,有人还将它归入"新证据学"的范畴。[③] 此外,即便是我们通常认为较简单的主题,其下也可能有棘手的问题。这方面可举出的一个例子是:我们需要(及如何)为调解的优势提供可靠的实证支持吗?迄今为止,我们在这方面所能提供的基本只是定性的表述。

(三) 所论证的命题通常应已问题化

学术资源是有限的,我们的研究精力也是有限的。如果一个问题不是新问题,而学界对它又是没有争议的,那么我们就很难说它是疑难问题,很难说这样的问题有研究的紧迫性。

[①] 参见〔美〕罗纳德·J.艾伦:《证据与推论——兼论概率与似真性》,张月波译,张保生校,载《证据科学》2011 年第 1 期。

[②] 同上。

[③] 参见〔美〕罗杰·帕克、迈克尔·萨克斯:《证据法学反思:跨学科视角的转型》,吴洪淇译,中国政法大学出版社 2015 年版,第 65 页。

前文称若干问题是民诉法学上的难点只是一种粗略的说法,实际上,未见得这些问题(不如说是主题)下的每一个具体问题都是难点。例如,关于诉权是不是人权,如果有众多学者予以肯定,甚至从未有人提出相反主张,那么我们就不宜专门予以论证,除非我们持相反观点。[①]

从充分论证的角度看,在学界已普遍认同我们拟证立命题的情况下,我们无法充分"想象"可能的反对意见,无法全面、有针对性地予以回应。在此情况下的论证对于通说的形成并无意义或意义很小。换言之,我们若专论一个命题或以较大篇幅予以论证,应当确信该命题在我们论证之时已被质疑,已被问题化了。[②] 除了新问题外,法律学者生来就应关注争议问题。[③]

类似的是,如果对于某一现行法规范已经有了较多批判,且无人表示异议,那么为节约计我们也应停止对它的批判,除非我们能发现它的"新"的(重大)缺陷。

三、理性对待域外的学说

对于域外合理的学说(乃至制度),尤其是合理的"共识性"通说(即多个重要国家有类似的通说),我们当然可以考虑引进。但就实质而言,我们之所以予以借鉴,应当是因为其有"理性,而不是权威"[④]。所以,我们必须能够从中看到理性的光芒。

(一) 认真对待中外的差异

在考虑引入或效仿域外学说时,我们应当考察中外是否有若干差异足以阻止这种引入。

[①] 有这方面问题的一个实例是以下这篇论文。吴英姿:《论诉权的人权属性》,载《中国社会科学》2015年第6期。对它的分析,参见本书之《回到抽象的诉权说》。

[②] 阿列克西认为存在一个理性的论证规则:"任何人均允许对任何主张加以问题化。"〔德〕罗伯特·阿列克西:《法律论证理论——作为法律证立理论的理性论辩理论》,舒国滢译,中国法制出版社2002年版,第163页。

[③] 转引自〔英〕威廉·特文宁:《反思证据:开拓性论著》(第2版),吴洪淇等译,中国人民大学出版社2015版,第275页。

[④] 〔奥〕恩斯特·A. 克莱默:《法律方法论》,周万里译,法律出版社2019年版,第233页。

大陆法系（德、日等）通常认为与诉讼标的有关的程序问题是诉的变更、诉的合并、二重起诉、既判力客观范围。但个别诉讼标的相对论者注意到美国法下有更多问题与诉讼标的有关，因而也试图在国内扩大诉讼标的的"疆域"，例如主张在反诉要件的设定上也需对诉讼标的作出界定。[1] 然而，对于美国法的这种效仿是不合理的。因为，中美的反诉制度有很大差别。[2]

在美国，就反诉而言，需要考虑诉讼标的的仅是强制反诉，而非其全部反诉制度。其非强制反诉并不要求反诉与本诉有牵连关系。因为是强制反诉，就必须设定标准或范围。既然要求原告以整个事件为诉讼标的，就也应要求被告就整个事件提起反诉，否则就根本做不到纠纷的一次性解决（以"同一事件"为限）。

我国并没有强制反诉，我们通常担心的是被告提起了无关联的反诉。一般认为防止矛盾裁判是我国设立反诉制度的一个重要目的，所以反诉与本诉有牵连关系就是重要要件。既然如此，我们只要考虑可能有哪些类型的牵连关系即可，至于哪种牵连与诉讼标的有关，则在所不问。

（二）不轻率挑战共识性通说

对于域外的学说我们当然可以进行质疑，但是应当建立在理性基础上。如果我们质疑的是域外的共识性通说（我们的通说或准通说甚至可能与之趋同），则更应当谨慎。

例如，当域外的通说都认为诉讼标的在若干环节发挥（一定的）作用，而我们却主张诉讼标的理论不重要，标的之争不过仅是理论之争，那么我们就要对我们的质疑理由细加审查。如果我们的理由之一是有德国学者说判例较少理会理论之争甚至认为那是徒劳的，那我们就要审查我们有没有误解该学者的说法。如果我们的另一个理由是德国某位学者称诉讼标的已非德国民诉法学界

---

[1] 参见陈杭平：《诉讼标的理论的新范式——"相对化"与我国民事审判实务》，载《法学研究》2016年第4期。

[2] 诉讼标的的统一论与相对论实际都认为诉讼标的在若干程序问题上有其（重要）作用（在这个意义上他们都是"体系化"的思维模式），而部分相对论者对美国法的这种效仿还不合理地加重了体系化的负担。这种为诉讼标的扩张影响力的做法，看似增强了"诉讼标的"的地位，但由于他们持相对论，所以又实际增加了它的不确定性。

最关心之事且近年的著作在这方面少有突破,①我们可能还需审查对该表述是否可作多种解释。实际上,即便德国这位学者所述是真实的,也并不一定能表明德国学者普遍逃避、拒绝研究诉讼标的理论或者标的理论无用。因为,其一,如果诉讼标的真的不再是德国民诉法学界(最)关心的事了,那(还)可能是有其他原因。例如多数德国学者认为这一领域的问题基本已得到澄清,已经形成通说,不必再追加投入了。其二,如果德国近年的民诉著作确实对诉讼标的问题少有突破性论及,那还可能是因为通说已经具有了强有力的地位,少数说的论者已经很难撼动它了。

如果我们一方面反对中外"共识"性通说,而另一方面我们提供的理由又有明显的缺陷,那么这种质疑就是不理性的。

(三) 不把域外的少数说和例外夸大为通说

1. 避免夸大少数说

我们有时会主张引入域外的少数说,这本是无可非议的,只要我们说明引入的正当理由。但是,我们不能为了引入它而有意无意将其夸大成域外的通说。

个别论者主张引入诉讼标的相对论,称采相对论已是跨法系的趋势。关于相对论在美国已占主流地位的主张,他给出的唯一"证据"是一位美国教授的观点。②

事实上,即便该美国教授的观点属于诉讼标的相对论,③它在美国也只是少数说。首先,这位教授并没有声称其所持观点是美国的主流观点。其次,只是给出一位美国学者的相对论主张那是不够的。因为,如果我们找出一个持相反观点的学者,就有可能减弱乃至"抵消"其"证明力"。事实上,已有学者明确指出美国联邦法下的若干以"同一事件"为要件的程序规则"背后的政策考虑都

---

① 以下这篇论文以这两种理由为论据。参见吴英姿:《诉讼标的理论"内卷化"批判》,载《中国法学》2011 年第 2 期。
② 参见前引陈杭平文。
③ 它与德国的相对论有明显不同。这位美国学者并没有在旧说与新说之间,或在二分肢说和一分肢说之间作切换,只是说对"事件"或"交易"可在不同的程序领域中作或宽或严的解释。而事实上,"事件"这个概念原本就难以准确界定,弹性很大。所以,将此种"个别说"归入相对论或可再斟酌。

是便利、诉讼经济、效率",因而不应对"事件"作不同的解释。[1] 再者,若干学者在介绍美国关于诉讼标的界定的主流观点时,并没有声称可对"事件"作或宽或严的界定。例如有学者称"今天的联邦和多数州的法律都采用了一种交易(事件)标准来界定诉讼请求"[2],还有学者称"按照实际的事件来明确请求或诉因是现代趋势"[3]。他们都没有主张应对"事件"作不同解释。

更重要的是,美国《第二次判决法重述》也没有声称应根据不同情况对"事件"作不同解释,它甚至明确声称它对于"事件"的界定也适用于其他数个程序环节。[4] 而该"重述"在美国向来具有重要地位。"每辑《法律重述》都要经过很长时间的广泛审议过程……鉴于《法律重述》的宗旨、产生的途径和编排格式,人们普遍认为《法律重述》是最具权威性的法律评述。"[5]

类似的是,前述相对论者在介绍日本的情况时也夸大了该国相对论的地位,声称相对的诉讼标的理论在日本甚至已占主流地位。对此,他也仅给了一项"证据"——一位学者(三木浩一)的表述,该"证据"来源于一位博士生对这位学者一篇论文的翻译(未独立发表)。[6] 然而,已经正式翻译引进的日本学者的著作(新堂幸司、高桥宏志)都没有类似的表述,他们也未主张即便在既判力领域(内部)也应采相对论。更值得注意的是,三木浩一的表述提及的仅是日本民诉法学界的观点,并未提及日本实务界的观点。因此,他的观点即便成立,也不能表明日本实务的状况。事实上,日本实务上的通说向来是旧说,[7]而非相对论。

相对论在德国仍是少数说。德国权威的教科书称:"今天几乎一致的观点,

---

[1] See Douglas D. McFarland, Seeing The Forest for the Trees: The Transaction or Occurrence and the Claim Interlock Civil Procedure, *Florida Coastal Law Review*, Vol. 12, 2011, p. 303.

[2] 〔美〕理查德·D.弗里尔:《美国民事诉讼法》(下),张利民等译,商务印书馆2013年版,第661页。

[3] 〔美〕杰克·H.弗兰德泰尔等:《民事诉讼法》(第3版),夏登峻等译,夏登峻校,中国政法大学出版社2003年版,第630页。

[4] See Restatement (Second) of Judgments ch. 3, topic 2, tit. D, intro. note (Tentative Draft No. 5, 1978).

[5] 〔美〕克里斯蒂娜·L.孔兹等:《法律研究的程序(原书第七版)》,赵保庆译,中国政法大学出版社2012年版,第125—126页。

[6] 参见前引陈杭平文。

[7] 参见〔日〕高桥宏志:《民事诉讼法:制度与理论的深层分析》,林剑锋译,法律出版社2003年版,第53页。

纯粹从诉讼上以诉讼请求和案件事实作为等值元素来确定诉讼标的。"①

由此,"相对化已成为超越法系的共通趋势"这样的判断是不恰当的。

按照佩雷尔曼的惯性原理,过去一度被承认的观点,若无足够理由不可以加以抛弃。②

2. 不可把"例外"提升为通说

同样,我们也不能将域外的某种例外"擢升"为域外的通说,用以支持我们的观点。

例如,日本最高法院1976年的一个判决就既判力问题采纳了一个例外,允许基于诚信原则扩张既判力的客观范围。即便该判决被法官们普遍认同,我们也不能由此主张日本实务界关于诉讼标的的通说从此不再是旧说,而是基于诚信原则扩张既判力客观范围。

日本实务界普遍认同这种扩张,不过是普遍认可了"既判力客观范围依诉讼标的确定"规则的一个例外。因为,自该判决出现以后,在涉嫌重复起诉的案件中,日本法官不太可能把前述规则抛在一边,而主要去考察是否可适用诚信原则。或者说,不太可能出现以下状况:在大多数案件中适用诚信原则,少数案件中适用该具体规则。所以,该判例充其量为通说(前述规则)设定了一个例外(打了个"补丁")而已。这个例外被普遍承认不等于它反而成了既判力客观范围的通说,普遍被承认的例外仍然只是例外。

实际上,高桥宏志教授早就讨论了该判决(无否定之意),但他并未称日本实务界的通说发生了改变,而是仍称旧说是其通说。

四、深度证立与准确证立

(一) 拓展思维和论证的深度

拓展研究者思维的深度对于通说的形成非常重要。如果我们的思维没有足够的深度,我们对于问题的论证就可能停留在较为浅显的层面上。在深度证

---

① 〔德〕罗森贝克、施瓦布、戈特瓦尔德:《德国民事诉讼法》,李大雪译,中国法制出版社2007年版,第671页。

② 在他看来,这个原则构成了"人类智识生活与社会生活稳定性的基础"。转引自前引罗伯特·阿列克西书,第215页。

立方面我们至少可以作以下几个方面的努力:①

1. 深入把握条文的逻辑结构

对于一个规定了要件及效果的法律条文或规范性陈述(例如裁判要点),直觉告诉我们要件与效果之间的关系是蕴含(充分条件)的关系,即 p→q。事实上,在对"吴梅案"的讨论中就出现了这种认识。② 一个修完了形式逻辑课程的学生大概都会形成这样的认识。但是,如果我们对于法条的理解停留在这一点上是不够的。

如前所述,笔者早前就作出过这方面的提示:p 与 q 之间有可能实际是"当且仅当"的关系。

相近的看法在关于法学方法论的著作中也能看到。有学者讨论法律解释的方式时提到了反对解释,它"系指依照法律规定之文字,推论其反对之结果,借以阐明法律之真意者而言,亦即自相异之构成要件,以推论其相异之法律效果而言。"③他还提到德国学者库鲁格在其《法律的逻辑》中的阐述:法律条文的要件与后果之间并不是只有充分条件这一种逻辑关系,而是也可能有必要条件,甚至是充分必要条件的关系。他还认为:"法律要件既已一一列举,别无遗漏,为反对解释,自合乎逻辑法则。"④认可反对解释大致就是在认可必要条件,⑤而如果此前已经认同 p 是 q 的充分条件,那么两者结合在一起就是充要条件。

2. 深度"解剖"文本

在解读法律规范时,如果没有好的分析能力,往往就意味着不能有深度地解析法规范。

国内近期关于现行法是否已规定了禁止不利变更原则的争论(再次)表明了这种分析能力的重要性。既然争论的是现行法下是否有此原则,那么就必须对现行法下的有关规定进行解析,除非有立法资料表明立法者在这方面已有明

---

① 有学者在介绍佩策尼克的理论时使用了"深度证立"这个用语。参见〔荷〕伊芙琳·T. 菲特丽丝:《法律论证原理——司法裁决之证立理论概览》,张其山等译,商务印书馆 2005 年版,第 159 页。
② 参见吴俊:《指导案例 2 号的程序法理》,载《法学》2013 年第 1 期。
③ 杨仁寿:《法学方法论》(第 2 版),中国政法大学出版社 2013 年版,第 153 页。
④ 同上书,第 157 页。
⑤ 但对反对解释的适用应作必要的限定。至于如何限定,此处暂不讨论。

确的表示。

对争议条文作细致、深入的解读实际是较为困难,甚至很困难的。但一个基本的"章法"是应予肯定的,我们可以从分析条文的结构入手,分析它的主旨(它试图在规定什么),然后再对它作必要的拆分(通常只能分解短语或词组),弄清楚它的重要"元素",即它有哪些关键词或关键成分。

如果对于某个关键用语有疑虑,则应过渡到语义学分析。[①] 在这方面,我们应当确保"任何人在任何时候都能够转入语言分析的论辩"[②]。虽然自然语言有很大的不确定性,但我们不必对此过于畏惧。按照乔姆斯基的说法,人类的句法规则是有限的。[③] 这种观点甚至受到了认知科学和人工智能学界的认真对待,因为它与计算机理论中的有限规则生成无限结构的理论不谋而合。[④] "所有语言都执行'有限手段的无限运用'",乔姆斯基称这一有限手段为"普遍语法"[⑤]。

在作法律分析时,我们还可以运用比较(法)的方法,将它与域外的相似用语进行比较,把握它们之间的细微差别。对于抽象的条文,我们可以甚至应当结合真实案件作细化分析。按照莫里斯的理解,语义学原本就是研究"符号与其所指对象的关系"的,而法律文本中的"符号"原本就应是指向案件事实的,尤其那种对应于描述性要件的符号。[⑥]

3. 当求饱和论证与复合论证

我们对于通说形成的贡献应当在于我们能提出高质量的论证。因为,论证

[①] 语用进路与语义进路最好并用,虽然前者当下在语言学上似乎更受青睐。法学上有人认为前者更有成效。参见〔德〕乌尔弗里得·诺依曼:《法律论证学》,张清波译,法律出版社 2014 年版,第 59 页。我们并不否认目的解释、历史解释、体系解释的作用,但如果没有足够的理由,一般不能否定文义解释的重要性。

[②] 前引罗伯特·阿列克西书,第 182 页。

[③] 自然语言能够生成无穷多符合语法的语句,这说明自然语言的语法只能而且必须是递归的。参见〔瑞典〕Jens Allwood, Lars-Gunnar Andersson, Östen Dahl:《语言学中的逻辑》,北京大学出版社 2006 年版,(蔡曙山导读)第 12 页。

[④] 参见束定芳编著:《认知语义学》,上海外语教育出版社 2008 年版,第 5 页。

[⑤] "有限手段的无限运用"是洪堡特的表述。参见〔美〕诺姆·乔姆斯基:《语言与心智》,熊仲儒、张孝荣译,中国人民大学出版社 2015 年版,第 134—135 页。

[⑥] 将要件区分为描述性要件与规范性(评价性)要件。参见前引恩斯特·A. 克莱默书,第 27 页。

是"确定主义与决断主义的中道"①,"任何提出法律主张并期望为他人接受的人,都必须提出论证充分的论述"②。就结论给出充分论证是我们作为研究者的义务。考虑到演绎论证在法律论证中仅扮演有限的作用,法律论证往往是一种"开放系统推理"③,所以,我们的论证应力求饱和。④

为了使论证尽可能有力,我们的论证应当是多方位的、多层次的。这大致相当于域外学者所说的"复合论证"⑤。

有研究者对其应采相对论之主张的论证仅有两个步骤:域外普遍持相对论或有此趋势,我国司法实践在向相对论靠拢。⑥ 第二个步骤充其量仅有微弱的论证意义(因为它混同了应然与实然,参见后文的分析),抛开这个几乎无贡献的部分,他的论证大致采用的就是"域外这么做,我们也应这么做"的论证模式。但我们知道,"域外这么做"并不意味着"我们应当这么做"。且不论"域外有普遍采相对论的趋势"之说是否属实,仅从论证的角度看,这种论证是过于简单了,远未达到充分论证或饱和论证。⑦

"正是在讨论譬如像法律问题这类复杂问题的过程中,才几乎总是既存在着一些维护某个特定解决方案的理由,也存在着一些反对该解决方案的理由。"⑧因此,要对争议问题进行充分论证并得出结论,就必须要对各种可能的观点及其理由进行认真审究。对法律观点的论证是一种实践论证活动,而"实践论证活动中的一个典型特征是:理由的反复(来回)考量"⑨。

---

① 〔德〕乌尔弗里德·诺伊曼:《法律论证学》,张青波译,法律出版社2014年版,(导论)第2页。
② 前引伊芙琳·T.菲特丽丝书,第1页。
③ 前引威廉·特文宁书,第273页。
④ 在疑难问题上我们一般不用担心所谓过度论证。如果合理通说的地位确已很稳固了,我才需要担心过度论证。另外,饱和论证、复合论证似乎不能完全归入深度论证,但它们的距离应该是较小的,或者说它们都有助于提高论证的深度,所以将它们放在此处讨论。
⑤ 前引伊芙琳·T.菲特丽丝书,第182页。
⑥ 参见前引陈杭平文。
⑦ 这种写法似乎中外都有。参见〔日〕大村敦志等:《民法研究指引》,徐浩等译,北京大学出版社2018年版,第126页。
⑧ 前引罗伯特·阿列克西书,第118页。
⑨ 同上。

(二) 提高思维和论证的精度

1. 避免概念的泛化

如果重要概念被泛化了,那么对它作统一解释的难度自然就被不当地加大了,甚至使得统一解释变得不可能。

(1) 法条分析中的泛化

诉讼标的是民诉法中的一个重要概念。统一论者可能将它具体化为诉讼请求、法律关系、权利(请求权或形成权)、事件(纠纷)中的某一个。相对论者则可能会认为这些概念中的数个都可用于界定诉讼标的。

有相对论者称:"自民诉法解释施行以来,有更多的程序规范条文使用诉讼标的一词,其与散见于其他条文的同一或类似语词不能涵摄进内涵外延统一的概念。换言之,根据一体化或体系性的思路难以围绕这些条文展开有实效的解释论研究。"根据其论文的注释,他所谓的"类似词语"是指在多个条文中出现的"诉讼请求""案件"。[1]

"根据一体化或体系性的思路难以围绕这些条文展开有实效的解释论研究"这个表述表明,他认为对法条中出现的"类似词语"也应该从诉讼标的角度作出解释,但他认为一体化的思路难以完成这项任务,所以转向诉讼标的相对论,在不同场合、环节对这些词语以三种不同的标准(当事人所主张的实体权利、诉讼请求及对应的法律关系、纠纷事件或生活事实)分别对它们作出界定。

这种努力是很有雄心的。但问题是,《民诉法解释》中这种"类似词语"是很多的。该文本中出现的"诉讼请求"有 57 个、"案件"有 224 个。与之近似的词语还有若干,而且出现频率也较高。"纠纷"有 38 个、"事实"有 89 个、"请求"有 127 个。[2] 不知该论者是否有能力对这众多词语按照他的三个标准逐一进行界定。

实际上,他对于这些"类似词语"是过于敏感了,这些词语未必都是与诉讼标的有关的。再者,在界定诉讼标的时,我们或许可以用事件、诉讼请求、法律关系等概念将诉讼标的具体化,但这并不意味着,法律文本中出现的所有的这

---

[1] 参见前引陈杭平文。
[2] 与他的前两个标准类似的用语也有若干:"法律关系"有 7 个、"权利"有 65 个、"权利义务"有 14 个。

些概念都是在指向诉讼标的,或都需从诉讼标的角度加以考量。①

例如,《民诉法解释》第 322 条第 1 款规定:"上诉案件的当事人死亡或者终止的,人民法院依法通知其权利义务承继者参加诉讼。"《民诉法解释》第 271 条规定:"人民法院审理小额诉讼案件,适用民事诉讼法第一百六十二条的规定,实行一审终审。"显然,很难说这两个条文中的"案件"是指诉讼标的,法院在适用它们时也根本不必考虑诉讼标的如何界定。

再如,《民诉法解释》第 233 条第 2 款和第 3 款规定:"反诉与本诉的诉讼请求基于相同法律关系、诉讼请求之间具有因果关系,或者反诉与本诉的诉讼请求基于相同事实的,人民法院应当合并审理。反诉应由其他人民法院专属管辖,或者与本诉的诉讼标的及诉讼请求所依据的事实、理由无关联的,裁定不予受理,告知另行起诉。"②这个条文中除了"诉讼标的"外还同时出现了"事实""法律关系""诉讼请求",如果把后面这几个词都理解成(是在指)诉讼标的,那么这个条文就很难理解了。

(2) 案件分析中的泛化

将概念作泛化使用的情况,甚至在案例分析的过程中也会出现。以下即为一例。

案件的基本情况是:甲、乙签订合同约定甲向乙提供发电设备及软件,并约定"因执行本合同所发生的或者与执行本合同有关的一切争议"提交仲裁。乙在收到设备后交丙安装使用。甲诉丙、丁,称其擅改软件且复制用于丙的发电设备,侵害了原告的著作权。后甲申请追加乙为被告,撤回对丙的起诉。乙以有仲裁条款为由提出异议。一、二审法院认为管辖异议成立,但最高人民法院再审时称:"本案是甲以乙、丁擅自修改其拥有专有使用权的软件,并未经授权

---

① 我们在界定诉讼标的时出于某种考虑把它们具体化为请求、事件、法律关系、权利,但这是"单向的",不能把它们之间的关系变成"双向"或等式式的。例如,若我们在诉讼标的上采旧说,将诉讼标的界定为当事人主张的实体权利,我们不能就此说,民事诉讼法的法源中出现的所有"实体权利"都是在指向诉讼标的,法院都需从诉讼标的角度加以斟酌。例如《民诉法解释》第 70 条规定:"在继承遗产的诉讼中……被通知的继承人不愿意参加诉讼又未明确表示放弃实体权利的,人民法院仍应将其列为共同原告。"法院在适用这个条文时不必将此中的实体权利"还原"为诉讼标的。

② 类似的条文是《最高人民法院关于在经济审判工作中严格执行〈中华人民共和国民事诉讼法〉的若干规定》第 2 条,其中有以下用语"基于同一法律关系或者同一法律事实"。我们同样不必考虑这里的法律关系、法律事实是不是诉讼标的。这个法条无非是为了防止矛盾裁判而设置的,法官在适用时,只要将案件事实与该法条作比对即可。

在风机上复制、安装及使用的行为侵害了其计算机软件著作权为由,向法院提起的诉讼。由于甲主张的复制与修改软件的行为,并未包含在甲与乙签订的《采购合同》内容中,因此甲对乙提起的侵害计算机软件著作权主张并非为执行双方合同有关的争议,不应受到仲裁条款的约束。"①

有相对论者在分析该案时称"本案的法院管辖取决于对案件诉讼标的的识别或对法院审判对象的确定",并进而认为再审法院采用的是最狭窄的诉讼标的界定路径。他还称:最高法将案由定为"侵害计算机软件著作权纠纷"而非"买卖合同纠纷",以此认定该案不受仲裁条款的约束。②

这种判断是有问题的。其一,再审法院并未讨论本案的诉讼标的是什么,只是讨论原告是以何理由(侵权)起诉,原告的主张(侵权)或提出的争议是否属于"执行合同有关的争议"。法院所做的是将本案的纠纷与仲裁条款进行比对,看它是否落入仲裁条款的范围。其二,不能因为法院认定原告主张的是侵权,就认为法院在诉讼标的上采用了旧说或所谓最窄的标准。如果那样,则美国和德国的法院通常也是采用旧说了?因为这些国家的原告在起诉时通常也会主张违约、侵权等实体性理由。其三,本案管辖异议的处理与案由的确定无关。再审法院并未改变案由,一审法院确定的案由就是"侵犯计算机软件著作权纠纷",但它们的裁判结果却是不一致的。

2. 莫把实然当应然

我们在论证某一观点时,往往会采用一些实证资料,这可能是必要的。但是,我们要注意使用方式的合理性。

例如,有相对论者考察了有关诉讼标的的实践状况,从而发现实务界"已在悄无声息中向相对的诉讼标的理论靠拢",在此基础上他主张民诉法学界"也应顺应实务的发展动向"③。

他的思维过程实际是:实务这样做了,我们也应这样做。这样的思维或论证是有瑕疵的——把实然当应然。

从实然到应然,其中有一个思维的跳跃。这是描述性陈述向规范性陈述的

---

① 最高人民法院(2013)民提字第 54 号民事裁定书。
② 参见前引陈杭平文。
③ 前引陈杭平文。

跳跃,而"规范性陈述与描述性陈述的意义至少不完全一致"①。

18世纪就有了著名的休谟之问(之一):事实命题如何能向价值命题跳跃?② 我们应当注意,"道德论辩不可能还原为一个纯粹的经验论辩"③。事实判断不包含祈使句,④法律论辩虽然不(完全)等同于道德论辩,但法律判断(至少往往)与道德判断一样也是规范性的。

如果坚持将实然与应然联系在一起,至少应作必要的说明,以弥补、拉近两者的距离。如果要从事实命题过渡到规范命题,大概需要能进行图尔敏所谓"评价性推论"的推论规则。⑤

这个实例再次提醒我们"应当警惕某种幻想,主要是警惕(忽视由实然直接推导出应然结论的不可靠性的)幼稚幻想,即由这些因素直接推导出评价"⑥。

3. 应作精细的辨析或区分

好的分析往往也是好的区分,它也可以使我们的论证免于粗率。辨析或区分的能力甚至对哲学家也是很重要的。"哲学家的某些标准方法、细心论证和区分,其成功的地方在于它显示了某个哲学立场是错的,而不在于它确立了某个具体哲学立场是对的。"⑦

有相对论者注意到欧洲法院采用了不同于德国的诉讼标的的识别标准,即"如果案件事实相同且'争议的核心'也相同,即使当事人提出的诉讼请求在形式上不同,仍然具有相同的诉讼标的"。他进而认为此一标准"与美国的'纠纷事件'标准有异曲同工之妙"⑧。

但他似乎只看到了美国和欧洲标准的相似之处("事实"和"事件"之用语相似),却未看到两者的差别,而这种差别会造成裁判结果的差别。

---

① 前引罗伯特·阿列克西书,第45页。
② 参见〔英〕休谟:《人性论》,关文运译,商务印书馆2016年版,第505—506页。
③ 前引罗伯特·阿列克西书,第45页。
④ 参见〔英〕理查德·麦尔文·黑尔:《道德语言》,万俊人译,商务印书馆1999年版,第155页。
⑤ 参见〔英〕S.E.图尔敏:《理性在伦理学上的地位》,第38页。参见前引罗伯特·阿列克西书,第99页。
⑥ 前引恩斯特·A.克莱默书,第242页。
⑦ 转引自〔美〕理查德·波斯纳:《超越法律》,苏力译,北京大学出版社2016年版,第409页。
⑧ 前引陈杭平文。

如果他对欧洲标准的介绍并无讹误,而且欧洲的所谓"案件事实"与美国的"事件"大致相当,那么美国标准其实是宽于欧洲法院标准的。欧洲标准中的"且"字大致就表明了这一点。从这个"且"字看,欧洲法院应该认识到了在同一个案件事实之下可能有数个"争议核心"。由此,倘若原告就某一个案件事实下的争议核心 A 提起诉讼,而被告向另一国家的法院就同一案件事实下的争议核心 B 提起诉讼,那么按照前述的欧洲标准,两个案件的诉讼标的并不同,就不能认定是二重起诉。但按美国的标准,两案的诉讼标的是相同的,所以是重复起诉。

我国台湾地区一位学者叙述了欧洲法院这方面的两个案件。① 实际上,在这两个案件中,欧洲法院只要从防止矛盾裁判出发就可认定两案的后诉都是二重起诉,只不过这里的矛盾裁判既包括主文相抵触的情形,也包括判决理由相矛盾或主文与判决理由相矛盾的情形。甚至,采我们的"国内旧说"(法律关系说),大致也可以排除重复起诉。因为这两个案件的前、后诉都是基于同一份合同提起的,一个为买卖合同,另一个则为货物运输合同。

4. 准确把握教义学原理

如果债权人虽持有可强制执行的公证债权文书但仍向法院提起诉讼,法院应否予以受理。对此,《最高人民法院关于审理涉及公证活动相关民事案件的若干规定》第 3 条第 2 款规定:"当事人、公证事项的利害关系人对具有强制执行效力的公证债权文书的民事权利义务有争议直接向人民法院提起民事诉讼的,人民法院依法不予受理。但是,公证债权文书被人民法院裁定不予执行的除外。"有研究者表示反对,认为原告的这种起诉并不违反一事不再理规则,法院不得拒绝受理。② 该论者考虑到了(与此问题无关的)既判力问题,却未考虑到另一个可能相关的诉讼要件——诉的利益。根据这种诉讼要件,法院是有可能不受理起诉或驳回起诉的。③ 如果对于法教义学有较全面的把握,大概就不

---

① 参见陈玮佑:《诉讼标的概念与重复起诉禁止原则——从德国法对诉讼标的概念的反省谈起》,载《政大法学评论》2012 年第 3 期。

② 参见前引吴英姿:《论诉权的人权属性》。

③ 至于该规定是否完全正确,本文不予讨论。实际上,它与域外的观点是有差别的。参见〔日〕新堂幸司:《新民事诉讼法》,林剑锋译,法律出版社 2008 年版,第 192 页;〔德〕奥特马·尧厄尼希:《民事诉讼法》,周翠译,法律出版社 2007 年版,第 191 页。德、日的法院在这方面的观点也不一致,但它们考虑的都是诉的利益或权利保护利益。本文也不讨论该论者对"一事不再理"的使用是否正确。

会提出这种质疑。同样,有论者在谈及就执行标的提起异议之诉的案外人不能另行提起确权之诉时,考虑了与之无关或关联较小、较远的强制合并(参见《民诉法教义学的方法与路径》之第六部分)以及若干价值、司法政策,却唯独未考虑直接相关的诉的利益问题。这仍然是对此概念或原理缺乏了解的表现。

对法教义学原理掌握上的欠缺在其他方面也有体现。如前所述,在"吴梅案"刚发布时,部分研究者未能看到它与既判力时间范围的潜在关联。而如果我们了解"标准时"原理,知道它与执行程序中的某种救济程序有紧密关联,并且有较好的判断力(将某事物或案件归属到规则之下的能力),①我们在讨论该案时就至少会提及既判力时间范围和债务人异议之诉,而这样做有可能让立法者直观地看到确立债务人异议之诉的必要性。

在对"吴梅案"展开讨论之前,也许我们是知道既判力时间范围和债务人异议之诉的,但是却未意识到该案与它们的关联。如果是这样,这就再次证明了亚里士多德所称"实践智慧"的重要性:"如果一个医生……只知道普遍而不知其中的个别,行医就会屡遭失败。"②也表明了判断力的重要性。康德认为这种能力不能被教导,只能靠练习,因为它带有机敏的特性。③ 至少从教义学的角度看,形成通说的一个重要目的是影响、指导司法实践。我们的理论不能变成"空中楼阁","理论必须在实践的论坛前为自己辩护"④。所以,研究者不但要研究理论,也要经常分析案件,这样才能不断提高我们的判断力,这样才不会使我们的理论流于空谈。在疑难案件的处理中,我们难免要借助于法教义学原理。而对此种原理的应用和对法律条文的应用一样,不是简单的"对号入座","而是使被理解者的存在意义得到具体的规定并变得更加丰富"⑤。

---

① 康德关于判断力的说明,参见〔德〕康德:《纯粹理性批判》,邓晓芒译,杨祖陶校,人民出版社2004年版,第104页。

② 苗力田主编:《亚里士多德全集》(第7卷),中国人民大学出版社1993年版,第28页。

③ 参见前引康德书,第104页。这种判断(力)应该不同于法学上经常提及的涵摄(但也不无关联)。后者是在已经知道哪个法条可能被适用的情况下所进行的工作,前者主要发生在"找法(规则)"的过程中。

④ 转引自前引马蒂亚斯·耶施泰特书,第52页。

⑤ 何卫平:《伽达默尔的解释学与康德的判断力》,载《哲学动态》2014年第3期。

五、遵循基本的论证规则

(一) 尽量减少逻辑错误

由于法律论证的复杂性,逻辑不是决定法律论证优劣的唯一因素,但是,如果我们的论证经常出现逻辑错误,那么我们论证的可信度就会大大降低,因为它会在相当程度上表明我们的思维是混乱的。"逻辑有效性是合理性的一个必要条件,尽管它本身不是充分条件。"[1]"任何论述不允许与之(传统逻辑)相矛盾"[2],在逻辑方面尽量少犯错误,可谓是参与法律讨论的基本条件。

1. 尽量避免自相矛盾

自相矛盾的问题在(法律)学者的著述中原本应是较少出现的,但遗憾的是,这种错误竟然不难发现。

例如,在对"吴梅案"的论述中,有论者一方面声称案例分析应坚持解释论的立场,一方面又主张类推适用执行和解制度,[3]却不知类推适用已是一种法律续造或"漏洞补充的工具"[4],已经脱离了解释论的立场。另外,该论者对该案"前瞻性"适用民诉法上的诚信原则表示肯定,而他所谓的"前瞻性"实际是说该案提前适用了民诉法上的诚实信用原则(其时《民事诉讼法》还未规定该原则),然而他又未意识到这也已离开了它所坚持的解释论立场。

在论及诉权时,有论者一方面宣称诉权的绝对性和不得为起诉附加条件,另一方面却又认同为起诉附加程序性要件;一方面称诉权是当事人向法院请求裁判的权利,另一方面却又称申请仲裁也是在行使诉权。这都是自相矛盾的。该论者还发明了"纯粹私力救济的诉讼制度"这样的概念,[5]但问题是,如果是纯粹的私力救济,它就不是一种诉讼制度;如果是诉讼制度,它也不会是纯粹的

---

[1] 前引伊芙琳·T.菲特丽丝书,第36页。
[2] 前引罗伯特·阿列克西书,第105页。
[3] 参见前引吴俊文。
[4] 〔德〕伯恩·魏德士:《法理学》,丁晓春、吴越译,法律出版社2013年版,第381页。拉伦茨教授也认为类推适用是填补漏洞的一种方法。参见〔德〕卡尔·拉伦茨:《法学方法论》,陈爱娥译,商务印书馆2005年版,第258页。
[5] 参见前引吴英姿:《论诉权的人权属性》。

私力救济。"纯粹私力救济的诉讼制度"类似于"方的圆"这种用语。

再如,个别相对论者声称其论文的第三部分是"在汲取实务见解的基础上,围绕相关法律(司法解释)条文展开解释论分析,逐一确定各程序场景下诉讼标的的应有之义,进行理论的'格式化'……旨在建构一套用以限制法官裁量权并作为解释论工具的理论框架"①。但所谓"建构理论框架""理论格式化"更像是一种立法论,而非解释论,而他是承认解释论与立法论的区分的。② 所以,这里也暗含有自相矛盾的问题。③

为了促进高质量通说的形成,我们每个人都要练就这方面的"火眼金睛",要能看出这方面的问题。逻辑不能保证我们的结论一定是可靠的,但它是一个"伟大的批判工具"④,"弗雷格把它比作显微镜,它能够显现许多隐匿于纯粹的肉眼看不清的东西"⑤。借助逻辑的批判功能,可将论证的要素明晰化,可使它们被置于开放性境地供人批判。⑥

2. 避免扭曲条文的逻辑

这种错误相对较少,但也已经出现了,出现在对以下条文的解读中。

《民诉法解释》第247条第1款规定:"当事人就已经提起诉讼的事项在诉讼过程中或者裁判生效后再次起诉,同时符合下列条件的,构成重复起诉:(一)后诉与前诉的当事人相同;(二)后诉与前诉的诉讼标的相同;(三)后诉与前诉的诉讼请求相同,或者后诉的诉讼请求实质上否定前诉裁判结果。"对于该条文,有相对论者声称:"按照该款三项要件之间的逻辑关系,仅当后诉与前诉诉讼标的相同时,才需要进一步判断诉讼请求是否相同或是否实质上否定前诉的裁判结果。"⑦

---

① 参见前引陈杭平文。
② 他声称要"展开解释论分析"就说明了这一点。另外,他在评价其他学者对于《民诉法解释》第247条第1款的观点时称"这可以视为一种基于立法论而非解释论立场的见解。"这同样说明他是承认解释论与立法论之区分的。
③ 仍需说明的是,我们称不要混同解释论和立法论,并不是指同一篇论文中不可兼有解释论和立法论。
④ 转引自前引理查德·波斯纳书,第409页。
⑤ 转引自前引罗伯特·阿列克西书,第211页。
⑥ 参见前引伊芙琳·T.菲特丽丝书,第32页。
⑦ 前引陈杭平文。该论者仍然未认识到法律要件与法律效果之间的关系可能不只是充分条件的关系,所以"不敢"在认定某一要素不同时直接认定不构成重复起诉。

从该条文的表述看,它所列的三个条件是并列的,并无先后顺位之分,它甚至明确使用了"同时"这样的词语。除该词之外,并无任何用语明示或暗示这三个条件之间有其他逻辑关系。所以,法院在适用该条文时,完全可以根据审理的便利,自行选择对某个要件先行作出判断。法院完全可以先判断当事人、诉讼请求是否相同,然后再判断诉讼标的是否相同(如果前两个要素都相同)。再者,现行法对诉讼标的尚未作出界定,或者即便作了界定,法官遇到个案时仍可能在判断时有困惑,那么法官就可以把诉讼标的是否相同的问题搁在一边,先考察诉讼请求是否相同,后诉请求是否实质否定前诉裁判结果。若可以认定诉讼请求不同,后诉请求并非(旨在)实质否定前诉裁判结果,则法院可径直认定后诉并非重复起诉。

由此可见,为该条文("三同说")所规定的三个要件排定审查顺序,是有违该条文的逻辑结构的。如果最高人民法院在发布该司法解释时并未说明它有意作这样的排序,根据其他合理的解释方法又不能较清晰地看出这种排序,那么前述标的相对论者所谓之"仅当"就是强加于该条文的。

(二) 避免无根据的判断

论证过程中通常会有若干判断,这些判断的组合将指向最终的结论。所以,为了尽可能使结论更有说服力,就应当为这些判断提供较为坚实的基础。

1. 定性前应为必要的"确定事实的作业"

如域外学者所言:"在解释法律行为时,既有确定事实的作业,也有法律评价的作业。"[①]但是,我们的部分论者在解释法律行为或给法律定性时(前)并未做"确定事实的作业"。

例如,在"吴梅案"的讨论中,我们不能在未"查明"、分析该协议内容的情况下,就直接将该协议定性为不执行契约。如果我们要给一份契约定性,查明该契约的内容并作必要的分析,应该是最起码的步骤。否则这种定性就有可能是武断的,有可能是将合同本没有的内容强加给当事人。

2. 慎作"表明"式推断

在"吴梅案"的讨论中,有学者对于《民事诉讼法》第 230 条提出了批评,有

---

① 〔日〕山本敬三:《民法讲义Ⅰ(总则)》(第 3 版),解亘译,北京大学出版社 2012 年版,第 107 页。

论者表示反对:"吴梅申请执行原判决,表明其已经放弃、解除协议。我们没有理由要求其一定要按照协议内容'一条道走到黑'。"①但是,此中的"表明"之说并无根据。吴梅之所以能申请执行原判决,是因为原判决仍有效,仍有执行力,而申请执行是尽快实现(部分)债权的方式。至于如何处置协议,她的态度既可能是予以放弃、解除,②也有可能是存而不论,③她甚至根本不知道她或可行使合同解除权。如果和解协议对债权人更有利,那么债权人通常不会考虑解除协议,债权人的一个可能的"保权"路径是:一方面申请执行原判决,另一方面打算"稍后"就协议给其"超额"债权部分另行起诉债务人,或以其他方式加以主张。另外,应注意的是,解除协议是有法定"程序"的,需要通知对方解除,而吴梅并未通知对方解除协议。④

六、开展合理的学术批评

合理的学术批评对于学术的进步是极为重要的,没有学术批评就不能发现既有研究中存在的不足乃至错误。法律论证应当以理性的方式进行,学术批评往往是法律论证的一部分,也应当以理性的方式进行。

(一) 勿虚设靶子

近期在学术批评中出现了虚设批判靶子的现象。本文所说的"虚设靶子"是指所批判的对象(问题)并不存在或者曾经存在但现在已经(基本)消失了,或者批判所指的学者实际并不持有被批判的观点。虚设靶子式的批判是没有意义的,甚至可能危害正常的学术讨论。这种批判的一部分可能还有重复研究、

---

① 郑金玉:《和解协议与生效判决关系之债法原理分析——兼论"吴梅案"的规则解释》,载《比较法研究》2015 年第 4 期。

② 被批评者并非没有考虑到合同解除问题,他声称"合同是否有效仅取决于它是否具备成立要件和有效要件。至于因一方当事人违约导致另一方的缔约目的不能实现,该方当事人行使合同解除权,则是另一回事。"严仁群:《二审和解后的法理逻辑:评第一批指导案例之"吴梅案"》,载《中国法学》2012 年第 4 期。

③ 对于生效判决和和解协议的关系,学者们都争论不休,债权人若持这种态度就更可以理解了。

④ 这与合同当事人起诉要求法院解除合同不同。那种情况下,原告明确表明了要解除合同的愿望。法院或许可以将其起诉视为通知对方解除合同。但是,"吴梅案"中的当事人并没有明确表达解除合同的意愿。

论证之嫌。

有论者称:"在大陆法系民事诉讼理论中,诉讼标的被当作识别更行起诉、诉的变更与追加、既判力客观范围的试金石","脱离其他诉讼制度,将诉讼标的当作此诉与彼诉、既判力范围唯一的识别标志"①。

这种批评是有问题的。其一,早在这位学者进行此种批判之前数十年,日本学者高桥宏志的著作就已被引入国内,该著作已警示我们不要将诉讼标的当作试金石。② 我国台湾地区学者陈荣宗此前也发出过这样的警示。③ 其二,德、日向来有学者主张扩大既判力的客观范围(不仅仅以诉讼标的为确定标准),而且在实务上,德、日至少已经对其现行法规定的既判力客观范围作了微调,例如根据诚信原则在必要时予以扩张。未见学者对此提出异议。

一位诉讼标的相对论者以"体系性研究范式"为批判对象,并称相对论的范式为"新范式"。④ 他声称:"民诉法学界一直尝试从大陆法系关于诉讼标的的不同学说中择取其一作为基准,统一且固定不变地适用于诉讼程序各领域,并用以解决诉讼法学上的诸多重大问题。但这种一体化或体系性研究范式……另有学者在这些学说之外引入美国的事件说……仍未摆脱体系性诉讼标的理论的窠臼。"⑤

他的这一表述中既提到了统一论,也提到了决定论(认为诉讼标的在数个程序问题上具有决定性作用)。相对论向来主张诉讼标的是可变的,这样看来统一论"天生"是与之对立的。但从其表述中的"并"这个用语看,他批判的是兼采统一论和决定论的论者(他将非决定论称为相对论的第二层含义),他所指的采"体系性研究范式"的研究者就是这样的论者。

然而,他所批评的引入事件说的学者根本没有主张决定论。因为,该被批判者认为:"尽管诉讼标的与诉的变更、既判力等制度有所关联……但是诉讼标的没有能力单独决定这些制度的设计。例如,对于诉的变更,需要从多角度讨论若干因素(基础事实、法律理由或实体权利主张、诉的声明等)的变动是否应

---

① 前引吴英姿:《论诉权的人权属性》。
② 参见前引高桥宏志书,第51页;另可参见前引新堂幸司书,第228页。
③ 参见陈荣宗、林庆苗:《民事诉讼法》(修订七版),三民书局2009年版,第296页。
④ 各种著述中只要以较大篇幅论及诉讼标的的,通常都会提到诉讼标的相对论,所以它不是一个"新范式"。
⑤ 前引陈杭平文。

在允许之列,或在何种限度内应被准许,而不必也不能单纯依赖诉讼标的这一概念……诉讼标的固然通常应在既判力客观范围之内,但是否还有其他事项也应在客观范围之内,则不是诉讼标的所能决定的。"①

所以,该相对论者认为被批判者所持乃是他所谓的"体系性诉讼标的理论"就是有问题的。该相对论者也有(至少部分)虚设靶子的问题。

(二)避免罔顾事实的批判

这个问题有点类似于前文所指出的判断无根据的问题,但由于它关乎学术批判的正当性,所以在此予以讨论。②

例如,有论者声称:"理论的内卷化也把诉讼标的理论逐渐塑造成了屠龙之术,因其理论的深奥复杂和自相矛盾而无法付诸操作层面,与司法实践的具体需求渐行渐远,其实用价值除了供学者费九牛二虎之力把千层饼般的理论层层剥开后产生沾沾自喜的满足感外,并不为判例所青睐。因其过于繁复且难以自圆其说而蜕变为纯粹的书斋学问,不仅不为司法实践所青睐,也未能影响相关立法,成了没有用武之地的屠龙术。"③

这种批判也是有明显问题的:其一,德国学界和实务界的主流观点都采用二分肢说,日本实务界主流观点采用旧说,美国法院主流观点是事件说。我国台湾地区部分学者的主张甚至已经被立法吸收。如何能说诉讼标的理论是"屠龙术"?其二,仅就国内而言,在未分析、考察任何个案,也没有提出其他实证资料的前提,就声称诉讼标的理论在实践中无用,这种判断有武断之嫌。其三,不能在所有理论或多数理论被采用时,才说理论有意义。实践不太可能采用每一种理论。其四,未被采用的理论可能在论争的过程中也是做了贡献的。例如,因为它的质疑,某一学说的持有者可能修正了自己的观点,这一修正后的学说最终被实务采用了。

该论者还声称:"'诉讼标的是判决主文内容','诉讼标的决定既判力客观范围'的命题被当作亘古不变的圭臬来顶礼膜拜。"④

这种批判也是有问题的。简单查阅中文文献就可以知道,早在《德国民事

---

① 严仁群:《诉讼标的之本土路径》,载《法学研究》2013年第3期。
② 这种批判同时也有虚设靶子的问题(嫌疑),但由于仍有差别,所以单独予以讨论。
③ 前引吴英姿:《诉讼标的理论"内卷化"批判》。
④ 同上。

诉讼法典》颁布前，萨维尼等人就主张判决理由也有既判力。即便在该法典颁布后，仍有德国学者主张既判力应向判决理由扩张。我国台湾地区甚至已经出现了承认争点效的裁判。在日本，新堂幸司等人也一直在倡导争点效理论。显然，他们都没有膜拜"诉讼标的决定既判力客观范围"的命题。

(三) 批判应当具体并且慎贴标签

如果被批判对象的观点或论证确有问题，则应当认真、具体地指出，[1]否则，被批判者和其他研究者无从判断批判是否合理。

比如，诉讼标的统一论(A)与诉讼标的相对论(B)可谓是对立的派别，站在相对论的立场上批判统一论，当然是可以的。但是，不能简单地说"你是错误的"，或者说"某某陷入 A 的窠臼"。这种批判就不是具体的，只是给对方扣(贴)了个帽子(标签)而已。

具体的批判应当是：A 或某人对 A 的论证有哪些错误，哪些论证是不足甚至是无关的，哪些论据是不可靠的，等等。

我们在批判时尽量不要武断地给对方(意见)贴标签，例如"罪恶的概念法学"[2]"屠龙术""窠臼"等。贴标签是容易的，难的是要有理有据地说明为什么这个标签是恰当的。如果不能指出被批判者的具体问题，而只是给对方扣顶"帽子"，这不但在学术批判的礼节上有所欠缺，而且意味着批判者可能无力展开具体的批评，缺乏批判所必要的分析能力。既然要指责对方是错误的，就要有能力直接、具体地指出对方论证中的问题，仅仅(正面)论证自己的结论通常是不够的，更不用说正面论证可能还存在严重问题。贴标签式的批判对通说的形成没有贡献可言，某种程度上还会引起混乱。

(四) 保持必要的宽容度

我们要保持"批判的开放性与宽容"[3]，我们要想到我们自己的批评也可能有不足、漏洞。因此，我们在展开批判时不能对他人的要求太高。

有论者在批判诉讼标的的研究现状时称："学者们前赴后继地提出了很多定

---

[1] 参见前引大村敦志等书，第 216 页。
[2] 前引大村敦志等书，第 216 页。
[3] 转引自前引罗伯特·阿列克西书，第 214 页。

义和学说,却始终没有一个学说敢于标榜自圆其说、无懈可击。新的观点总是被挑战,始终没有形成共识。"①

且不说出于谦虚、谨慎态度,可能多数学者们即便有足够自信,也不会宣称自己的学说"无懈可击"。事实上,"无懈可击"这样的标准太高了。且不说社会科学往往很难做到,自然科学的研究者有时也难做到。就疑难问题而言,在学术共同体内形成好的通说,可能是一个更务实的目标,完全达到"共识"的努力可能要破产。②

此外,在自然科学和社会科学上新的观点被挑战是常态。爱因斯坦提出相对论后,很长时间内都在遭受质疑,关于光的本性的学说之争也是"绵延"多年的。理性的挑战或争论是常见的,通常也是有利于学术进步的,我们不能把它当作理论失败的表征。

(五) 批判应当"彻底"

如果我们要证明某一观点超越了既往的学说,那么就应当对既有学说一一进行批判,至少应当批判主要观点或影响力较大的观点。否则,批判就是不彻底的。若我们没有能力对这些重要学说展开合理的批判,那我们就应慎言要超越既往的学说,而且应当反思自己的思路是否有问题。这是我们应当秉持的谨慎的学术态度。

七、结　　语

民诉法上高质量通说的形成有赖于学术共同体的共同努力。为此,我们需要有高质量的法律共同体,我们的论证应尽可能地遵循理性。司法理性不应只是口号,研究者自己首先应该在法律论证中讲求理性。我们不指望消除一切分歧,但我们要尽可能避免不应有的分歧。

---

① 前引吴英姿:《诉讼标的理论"内卷化"批判》。
② 转引自前引罗伯特·阿列克西书,第156页。